Uni-Taschenbücher 1956

**UTB FÜR WISSENSCHAFT**

Eine Arbeitsgemeinschaft der Verlage

Wilhelm Fink Verlag München
Gustav Fischer Verlag Jena und Stuttgart
A. Francke Verlag Tübingen und Basel
Paul Haupt Verlag Bern · Stuttgart · Wien
Hüthig Fachverlage Heidelberg
Leske Verlag + Budrich GmbH Opladen
Lucius & Lucius Verlagsgesellschaft Stuttgart
J. C. B. Mohr (Paul Siebeck) Tübingen
Quelle & Meyer Verlag · Wiesbaden
Ernst Reinhardt Verlag München und Basel
Schäffer-Poeschel Verlag · Stuttgart
Ferdinand Schöningh Verlag Paderborn · München · Wien · Zürich
Eugen Ulmer Verlag Stuttgart
Vandenhoeck & Ruprecht in Göttingen und Zürich

Karin Wessel

# Empirisches Arbeiten in der Wirtschafts- und Sozialgeographie

Eine Einführung

Mit 28 Abbildungen und 2 Tabellen

Ferdinand Schöningh
Paderborn · München · Wien · Zürich

Dr. rer nat. *Karin Wessel*, geboren 1960 in Bremen, Studium der Geographie, Volkswirtschaftslehre und Raumordnung an der Universität Hannover. Promotion 1990 (Hannover). Leiterin des Ost-West-Zentrums der Industrie- und Handelskammer Hannover. Seit 1994 Hochschulassistentin am Geographischen Institut der Humboldt-Universität zu Berlin.

Die Deutsche Bibliothek – CIP-Einheitsaufnahme

**Wessel, Karin:**
Empirisches Arbeiten in der Wirtschafts- und Sozialgeographie: eine Einführung; mit 2 Tabellen / Karin Wessel. – Paderborn; München; Wien; Zürich; Schöningh, 1996
 (UTB für Wissenschaft: Uni-Taschenbücher; 1956)
 ISBN 3-8252-1956-9 (UTB)
 ISBN 3-506-99486-7 (Schöningh)
NE: UTB für Wissenschaft / Uni-Taschenbücher

Gedruckt auf umweltfreundlichem, chlorfrei gebleichtem Papier
(mit 50% Altpapieranteil)

© 1996 Verlag Ferdinand Schöningh, Paderborn
(Verlag Ferdinand Schöningh GmbH, Jühenplatz 1, D-33098 Paderborn)
ISBN 3-506-99486-7

Das Werk, einschließlich aller seiner Teile, ist urheberrechtlich geschützt. Jede Verwertung außerhalb der engen Grenzen des Urheberrechtsgesetzes ist ohne Zustimmung des Verlages unzulässig und strafbar. Das gilt insbesondere für Vervielfältigungen, Übersetzungen, Mikroverfilmungen und die Einspeicherung und Verarbeitung in elektronischen Systemen.

Printed in Germany
Herstellung: Ferdinand Schöningh, Paderborn
Einbandgestaltung: Alfred Krugmann, Freiberg am Neckar

**UTB-Bestellnummer: ISBN 3-8252-1956-9**

# Inhaltsverzeichnis

**Vorwort** ............................................................................. 9

**I.  Zielsetzung** ................................................................. 11

**II. Wissenschaftstheoretische Einführung** ..................... 13

    1. Was ist Wissenschaft? ............................................... 13
    2. Standort empirischer Forschung in wissenschafts-
       theoretischen Ansätzen ............................................... 15
    3. Wissenschaftstheoretische Positionen in der
       Wirtschafts- und Sozialgeographie ........................... 31
    4. Quantitative versus qualitative Verfahrensweisen
       der Datenerhebung? ................................................... 40

**III. Idealtypischer Ablauf empirischer Untersuchungen
im Überblick** ................................................................. 47

    1. Entdeckungszusammenhang ...................................... 47
    2. Begründungszusammenhang ..................................... 53
    3. Verwertungs- und Wirkungszusammenhang ............ 57
    4. Darstellung des Forschungsablaufs anhand eines
       exemplarisch ausgewählten Beispiels ....................... 60

**IV. Arbeitsschritte zur Erstellung eines Untersuchungsplans** 68

    *1. Problemstrukturierung und -präzisierung* .................. 69
       1.1 Strukturanalyse ..................................................... 72
       1.2 Begriffe und Definitionen .................................... 80

    *2. Hypothesenformulierung und erkenntnisleitende
       Fragestellungen* ........................................................ 84
       2.1 Hypothesen ........................................................... 85
           2.1.1 Definition und Informationsgehalt .............. 85
           2.1.2 Hypothesenbildung und formal-logische
                Anforderungen .............................................. 87
       2.2 Erkenntnisleitende Fragestellungen ..................... 90

## Inhaltsverzeichnis

3. *Auswahl geeigneter Analyseverfahren – Methoden der Datengewinnung* ..... 92
   3.1 Sekundärstatistische Analyse ..... 92
      3.1.1 Möglichkeiten und Grenzen der Anwendung ..... 92
      3.1.2 Quellen regionalwissenschaftlicher Sekundärstatistiken ..... 99
   3.2 Primärerhebungen ..... 103
      3.2.1 Befragung ..... 103
         3.2.1.1 Schriftliche, vollstandardisierte Befragung ..... 103
         3.2.1.2 Schriftliche, teil- und nichtstandardisierte Befragung ..... 116
         3.2.1.3 Mündliche, vollstandardisierte Befragung ..... 116
         3.2.1.4 Sonderform der mündlichen, vollstandardisierten Befragung: Spontaninterviews (Außerhausbefragung und Telefoninterview) ..... 126
         3.2.1.5 Mündliche, teil- und nichtstandardisierte Befragung (Leitfaden- und Expertengespräch) ..... 132
      3.2.2 Beobachtung ..... 137
         3.2.2.1 Abgrenzung und Anwendungsbereich ..... 137
         3.2.2.2 Vorgehensweise ..... 141
   3.3 Methoden-Mix ..... 152
      3.3.1 Record-linkage ..... 152
      3.3.2 Quer- und Längsschnittanalysen (einschl. Panel-Studien) ..... 155

4. *Operationalisierung* ..... 157
   4.1 Variablen und Indikatoren ..... 157
   4.2 Transformation von Indikatoren in Meßwerte ..... 159
      4.2.1 Messen ..... 159
      4.2.2 Meßskalen ..... 161
      4.2.3 Gütekriterien der Messung ..... 165
   4.3 Fragen und Antwortvorgaben ..... 167
      4.3.1 Grundsätze der Fragenformulierung ..... 168
      4.3.2 Typen von Fragen und Antwortvorgaben ..... 172
      4.3.3 Funktion von Fragen und Fragenanordnung im Erhebungsinstrument ..... 177

5. *Bestimmung des Erhebungsumfangs* ..... 179
   5.1 Grundgesamtheit und Erhebungsarten ..... 179
   5.2 Auswahlverfahren ..... 182

5.2.1 Nicht zufallsgesteuerte Auswahlverfahren 184
5.2.2 Zufallsgesteuerte Auswahlverfahren (Wahrscheinlichkeitsauswahl) ................................ 187
5.2.2.1 Schätzungen der Parameter in der Grundgesamtheit auf der Grundlage von Stichprobenergebnissen ..................... 188
5.2.2.2 Typen von zufallsgesteuerten Auswahlverfahren ................................................. 190
5.3 Repräsentativität ............................................. 197
5.4 Stichprobenumfang ......................................... 198

**Literatur** ................................................................. 204

Namenregister ........................................................... 213

Sachregister ............................................................... 215

# Vorwort

Empirisches Arbeiten stellt einen integralen Bestandteil der wirtschafts- und sozialgeographischen Forschungspraxis dar. Fachspezifische Lehrbücher zur empirischen Methodik liegen bislang noch nicht vor. Der vorliegende Band versucht die bestehende Lücke zu schließen, in dem die Grundlagen der empirischen Sozialforschung anwendungsorientiert auf die Wirtschafts- und Sozialgeographie übertragen werden.

Um das Verständnis über den Stellenwert des empirischen Arbeitens innerhalb der wirtschafts- und sozialgeographischen Forschung zu fördern, ist dem Lehrbuch eine Einführung in die Grundlagen der Wissenschaftstheorie und ein historischer Abriß wissenschaftstheoretischer Positionen in der Wirtschafts- und Sozialgeographie vorangestellt. Daran schließt sich die Darstellung der empirisch-wissenschaftlichen Bearbeitung von wirtschafts- und sozialgeographischen Fragestellungen an. Angefangen von der Problemstellung und -präzisierung (Dimensionsanalyse) bis hin zur Datengewinnung (Erhebungssituation) wird ein Leitfaden für die Konzeption empirischer Untersuchungen und deren Umsetzung entwickelt.

Für die kritische Durchsicht des Manuskripts, die wertvollen Anregungen und Korrekturvorschläge danke ich besonders Professor Dr. *Franz-Josef Kemper*, Professor Dr. *Elmar Kulke* und Dr. *Heiner Melchinger*.

Die Anfertigung der Abbildungen übernahmen freundlicherweise die Kartographen *Gerd Schilling* und *Marc Winkelbrandt* sowie Frau *Regine Lindner*, die mir auch beim Korrekturlesen hilfreich zur Seite stand. Ihnen allen gilt mein Dank, ebenso wie den studentischen Hilfskräften *Michael Buttler* und *Nadia Holbe* für ihre Unterstützung bei der Literaturbeschaffung.

# I. Zielsetzung

Lehrbücher zur Durchführung von empirischen Untersuchungen beziehen sich fast ausschließlich auf die nicht raumbezogen arbeitenden Sozialwissenschaften. Dementsprechend richtet sich die Darstellung der Methoden und der Anwendungsbeispiele an den Belangen der Sozialforschung aus (von der Soziologie, der Verhaltensforschung, der Ethnologie bis zur Pädagogik und Psychologie). Da empirische Untersuchungen auch innerhalb des Forschungsprozesses in der raumbezogen arbeitenden Wirtschafts- und Sozialgeographie eine bedeutende Rolle übernehmen, besteht ein Nachholbedarf an Veröffentlichungen, die die Grundlagen der empirischen Sozialforschung anwendungsorientiert auf die Wirtschafts- und Sozialgeographie übertragen.

Vorliegendes Lehrbuch ist als Hilfestellung bei der empirisch-wissenschaftlichen Bearbeitung von wirtschafts- und sozialgeographischen Fragestellungen konzipiert. Angefangen bei einer Problemstellung, über die Problempräzisierung (Dimensionsanalyse), die Hypothesenbildung, mögliche Methoden der Datengewinnung, die Bestimmung des notwendigen Stichprobenumfangs bis hin zur Durchführung der Untersuchung (Erhebungssituation) entwickelt es einen Leitfaden für die Konzeption empirischer Untersuchungen und deren Umsetzung (Kapitel III und IV). Neben der Darstellung eines idealtypischen Forschungsablaufs erfolgt ein Überblick über Leistungsprofile und Anwendungsmöglichkeiten gängiger Methoden der Datengewinnung in der Wirtschafts- und Sozialgeographie. Ziel ist es, die notwendigen Grundkenntnisse für die Auswahl einer geeigneten Erhebungsmethode sowie deren sachgerechte Anwendung bei der Bearbeitung einer gegebenen Forschungsfrage zu vermitteln.

Die formal-logisch an die Durchführungsphase der Datengewinnung (Erhebung) anknüpfenden Verfahren der Datenauswertung (Statistik, Datenverarbeitung und -analyse) sind nicht explizit Gegenstand des vorliegenden Lehrbuchs. Es finden sich aber Querverweise, die darauf aufmerksam machen, daß bestimmte Entscheidungen zur Datenerhebung die spätere Datenauswertung und -interpretation ungewollt einschränken können. Zur Einarbeitung in den Bereich der Datenauswertung wird auf die in der Wirtschafts- und Sozialgeographie zahlreich vorhandene Fachliteratur verwiesen.

Stellenwert, Funktion und Verfahrensweise empirischer Untersuchungen variieren je nach gewähltem Forschungsansatz. Die einleitende wissenschaftstheoretische Einführung (Kapitel II) gibt zunächst einen Überblick über den Wandel im Verständnis von empirischer Forschung seit den Anfängen wissenschaftlichen Arbeitens. Damit erfolgt gleichzeitig ein erster Einstieg in die Begrifflichkeit und den Inhalt wissenschaftstheoretischer Denkrichtungen. Der anschließende Abriß der wissenschaftstheoretischen Ausrichtungen in der Wirtschafts- und Sozialgeographie baut auf den Kenntnissen des vorherigen Abschnitts auf. Er dient zur Verdeutlichung der Position (Stellenwert und Funktion) empirischer Untersuchungen innerhalb der wirtschafts- und sozialgeographischen Forschung. Die in der wissenschaftstheoretischen Diskussion lange Zeit umstrittene Frage nach der adäquaten Verfahrensweise zur Durchführung empirischer Untersuchungen wird in der abschließenden Darstellung quantitativer und qualitativer Vorgehensweisen aufgegriffen. Sie soll einerseits Vorzüge und Grenzen beider Strategien aufzeigen, um eine kritische Bewertung ihrer Einsatzfähigkeit zu ermöglichen. Darüber hinaus liefert sie die Begründung für die Orientierung des vorliegenden Lehrbuchs an einem Strategien-Mix – im engeren Sinne die Darstellung sowohl quantitativer als auch qualitativer Methoden zur Datenerhebung.

Der Band „Empirisches Arbeiten in der Wirtschafts- und Sozialgeographie" richtet sich an Studienanfänger der Fachrichtung Geographie, die sich im Rahmen des Studienblocks „Techniken, Methoden und wissenschaftstheoretische Grundlagen" in den Problembereich empirischer Forschung einarbeiten müssen. Darüber hinaus kann das Lehrbuch verwendet werden als Grundlage für wirtschafts- und sozialgeographische Hauptpraktika bzw. Projektseminare, in denen empirische Forschungsinhalte ihre praktische Anwendung finden. Schlußendlich kann es all denen, die sich z. B. in ihrer Examens- oder Diplomarbeit, aber auch im späteren Berufsleben mit der selbständigen Konzeption und Durchführung empirischer Untersuchungen im Bereich der Wirtschafts- und Sozialgeographie konfrontiert sehen, als Nachschlagewerk dienen.

# II. Wissenschaftstheoretische Einführung

## 1. Was ist Wissenschaft?

Wissenschaft ist nach *S. Körner* „jede intersubjektiv überprüfbare Untersuchung von Tatbeständen und die auf ihr beruhende systematische Beschreibung und – wenn möglich – Erklärung der untersuchten Tatbestände" (*S. Körner* 1980, S.726). Die Zielsetzung einer so definierten Wissenschaft beschränkt sich auf die Beschreibung und Erklärung der erfahrbaren Realität.

Der von *J. Friedrichs* verwendete Wissenschaftsbegriff schließt neben „Erklärung" und „Beschreibung" auch die „Gestaltung" der Gesellschaft mit ein. Wissenschaft verfolgt demnach auch ein praktisches Ziel, nämlich mit Hilfe der aus Erklärung und Beschreibung der Realität gewonnenen Erkenntnisse „ein rationales und humaneres Leben der Menschen zu ermöglichen; Maxime des Handelns ist das Kriterium der Nützlichkeit" (*J. Friedrichs* 1990, S.14). Die inhaltliche Ausgestaltung dieser Zielsetzung, d.h. die Frage, wie ein „rationales und humaneres Leben" aussieht bzw. wie das „Kriterium der Nützlichkeit" zu definieren ist, bleibt dabei offen.

Im Gegensatz dazu steht der nachfolgende Wissenschaftsbegriff, der eine konkrete gesellschaftspolitische Zieldefinition vorsieht: Nach dem in der ehemaligen DDR weitverbreiteten Methodenlehrbuch zur marxistisch-leninistischen Sozialforschung besteht die Aufgabe der Wissenschaft darin, „gesetzmäßige Zusammenhänge nicht nur zu erkennen, sondern sie auch so zu beherrschen, daß sie im Interesse der sozialistischen Gesellschaft genutzt und planmäßig gestaltet werden können" (*W. Friedrich* 1971, S.18).

Die Reihe der Wissenschaftsdefinitionen ließe sich fortsetzen. Aber bereits die hier gegebene kleine Auswahl demonstriert anschaulich, daß das Verständnis von Wissenschaft nicht statisch ist, das – einmal definiert – für immer Gültigkeit beansprucht. Vielmehr unterliegt das Wissenschaftsverständnis gesellschaftlichen Strömungen. Wissenschaft ist Teil der Gesellschaft, so daß sich wissenschaftliche Ziele – wie gezeigt –, aber auch wissenschaftliche Methoden oder auch die Rolle der Wissenschaft und der Forschenden in der Gesellschaft aus dem Entwicklungsstand und der Organisation der Gesellschaft ableiten.

Neben der Eingebundenheit der Wissenschaft in die Gesellschaft nimmt auch die Wissenschaft an sich, als eigenständiges System, Einfluß auf das Wissenschaftsverständnis. Zwei Einflußgrößen sind zu unterscheiden:
a) der Kenntnisstand der Wissenschaft: Welche Regeln haben die Forschenden aufgestellt zur Gewinnung von Erkenntnissen, zur Darstellung und Verwertung von Erkenntnissen?
b) die Organisation der Wissenschaft, d. h. der Gemeinschaft der Forschenden (scientific community): Gibt es spezielle Sozialisationsmuster für Forschende (z. B. Hochschulbildung), welche Regeln bestimmen die Interaktionen innerhalb der Forschungsgemeinschaft (z. B. Verpflichtung zum Austausch und zur Wertung von Forschungsergebnissen durch Fachtagungen, Vorträge, Publikationen oder auch die Übereinkunft, fremde Quellen anzugeben, zu zitieren), gibt es eine interne Hierarchie der Forschenden und worauf beruht sie (z. B. Zahl der Publikationen, internationale Forschungserfahrung), hat sich ein spezielles Kommunikationssystem herausgebildet (z. B. Fachsprache, Fachliteratur und -zeitschriften)?

*J. Friedrichs* spricht in diesem Zusammenhang von der Wissenschaft als einem Handlungsfeld, das durch ein erkenntnistheoretisches System (siehe a) und ein soziales System (siehe b) sowie den Interaktionen zwischen beiden Systemen charakterisiert wird (vgl. *J. Friedrichs* 1990, S.15ff). Dabei darf nicht unbeachtet bleiben, daß die Akteure innerhalb des Handlungsfeldes „Wissenschaft", also die Wissenschaftler und Wissenschaftlerinnen, nicht autonom agieren, sondern mit ihrem Denken und Handeln in die Gesellschaft eingebunden sind. Folglich ist auch die Ausgestaltung des erkenntnistheoretischen und sozialen Systems – als Ergebnis der Übereinkunft der im Denken und Handeln in der Gesellschaft standortgebunden Forschenden – indirekt gesellschaftlichen Wandlungen unterworfen. Oder anders ausgedrückt: unterschiedliche politische oder weltanschauliche Bedingungen, unter denen Forschende leben, können zu unterschiedlichen erkenntnistheoretischen und sozialen Systemen führen.

Aufgrund der Interdependenz zwischen Gesellschaft und Wissenschaft gibt es nicht nur die „eine Wissenschaft", sondern verschiedene Möglichkeiten wissenschaftstheoretischer Positionen. Jede dieser Positionen spiegelt eine Zusammenfassung und Präzisierung ähnlicher, zumeist „vager" Vorstellungen von Wissenschaftlern und Wissenschaftlerinnen über Voraussetzungen, Vorgehenswiese, Methoden, Ziele, Auswirkungen und gesellschaftliche Bedeutung der Wissenschaft wider. Eine umfassende Zusammenstellung aller Möglichkeiten wissenschaftstheoretischer Ansätze zu dokumentieren, ist im Rahmen dieses Lehrbuchs nicht notwendig, geschweige denn machbar. Bereits *W. Stegmüller* gibt zu bedenken, „daß sich der Wissenschaftstheoretiker so früh als möglich mit dem Gedanken vertraut machen sollte, daß es nicht nur *eine*, sondern *verschiede Rekonstruierungsmöglichkeiten dessen* gibt, was man *wissenschaftliche Erkenntnis nennt*, und daß wir vielleicht niemals einen vollständigen Überblick über alle diese Möglichkeiten gewinnen werden" (*W. Stegmüller* 1969, S. XXII).

Die folgenden Ausführungen beschränken sich darauf, einige wissenschaftstheoretische Ansätze in ihren Grundzügen vorzustellen. Die getroffene Auswahl berücksichtigt jene Positionen, die hinsichtlich Stellenwert und Funktion empirischer Forschung eine markante Auffassung vertreten.

## 2. Standort empirischer Forschung in wissenschaftstheoretischen Ansätzen

„Empirie", aus dem Griechischen abgeleitet, bedeutet Sinneserfahrung; „empirisch" steht für erfahrungsgemäß: Erkenntnis, gewonnen aus Erfahrung, Beobachtung oder dem Experiment. Empirische Forschung besteht demnach im Studium und in der Ergründung der erfahrbaren Welt.

Die häufig vertretenen Auffassungen, daß empirische Forschung theorielos sei, daß Empirie im Gegensatz zur Theorie stünde, können nicht Allgemeingültigkeit beanspruchen; sie spiegeln lediglich einzelne wissenschaftstheoretische Positionen wider. Tatsächlich variieren Stellenwert und Bedeutung der Empirie je nach Fachgebiet und wissenschaftstheoretischem Ansatz von „wenig bedeutend", über „notwendig zur Beschreibung der Erfahrungswelt", bis hin zu „Voraussetzung zur Erklärung, d. h. zur Bildung von (empirischen) Gesetzen und Theorien".

Bei der Gewinnung wissenschaftlicher Erkenntnisse und der Bildung von Theorien unterscheidet die Wissenschaftstheorie grundsätzlich zwei Vorgehensweisen:

- Induktiver Ansatz
  Induktiv gewonnenes Wissen basiert auf empirischer Forschung, d. h. auf Erkenntnisgewinnen, abgeleitet aus der Erfahrung, der Beobachtung oder dem Experiment. Induktive Theorien entstehen, indem von beobachtbaren Einzelereignissen auf die Allgemeinheit geschlossen wird. Als Beispiele für Theorieansätze, die durch induktive Vorgehensweise enstanden, sind aus dem Anwendungsbereich der Wirtschafts- und Sozialgeographie zu nennen: Theorien der Wirtschaftsstufen aus der historischen Schule der Nationalökonomie oder polarisationstheoretische Ansätze zu raumwirtschaftlichen Entwicklungsprozessen (Einführungen in die genannten Theorien finden sich bei *L. Schätzl 1992*, S.162ff bzw. S.151ff).
- Deduktiver Ansatz
  Deduktiv gewonnenes Wissen baut nicht auf Erfahrungs-, sondern alleine auf Verstandes-Aussagen auf. Sie entstehen aus Plausibilitätsüberlegungen, Konstruktionen, Analogiebildungen oder auch durch Intuition. Deduktive Theorien setzen sich zusammen aus allgemeingültigen Verstandes-Aussagen, die die Erklärung der erfahrbaren Einzelerscheinungen beabsichtigen, also den Schluß vom Allgemeinen auf das Einzelne zulassen. Exemplarisch für deduktive Theorien, mit denen in der Wirtschaftsgeographie gearbeitet wird, seien genannt: deduktive Ansätze der einzelbetrieblichen Standortwahl von *A. Weber* und *D.M. Smith*, die Theorie der Landnutzung von *J.H. von Thünen* sowie regionale Wachstumstheorien der Neoklassik (zur Beschreibung der genannten Erklärungsansätze siehe *L. Schätzl* 1992, S.34ff, 50ff, 60ff und S.130ff).

Bereits die antiken Philosophen maßen der Empirie, der Sinneserfahrung, in ihren Weltanschauungen völlig unterschiedliche Bedeutung zu:
- *Platon* (427-347 v. Chr.) ging davon aus, daß die erfahrbare Welt lediglich Reflektionen der Wirklichkeit darstellen. Hinter dieser sogenannten Sinnenwelt existiert die eigentliche Wirklichkeit (Ideenwelt), welche die Originale oder Ideen, die ursprünglichen Formen, beinhaltet. Diese sind im Gegensatz zu ihren Reflektionen in der Sinnenwelt ewig und unveränderlich. Sich auf seine Sinne, seine Sinneserfahrung, zu verlassen, hieße, dem Spiegelbild mehr zu vertrauen als dem Original. Nur mit Vernuft können die Zusammenhänge der Ideenwelt, und damit die Wirk-

lichkeit, erkannt werden. In *Platons* Philosophie erlangt daher die Sinneserfahrung keine erkenntnisleitende Bedeutung.
– Anders bei seinem Schüler *Aristoteles* (384 – 322 v. Chr.), der sich mit seinen (naturwissenschaftlichen) Arbeiten der Sinnenwelt zuwendet. Er stellt fest, daß *Platons* „Ideenwelt", die ursprünglichen Formen, nicht einfach als gegeben angenommen werden dürfen, sondern daß sie allein der Vorstellungswelt der Menschen entspringen. Nach *Aristoteles* verwechselt *Platon* diese Vorstellungswelt mit der wirklichen Welt. Da diese Vorstellungen nicht ohne Sinneserfahrung entstehen können – erst die häufige Erfahrung mit Kühen ermöglicht es z. B. einem Kind, die Vorstellung der Form „Kuh" zu entwickeln –, stellt die Sinnenwelt die eigentliche Wirklichkeit und die Sinneserfahrung den direkten Zugang zur Wirklichkeit dar.

*Rationalismus und Empirismus*
Anknüpfend an die platonische Philosophie der Antike traten im 17. Jahrhundert verstärkt rationalistische Denkrichtungen auf, die nach der Herkunft ihrer wichtigsten Vertreter, *Descartes* (1596 – 1650) aus Frankreich, *Spinoza* (1632 – 1677) aus den Niederlanden und *Leibniz* (1646 – 1716) aus Deutschland, unter dem Begriff „kontinentaler" Rationalismus zusammengefaßt werden. Als Quelle des Wissens fand ausschließlich die Vernunft Anerkennung.

Zurückgreifend auf *Aristoteles* Kritik an *Platon* etablierten die englischen Philosophen *Locke* (1632 – 1704), *Berkeley* (1685 – 1753) und *Hume* (1711 – 1776) im ausgehenden 17. und im 18. Jahrhundert als Gegenströmung zum Rationalismus den (englischen) Empirismus. Seine Vertreter gehen – wie auch schon *Aristoteles* – davon aus, daß ausschließlich Aussagen, die auf Erfahrung beruhen, direkte Erkenntnisse über die Wirklichkeit ermöglichen. Sie gehen dabei soweit, selbst Begriffe, die sich nicht auf Sinneseindrücke zurückführen lassen, als inhaltsleere Worthülsen bzw. Gedankenkonstrukte ohne Realitätsbezug abzulehnen. Einfache Aussagen, wie z. B. „es scheint hier und jetzt die Sonne", können unmittelbar durch den Sinneseindruck belegt werden, während die Beweisführung im Rationalismus den Weg über Verstandes-Aussagen geht. Da sich diese Aussagen aus Vorstellungen des Verstandes (Gedankenkonstrukte, Ideen) zusammensetzen, daher im empiristischen Sinn keine Tatsachen ausdrücken, entziehen sie sich einer unmittelbaren Legitimation.

## Logischer Positivismus

Die radikale Ausprägung des Empirismus mündete im 20. Jahrhundert – getragen vom Wiener Kreis (1925 – 1940), einer Gruppe von Wissenschaftlern unterschiedlichster Fachdiziplinen um den Philosophen *M. Schlick* – in der Etablierung der wissenschaftstheoretischen Position des Logischen Positivismus (vgl. *R. M. Burian* 1980, S.150ff). Typisch für diese Version des Empirismus ist es, besonders strenge Kriterien an die zu verwendenden Begriffe zu legen: bereits Verallgemeinerungen oder Ausdrücke, die potentielle Eigenschaften beschreiben (wie z.B. etwas ist „dehnbar") sind unzulässig, da sie über die eigentliche Sinneserfahrung hinausgehen. Zur Illustration soll ein Gummiband dienen: durch das Auseinanderziehen eines Gummibandes können verschiedene Dehnungszustände festgestellt („erfahren") werden. Jeder Dehnungsvorgang resultiert in einem Dehnungszustand (z.B. 2,3 cm, 1,9 cm, 2,8 cm etc.). Die Aussage, das Gummiband sei dehnbar, stellt eine Schlußfolgerung aus den erfahrbaren Einzelereignissen dar. Sie kann ihrerseits nicht durch die Sinneserfahrung – weder direkt, noch indirekt – bestätigt werden. Hierzu müßten alle potentiell möglichen Dehnungszustände gleichzeitig erfahrbar sein (direkt), oder aber jeder mögliche Dehnungszustand müßte beobachtet worden sein (indirekt). Die Unmöglichkeit des letzteren ergibt sich aus der Tatsache, daß die Zahl der Möglichkeiten unendlich groß ist. Ähnlich verhält es sich mit Verallgemeinerungen: auch sie stellen Gedankenkonstrukte (Schlußfolgerungen) dar, die zwar aus einzelnen Erfahrungen abgeleitet sein können, sich aber in ihrem Allgemeingültigkeitsanspruch (für alle Ereignisse derselben Art zutreffend) einer vollständigen Verifizierung durch die Sinneserfahrung entziehen.

Kriterium für „Wahrheit" ist die Erfahrung. Dies gilt gleichermaßen für die Anerkennung wissenschaftlicher Aussagen. Jede Behauptung, die sich auf Sinneseindrücke zurückführen läßt, stellt im Sinne des Logischen Positivismus einen wissenschaftlichen Beitrag dar. Wissenschaftliche Erkenntnis erweitert sich demnach durch jede Einzelerfahrung. Zur Systematisierung der Einzelerfahrungen dienen theoretische Systeme, die möglichst einfach und verständlich aufgebaut sein sollen. Wissenschaftszuwachs resultiert dann auch aus der Verbesserung, d. h. Vereinfachung bzw. Erhöhung der Verständlichkeit, der verwendeten Schemata zur Systematisierung der Einzelerfahrungen.

Charakteristisch für die Weltanschauung des Logischen Positivismus ist die „Atomisierung" der Welt, d. h. ihre Zerlegung in Einzelereignisse in Raum und Zeit. Dementsprechend richtet sich eine dieser Denkrichtung folgenden Wissenschaft auf die Beobachtung und die systematische Ordnung dieser Einzelereignisse. Einzig die Empirie, die Sinneserfahrung, ist erkenntnisleitend; Wissenschaft besteht in erster Linie aus empirischer Forschung im Sinne der Erfassung von erfahrbaren Einzelereignissen.

Auch wenn die radikale Position des Logischen Positivismus im Logischen Empirismus (1945 – 1965) wesentliche Liberalisierungen erfahren hat (vgl. *R. M. Burian* 1980, S. 153f), bleibt die grundlegende Kritik an diesem wissenschaftstheoretischen Ansatz bestehen. Sie richtet sich in bezug auf die wissenschaftliche Erkenntnisgewinnung gegen die herausragende Bedeutung von im Prinzip theorieneutralen Aussagen und damit verbunden gegen die Ablehnung von Verstandes-Aussagen (Gedankenkonstrukten, deduktiv gewonnen Theorien). Mit anderen Worten stimmen die Kritiker darin überein, daß „Fakten" nicht für sich sprechen und daß empirische Forschung zumindest einer theoretischen Sensibilität bedarf.

Ein weiterer Schwerpunkt der Kritik bezieht sich auf den Wissenschaftsfortschritt. Eine schlichte Vermehrung und (Neu-) Ordnung von Fakten erscheint den Kritikern als nicht ausreichend, um daraus einen Wissenschaftszuwachs abzuleiten. Sie sehen den Motor des Fortschreitens eher in der fachlichen Auseinandersetzung innerhalb der scientific community, in dem z. B. die unterschiedlichen Forschungsergebnisse, Analysekonzepte und Theorien zur Diskussion gestellt und somit die Möglichkeit zu einer Neubewertung eröffnet wird. Voraussetzung hierfür ist die Existenz und Anerkennung einer gewissen Vielfalt durchaus konkurrierender Erklärungsansätze, Vorgehensweisen oder Interpretationsmöglichkeiten.

Die Bedeutung der direkt vom klassischen Empirismus geprägten Wissenschaftsausrichtungen ist seit Mitte der 60er Jahre stark zurückgegangen. Nicht zuletzt die umfangreiche Kritik am Logischen Positivismus und Logischen Empirismus gab zahlreiche Anregungen zur Formulierung weiterer wissenschaftstheoretischer Ansätze.

*Kritischer Rationalismus*
Als direkte Antwort auf den Logischen Positivismus des Wiener Kreises entwickelte *K. Popper* den Kritischen Rationalismus. Das

Wissenschaftsverständnis des Kritischen Rationalismus verknüpft in charakteristischer Weise Theorie (hier verstanden als ein System wissenschaftlich begründeter Aussagen zur Erklärung) und Empirie. Erfahrungswissenschaftliche Erkenntnisse übernehmen die Funktion, Erklärungsansätze (Theorien) zu überprüfen. Empirische Befunde bilden demnach die Grundlage bei der Entscheidung, ob eine theoretische Aussage (Hypothese) als „wahr" angenommen oder als „falsch" abgelehnt werden soll. Die für die empirische Überprüfung notwendige Vorgehensweise leitet sich im wesentlichen aus zwei Hauptprinzipien des Kritischen Rationalismus ab:

1. Das Prinzip der Falsifikation bezieht sich auf die Formulierung der zu prüfenden Hypothesen. Demnach müssen alle Aussagen einer empirischen Wissenschaft so aufgebaut sein, daß sie prinzipiell an der Erfahrung scheitern können (vgl. *K. R. Popper* 1966, S. 15).

Ein Beispiel für eine Hypothese, die dieser Anforderung *nicht* genügt, stellt folgender Satz dar: „Es gibt schwarze Schwäne". Bereits die einmalige Beobachtung eines schwarzen Schwans würde die Hypothese als wahre Aussage bestätigen. Liegt noch kein Beobachtungsfall vor, so wäre dies kein Beweis für die Falschheit der Aussage, denn es könnte irgendwann und/oder irgendwo ein schwarzer Schwan auftreten. Auch die wiederholte Beobachtung von weißen Schwänen bleibt für die Überprüfung der Aussage, daß es schwarze Schwäne gibt, bedeutungslos. Die Hypothese kann in keinem Fall widerlegt, d. h. falsifiziert und abgelehnt werden. Sie ist so formuliert, daß sie nur verifiziert, d. h. bestätigt und angenommen werden kann (Prinzip der Verifikation).

Auf dem Prinzip der Verifikation beruht der Ansatz des Logischen Positivismus: Jede Aussage, die durch eine Beobachtung bestätigt wird, gilt als wahre und damit wissenschaftlich annehmbare Aussage, die zum Wissenszuwachs beiträgt („positives" Wissen). Eine kritische Prüfung der Aussagen erfolgt nicht. Dafür wäre ein Ablehungskriterium erforderlich. Genau dieses führt der Kritische Rationalismus mit dem Prinzip der Falsifikation ein.

Damit die gewählte Beispielhypothese der geforderten Falsifikation genügt, ist sie folgendermaßen umzuformulieren: „Alle Schwäne sind schwarz". Diese Formulierung eröffnet die Möglichkeit, bereits durch ein einziges Gegenbeispiel (Beobachtung eines weißen Schwans) die Aussage zu widerlegen (zu falsifizieren). Solange kein Gegenbeispiel zu finden ist, bestätigt jede positive Beobachtung (schwarze Schwäne) zwar die Hypothese. Der Satz kann dadurch aber noch nicht das Prädikat einer „wahren" Aussage erhalten, denn es bleibt immer die Möglichkeit offen, daß irgendwann und/oder irgendwo ein weißer Schwan auftritt. Die dem Prinzip der Falsifikation entsprechenden Hypothesen sind also so formuliert, daß ein einziges Gegenbeispiel ausreicht, um sie abzulehnen, und andererseits eine positive Beobachtung zwar ihre Bestätigung bewirkt, nicht aber für ihre Anerkennung als wahre Aussage genügt.

Wenn alle Hypothesen so formuliert werden, daß sie prinzipiell widerlegbar sind, wie können dann im Kritischen Rationalismus „wahre", von der Wissenschaft anerkannte Aussagen gewonnen werden? Auf diese Frage gibt das zweite Hauptprinzip Antwort.

2. Das Prinzip des Fortschritts wissenschaftlicher Erkenntnis beruht auf einem langwierigen Erkenntnisprozeß (vgl. Abb. II.1), an dessen Anfang eine nach dem Prinzip der Falsifikation formulierte Hypothese steht. Im Anschluß an die Formulierung der Hypothese erfolgt ihre empirische Überprüfung, die in der Entscheidung für die Ablehnung oder für die Bestätigung der Aussage resultiert. Im Falle der Falsifikation ist die Hypothese zu verwerfen. Allerdings kann, unter Berücksichtigung der bei der empirischen Prüfung gewonnenen Erkenntnisse, eine Neuformulierung der Aussage erfolgen. Auch die veränderte Hypothese muß sich einer empirischen Überprüfung stellen. Scheitert sie erneut, wiederholt sich der Vorgang der Ablehnung, Umformulierung und empirischen Prüfung solange, bis eine Aussage durch die empirische Forschung Bestätigung erfährt oder aber als falsch abgelehnt und durch eine völlig neue Hypothese ersetzt wird.

Falls die Ergebnisse der empirischen Untersuchung die zu prüfende Hypothese unterstützen, kann sie – wie bereits beim Prinzip der Falsifikation erläutert – als vorläufig bestätigt gelten. Erst die wiederholte Bestätigung durch verschiedene empirische Tests erlaubt es, eine „vorläufig bestätigte Aussage" als „bewährte Aussage" zu klassifizieren. Kann diese weiteren Überprüfungen standhalten, die unter immer „härteren" Bedingungen durchgeführt werden – z. B. indem einschränkende Prämissen nach und nach wegfallen, so daß der Konkretisierungsgrad der Hypothese sukzessiv steigt –, erfolgt die wissenschaftliche Anerkennung als umfassende und im nächsten Schritt als allgemeingültige Hypothese.

Die empirische Vorgehensweise des Kritischen Rationalismus führt zum wissenschaftlichen Erkenntnisgewinn, indem sie sich mehr und mehr an die Wahrheit herantastet: „Als Kriterium der Wahrheit gilt ... einzig und allein der langwierige Weg von Versuch

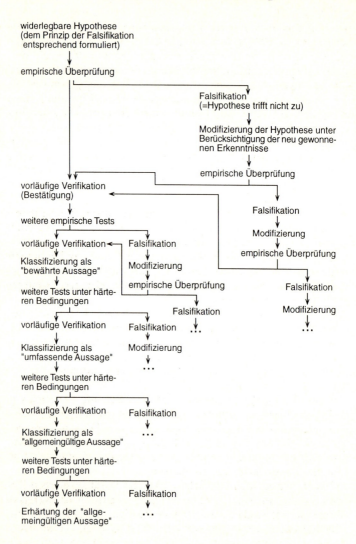

Abb. II.1 Prozeß zur Erweiterung wissenschaftlicher Erkenntnisse im Kritischen Rationalismus.
Entwurf: nach *K. Wessel* (1987, S. 78)

und Irrtum beim Vergleich von theoretischen Aussagen und beobachtbarer Realität" (*H. Kromrey* 1994, S. 37). Ab wann eine Hypothese als bewährt, umfassend oder auch allgemeingültig in die Wissenschaft eingeht, läßt sich nicht quantifizieren – d. h. es kann nicht eine bestimmte Anzahl von erfolgreichen Tests angegeben werden, die z. B. zu einer bewährten Aussage führt. Diese Einstufung hängt einzig von den Vereinbarungen der scientific community der Forschenden ab (Konvention).

Die beschriebene Vorgehensweise setzt voraus, daß der Forschungsprozeß, der zur Annahme oder Ablehnung einer Hypothese führt, für die Mitglieder der Wissenschaftsgemeinschaft nachvollziehbar ist. Nur so kann eine Einschätzung der Untersuchungsergebnisse erfolgen:
– Ist die angewandte Forschungsmethodik adäquat? Begründete Methodenkritik führt zur Ablehnung, zumindest aber zur Infragestellung der Forschungsergebnisse.
– Liegen widersprüchliche Forschungsergebnisse vor? Eine vergleichende Analyse von Problemstellung und Untersuchungsmethodik kann eine Bewertung ermöglichen oder auch weiteren Forschungsbedarf offenlegen.
– Gibt es Hypothesen, die durch verschiedene Untersuchungen mehrfache Bestätigung erfahren? Die Kenntnis des aktuellen Forschungsstandes verhindert ineffektive Parallelforschung und ermöglicht idealerweise einen zielgerichteten, auf bestehende Forschungsergebnisse aufbauenden Wissenschaftsfortschritt.

Um der Forderung zu entsprechen, Wissenschaft intersubjektiv nachvollziehbar zu gestalten, ist es zwingend notwendig, Forschungsergebnisse zu veröffentlichen und den Forschungsprozeß sowie die Untersuchungsmethodik transparent zu machen. Letzteres geschieht, indem die einzelnen Forschungsschritte und Entscheidungen gut dokumentiert werden.

Ziel des für den Kritischen Rationalismus charakteristischen Forschungsprozesses ist es, bestätigte Hypothesen in Theorien (Hypothesensysteme) zu überführen, um die Realität zu erklären. Empirische Forschung ist in diesem Zusammenhang also keineswegs theorielos. Theorien stehen am Anfang und am Ende empirischer Forschung (vgl. *R. König* 1973, S. 4ff):
– Theorien stellen eine grundlegende Orientierungshilfe dar, z. B. bei der Abgrenzung und Präzisierung der zu untersuchenden Problembereiche.

- Theorien bieten eine Grundlage für das bei der Hypothesenformulierung zu verwendende begriffliche Bezugssystem.
- Empirische Untersuchungsergebnisse werden in Theorien transformiert. Sie dienen sowohl der Erklärung der Realität als auch der Vorhersage zukünftiger Ereignisse.

Abschließend sei vermerkt, daß sich der Kritische Rationalismus darauf beschränkt, die erfahrbare Realität zu erklären (Theorie) und zu beschreiben (Empirie), nicht aber zu bewerten (Postulat der Wertneutralität).

Eine wesentliche Einschränkung der Anwendbarkeit des Kritischen Rationalismus auf den realen Forschungsprozeß ergibt sich aus dem angestrebtem Allgemeingültigkeitscharakter der zu prüfenden Hypothesen, d. h. es handelt sich um Aussagen, die weder raum-zeitliche Begrenzungen noch spezielle Konditionen oder individuelle Ausprägungen zulassen. Hypothesen dieser Art heißen universale Hypothesen oder All-Aussagen. Die meisten naturwissenschaftlichen Gesetze, aber auch Sätze der Art „Alle Studierenden behalten ihren Wohnort bei, wenn sie ihr Studium aufnehmen" fallen unter diese Kategorie von Hypothesen. Bereits ein einziger abweichender Fall – ein mobiler Student oder eine mobile Studentin in Deutschland, den USA oder Turkmenistan – reicht aus, um die Hypothese zu falsifizieren. In den empirischen Humanwissenschaften, die gerade dadurch gekennzeichnet sind, daß ihre Untersuchungsobjekte von historischen, kulturellen und räumlichen Gegebenheiten abhängen, mündet die ausschließliche Verwendung von streng universalen Aussagen als Ausgangspunkt empirischer Prüfung kaum in Erkenntnisgewinnen.

In Erweiterung des ursprünglichen Konzepts des Kritischen Rationalismus sind daher innerhalb der Humanwissenschaften durchaus auch singuläre Sätze erlaubt, die einen Raum-Zeit-Bezug aufweisen (vgl. *J. Friedrichs* 1990, S.64f). Diese Gruppe der Hypothesen kann unterschieden werden in deterministische bzw. nomologische und statistische bzw. probabilistische Aussagen.

Deterministische oder nomoligische Hypothesen entsprechen innerhalb eines begrenzten Raum- und/oder Zeitausschnitts der Art „Für alle X gilt das Prädikat P", z. B. „Alle Studierenden in Deutschland behalten ihren Wohnort bei, wenn sie ihr Studium aufnehmen". Auch hier genügt ein einziger abweichender Fall – allerdings innerhalb Deutschlands –, um die Aussage zu widerlegen bzw.

zu verwerfen. Deterministische Aussagen lösen die bereits bei den strikt universalen Hypothesen auftretenden Probleme nur sehr begrenzt. Sie finden daher in den empirischen Humanwissenschaften nur selten Verwendung.

In der Regel arbeitet die empirische Forschung mit statistischen bzw. probabilistischen Aussagen. Hypothesen dieser Form entsprechen der Gesetzmäßigkeit: „Für einen Teil von X gilt das Prädikat P". Die gewählte Beispielhypothese, als statistische Aussage formuliert, könnte folgendermaßen lauten: „Die Mehrheit aller Studierenden in Deutschland behält bei Studienaufnahme ihren Wohnort bei; bei einer Minderheit ist mit dem Studienbeginn ein Wohnortwechsel verbunden." Ob der Prozentsatz der Wohnortwechsler bei 12 %, bei 31 % oder bei 48% liegt, widerlegt die Aussage – daß mehr Studierende in Deutschland bei Studienaufnahme ihren Wohnort beibehalten als wechseln – nicht. Die Hypothese wird also nicht abgelehnt; ihre Aussage erfährt – nach weiteren empirischen Überprüfungen – höchstens eine Modifizierung bzw. Konkretisierung.

Empirische Forschung in den Humanwissenschaften – sofern sie dem Kritischen Rationalismus folgt – unterscheidet demnach drei Arten von Hypothesen:
- Statistische Hypothesen, die nur für eine begrenzte Zahl von Merkmalsträgern sowie nur für einen bestimmten Raum und/oder eine bestimmte Zeit Geltung beanspruchen; sie stehen in der Regel am Anfang empirischer Forschungsprozesse. Wiederholte Bestätigung durch empirische Überprüfung bei schrittweiser Reduzierung der Einschränkungen hinsichtlich der Merkmalsträger sowie der raum-zeitlichen Restriktionen kann sie überführen in
- deterministische Hypothesen, die innerhalb des gewählten Raum- und/oder Zeitausschnitts für alle Merkmalsträger Gültigkeit beanspruchen. Diese können im Verlauf der weiteren Forschung überleiten zu
- universalen Hypothesen, die unabhängig von räumlichen, zeitlichen und individuellen Ausprägungen Geltung erlangen. Strikt universale Aussagen sollten idealtypisch den Abschluß empirischer Forschungsprozesse bilden und in allgemeingültige Theorien einfließen.

*Kritische Theorie*
Der wissenschaftstheoretische Ansatz der Kritischen Theorie versteht sich sowohl als Kritik des Empirismus als auch des Kritischen

Rationalismus. In Erweiterung der „Kritik der politischen Ökonomie" des klassischen Marxismus entwickelten Autoren wie *M. Horkheimer, Th. W. Adorno* und *J. Habermas* die Vorstellung einer Kritischen Theorie der Gesellschaft, wobei sie sich von der ursprünglichen Priorität der politischen Ökonomie entfernten und verschiedene Wissenschaftsdisziplinen (u.a. Philosophie, Soziologie, Psychologie, Geschichtstheorie) integrierten.

Die Kritische Theorie geht von einer wissenschaftstheoretischen Zieldefinition aus, die – über die Beschreibung und Erklärung der Realität hinausgehend – der kritischen Beurteilung der Realität (Gesellschaft) zentrale Bedeutung beimißt. Bewußt wird hiermit der Versuch unternommen, das Wertneutralitätspostulat des Kritischen Rationalismus zu überwinden. Wissenschaft bezieht sich in diesem Rahmen nicht nur auf die Überprüfung der Kompatibilität von Theorie und Realität – wie im Kritischen Rationalismus –, sondern auch auf die kritische Auseinandersetzung mit der Realität (Gesellschaft) an sich: Was ist? Was könnte sein? Was sollte sein? Die Anworten auf diese Fragen fließen in die – auch von den Forschenden – bewußt gestalteten gesellschaftlichen Prozesse ein. Die Forschenden sind ihrerseits – auch während des Forschungsprozesses – nicht losgelöst von den vorherrschenden gesellschaftlichen Prozessen: Sie reflektieren die eigene Situation mit ihren gesellschaftlichen Abhängigkeiten und müssen sich dieses Zusammenhanges und dessen Einflüsse auf ihre wissenschaftlichen Erkenntnisse bewußt werden.

Für den Erkenntnisprozeß lehnen die Vertreter der Kritischen Theorie die analytischen Verfahren der analytisch-nomologischen Denkrichtung, zu der auch der Kritische Rationalismus gehört, ab und fordern die Verwendung nicht-analytischer Vorgehensweisen. Analytische Methoden basieren darauf, den Forschungsgegenstand in Einzelteile zu zerlegen und die Beziehungen der einzelnen Elemente untereinander zu beschreiben und zu erklären. Im Gegensatz dazu untersuchen nicht-analytische Methoden, wie Hermeneutik und Dialektik, den Forschungsgegenstand in seiner Ganzheit und zielen darauf ab, ihn als Einheit zu begreifen, zu erklären und zu gestalten. Aufgrund dieser Vorgehensweise zählt die Wissenschaftsposition der Kritischen Theorie zur hermeneutisch-dialektischen Denkrichtung.

Die Hermeneutik führt durch die Interpretation von Texten, Lebensläufen, Landkarten, aber auch Ereignissen zu Erkenntnisgewinn, wobei der jeweilige historisch-gesellschaftliche Kontext der

Quellen – als Ganzheit – bei ihrer Auslegung Berücksichtigung findet. Die Erkenntnisgewinnung stellt einen offenen Prozeß dar, indem durch immer wieder neue Auslegungen und Interpretationen, der Versuch unternommen wird, die Aussagen der Quellen und ihre Bedeutung zu verstehen.

Die Dialektik faßt den Forschungsgegenstand als Einheit gegensätzlicher Bestimmungen auf: Die „Ganzheit" bewegt sich immer in Gegensätzen (These, Antithese). Um diese Aussage an einem Beispiel zu demonstrieren, soll „Wissenschaft" als Ganzheit betrachtet werden: Ihre Entwicklung vollzieht sich dann anhand dialektisch-widersprüchlicher Beziehungen zwischen Theorie und Praxis, Subjekt und Objekt, Individuum und Gesellschaft, Distanz und Engagement, Quantität und Qualität, Empirischem und Theoretischem usw. (vgl. *G. Kröber* 1980, S.144). Die Gegensätze gehen nach Auffassung der Dialektik in einer wie auch immer gearteten Synthese auf, die das jeweils Beste von These und Antithese vereint. Die Synthese kann ihrerseits wieder Ausgangspunkt für eine neue Triade (These, Antithese, Synthese) sein. Erkenntnisgewinne resultieren aus der Konstruktion bzw. Erforschung gegensätzlicher Beziehungen des Forschungsgegenstandes sowie ihrer Auflösung in der Synthese. Diese bewegt sich gegenüber These und Antithese auf einem höheren Erkenntnisniveau.

Empirische Forschung nimmt im Wissenschaftsverständnis der Kritischen Theorie einen wesentlich geringeren Stellenwert ein als im Kritischen Rationalismus: Aussagen über das, was sein könnte oder sollte, entziehen sich einer empirischen Prüfbarkeit und intersubjektiven Kontrolle.

Die wesentlichen Unterschiede zwischen Kritischem Rationalismus und Kritischer Theorie bestehen
– im Erkenntnisziel: Beschreibung und Erklärung der Realität gegenüber Beschreibung, Erklärung, Bewertung und Gestaltung der Realität (Gesellschaft);
– in der Rolle der Forschenden: Distanzierte Haltung: Die Forschenden sehen sich vom Forschungsgegenstand losgelöst; sie nehmen quasi einen Beobachterstatus ein, gegenüber einer engagierten Haltung: Die Forschenden verstehen sich als Teil des Untersuchungsgegenstandes;
– im Erkenntnisprozeß: analytische Verfahren, in denen das Untersuchungsobjekt als Summe von Einzelelementen erfaßt wird, gegenüber nicht-analytischer Vorgehensweise, die den Forschungsgegenstand in seiner Einheit begreift;

– im Stellenwert der empirischen Forschung: empirische Forschung zur Überprüfung theoretischer Aussagen als zentraler Bestandteil der Wissenschaft gegenüber Interpretation, Konstruktion und kritischer Auseinandersetzung mit der Gesellschaft; wissenschaftliche Aktivitäten also, die ohne empirische Forschung auskommen können.

Während die wissenschaftstheoretische Diskussion in den Humanwissenschaften zunächst von zwei Ansätzen geprägt war – dem Kritischen Rationalismus und der Kritischen Theorie –, bezieht sie sich seit den 70er Jahren auf eine immer größere Vielfalt wissenschaftstheoretischer Positionen. Neben den beiden bereits genannten erlangen z. B. der Strukturalismus, der Realismus, der Pragmatismus und seit Ende der 80er Jahre die Postmoderne an Bedeutung. Der Stellenwert und die Funktion empirischer Forschung ist bei diesen Ansätzen nicht so eindeutig definiert wie beim Kritischen Rationalismus und bei der Kritischen Theorie.

*Strukturalismus*
Die strukturalistische Denkrichtung zielt darauf ab, Sachverhalte aus ihrer Einbettung in einen Gesamtzusammenhang – der Struktur – zu erklären. Strukturen verschiedenster Art formen die Realität. Jede beobachtbare Erscheinung ist Teil einer Struktur. Es reicht nicht aus – wie im Empirismus – nur die Einzelerscheinung wahrzunehmen. Aus Sicht des Strukturalismus ist entscheidend, die hinter den beobachtbaren Sachverhalten stehenden Strukturen zu erkennen. Sie bestimmen die Ausprägungen der Einzelerscheinungen. Um die Strukturen zu identifizieren, findet die Methode der Strukturanalyse Verwendung (vgl. *W. L. Bühl* 1980, S. 612f). Eine vereinfachende Darstellung der Strukturen erfolgt häufig durch die Bildung von Modellen.

Strukturalistische Methoden (Strukturanalyse, Modellbildung) haben in vielen Wissenschaftsdisziplinen Eingang gefunden: ursprünglich von französischen Sprachwissenschaftlern vertreten, wurden sie in der Philosophie, in der Anthropologie, der Psychologie und in den 70er Jahren in der angelsächsischen Geographie aufgegriffen (vgl. *D. Gregory* 1994a, S. 599).

Traditionell erreicht die empirische Forschung im Strukturalismus einen nicht so hohen Stellenwert wie deduktive Vorgehensweisen. Das Hauptinteresse liegt in der Konstruktion von Theorien über die hinter den beobachtbaren Einzelereignissen stehenden

Strukturen. Eine empirische Überprüfung der theoretischen Überlegungen ist streng genommen kaum möglich, da die vermuteten Strukturen ja nicht direkt in Erscheinung treten, sich daher auch einer empirischen Erfassung entziehen (vgl. *J. Bird* 1993, S.44ff).

*Realismus*
Im Gegensatz zu Empirismus und Positivismus geht der Realismus von einer vollständig anderen Auffassung der Realität aus: Während Empirismus und Positivismus die erfahrbare Welt als Summe vieler Einzelereignisse begreifen, vertritt der Realismus die Auffassung, daß die Erfahrungswelt realistischer zu erfassen ist, indem sie als ein komplexes Beziehungsgeflecht begriffen wird: Nicht Einzelereignisse, sondern Wirkungszusammenhänge und Strukturen stehen im Vordergrund (vgl. *D. Gregory* 1994b, S. 499ff).

Da neben der Struktur der Realität, auch ihre Kausalität Bedeutung erlangt, geht die Auffassung des Realismus auch weit über die des Strukturalismus hinaus.
Zwei Erkenntnisziele stehen im Mittelpunkt des Realismus:
1. Die Identifizierung von Ursache-Wirkung-Zusammenhängen: Warum passiert etwas?
2. Die Identifizierung der empirischen Bedeutung der Kausalzusammenhänge: Wie verbreitet sind die Erscheinungen einer Wirkungskette?

Ausgangspunkt ist – wie auch schon im Strukturalismus – die Struktur. Während die strukturalistische Denkrichtung bei der Identifizierung von Strukturen stehenbleibt, geht der Realismus einen Schritt weiter. Er versucht, die Kausalbeziehungen – die Mechanismen – zwischen Einzelereignissen innerhalb einer Struktur zu erforschen. Bei der Suche nach strukturinternen Funktionsweisen bauen die Vertreter des Realismus auf Forschungsstrategien auf, bei denen Verstandesaussagen (Ideen, Gedankenkonstrukte, deduktive Theorien) und die Interpretation von empirischem Material (Sekundärstatistiken, Befragungen, Beobachtungen) sich gegenseitig ergänzen. Der strenge Überprüfungscharakter empirischer Forschung, wie er im Kritischen Rationalismus in bezug auf deduktiv erstellte Hypothesen/Theorien besteht, existiert im Realismus allerdings nicht.

*Pragmatismus*
Die pragmatische Position ist gekennzeichnet durch ein Mißtrauen in festgeschriebene, formale Regeln. Hierin spiegelt sich die An-

sicht wider, daß die erfahrbare Realität nicht von Gesetzmäßigkeiten bestimmt wird. Damit steht der pragmatische Ansatz im Gegensatz zu der Auffassung von Strukturalismus und Realismus, die alle beobachtbaren Einzelereignisse auf das Vorhandensein einer wie auch immer gearteten Grundstruktur zurückführen, deren Identifizierung lediglich von der „richtigen" wissenschaftstheoretischen Herangehensweise abhängt.

Vom pragmatischen Standpunkt aus bemißt sich wissenschaftliche Erkenntnis an der praktischen Konsequenz für die Gesellschaft. Um zu wissenschaftlichen Erkenntnissen zu gelangen, sind immer wieder neue Untersuchungen erforderlich: Noch so häufig bestätigtes Wissen ist niemals so anerkannt, daß es nicht immer wieder Gegenstand weiterer Untersuchungen sein kann. Die progressive Vorgehensweise des Pragmatismus, Wissen immer wieder zu bestätigen, weist deutliche Parallelen zum „Prinzip des Fortschritts wissenschaftlicher Erkenntnis" des Kritischen Rationalismus auf, wenngleich der Pragmatismus – wie bereits beschrieben – eine schrittweise Annäherung an eine Wahrheit im Sinne des Kritischen Rationalismus, nämlich eine wie auch immer bestimmte Gesetzmäßigkeit der Realität, nicht kennt. Auch die für den Kritischen Rationalismus charakteristische klare Bedeutungs- und Funktionszuweisung der empirischen Forschung im Erkenntnisprozeß fehlt.

*Postmoderne*
Mit Postmoderne werden verschiedene Strömungen der gegenwärtigen Architektur, Kunst, Philosophie und Humanwissenschaften bezeichnet. Ihnen gemeinsam ist die – auch in der pragmatischen Denkrichtung vorhandene – Skepsis gegenüber der Suche nach allumfassenden Gesetzmäßigkeiten. Darüber hinaus wendet sich die postmoderne Denkrichtung gegen eine Überbewertung von „Kausalität" (wie im Realismus) und „Rationalität" (wie im Kritischen Rationalismus und der Kritischen Theorie) als Determinanten der gesellschaftlichen Entwicklung (vgl. *D. Gregory* 1989, S.68). Die unter dem Begriff Postmoderne zusammengefaßten Denkrichtungen lehnen aber nicht grundsätzlich die Arbeit mit Theorien oder die Bedeutung von Kausalität oder Rationalität ab. Ganz im Gegenteil zeichnet sich die Postmoderne durch eine Offenheit gegenüber den unterschiedlichen Strömungen innerhalb der Gesellschaft, Kunst, Politik oder auch innerhalb der Wissenschaftstheorie aus (vgl. *D. Ley* 1994, S.466).

Auch in den Humanwissenschaften ist die Postmoderne charakterisiert durch Pluralität, d. h. durch ein Nebeneinander verschiedenster wissenschaftstheoretischer Ansätze, Analysekonzeptionen und Methoden. Während die wissenschaftstheoretische Diskussion der 70er Jahre von der Kontroverse Kritischer Rationalismus gegen Kritische Theorie, analytische gegen nicht-analytische Konzepte, quantitative gegen qualitative Methoden beherrscht war, tritt in der Postmoderne eine stärkere Toleranz gegenüber der Vielfalt wissenschaftlicher Herangehens- und Vorgehensweisen in den Vordergrund. Anstelle dogmatischer Problemlösungen mit Allgemeingültigkeitsanspruch ist eine stärkere Anwendungsorientierung gefragt, die je nach Problemstellung z. B. mal eine deduktive Vorgehensweise, mal eine induktive Vorgehensweise, mal eine quantitative Methode, mal eine qualitative Methode erfordert.

Erst die Heterogenität, d. h. die Konkurrenz verschiedener Denkrichtungen, erbringt nach postmoderner Auffassung Wissenschaftsfortschritte: Das Bewußtsein von der „Unterschiedlichkeit" regt zu Interpretationen, Vergleichen und Bewertungen an, die zu neuen Erkenntnissen führen können.

Mit den ersten beiden Kapiteln erfolgte ein erster Einstieg in Begrifflichkeit und Inhalt wissenschaftstheoretischer Denkrichtungen, der deutlich macht, daß empirische Forschung in Abhängigkeit vom jeweiligen Wissenschaftsverständnis unterschiedliche Stellenwerte bzw. unterschiedliche Funktionszuweisungen erhält. Darauf aufbauend zeigt der folgende Abschnitt in Grundzügen den Wandel des erkenntnistheoretischen Systems einer Wissenschaftsdisziplin auf, nämlich der im vorliegenden Lehrbuch interessierenden Wirtschafts- und Sozialgeographie. Im Mittelpunkt steht dabei die Frage nach der Bedeutung und dem Bedeutungswandel der empirischen Forschung innerhalb der Wirtschafts- und Sozialgeographie.

## 3. Wissenschaftstheoretische Positionen in der Wirtschafts- und Sozialgeographie

Bis Mitte des letzten Jahrhunderts beschäftigte sich die Geographie mit der Entdeckung und der Beschreibung sogenannter „weißer Flecken" auf der Landkarte. Ziel war es, eine universale Weltbeschreibung, basierend auf Länderkunden, d. h. in erster Linie Darstellungen von „Land und Leuten", zusammenzutragen (vgl. *D. Bartels* 1968, S.121ff). Wirtschafts- oder sozialgeographische Gesichtspunkte waren zu dieser Zeit noch nicht Gegenstand eigenständiger Forschung. Sie gingen als integraler Bestandteil in die länderkundlichen Beschreibungen ein.

Mit der Kolonialexpansion und dem einsetzenden Welthandel nahm in der zweiten Hälfte des 19. Jahrhunderts der Bedarf an Informationen über Wirtschaftsgegebenheiten und -potentiale weltweit sprunghaft zu. Dies führte zu einer Fülle von „commerz-" oder „handelsgeographischen" Veröffentlichungen, die zum Ausgangspunkt für die Herausbildung einer eigenständigen wirtschaftsgeographischen Forschungsrichtung wurden. Die Aufgabe der damaligen Wirtschaftsgeographie bestand darin, die Verbreitung wirtschaftlicher Erscheinungen und wirtschaftlicher Produkte zu erfassen und zu beschreiben sowie aus den natürlich-physischen Gegebenheiten wie Bodenprofil und -gestalt, Bodenkunde, Geologie und Klima zu erklären (vgl. *W. Götz* 1882). Damit griff die „wirtschaftliche Geographie" – wie *W. Götz* (1882, S. 364) sie bezeichnete – direkt das erkenntnistheoretische Konzept des Mutterfaches, der Geographie, auf: datensammelnde Deskription gekoppelt mit naturdeterministischen Erklärungen.

In der Folgezeit veränderten sich Erkenntnisziel und Konzept der Wirtschaftsgeographie hauptsächlich durch folgende Entwicklungen (vgl. *L. Schätzl* 1992, S.13f; *P. Schöller* 1977, S.35f; *D. Bartels* 1968, S.142ff):

– Die Ablösung von naturdeterministischen Erklärungsmustern, die davon ausgingen, daß das menschliche Handeln von Naturzwängen bestimmt wird. Statt dessen setzte sich die Landschaftskonzeption durch, die den Menschen als „aktives Element" berücksichtigt, dessen Einfluß z. B. die Transformation der Naturlandschaft in die Kulturlandschaft bewirkt. Deskription und Interpretation der sichtbaren kulturlandschaftlichen Erscheinungen standen im Mittelpunkt geographischer Forschung und führten zu räumlich-individualistischen Erkenntnissen.

– Parallel zur Kulturlandschaft existierte in der Wirtschaftsgeographie die „Wirtschaftslandschaft", die durch das Einwirken des „wirtschaftenden Menschen" aus der Naturlandschaft hervorging. Die Beschränkung auf physiognomisch sichtbare Elemente der Landschaft erwies sich insbesondere bei der Untersuchung wirtschaftlicher Fragestellungen schnell als Engpaß, da wesentliche Determinanten wie z. B. Betriebs- oder Marktformen unberücksichtigt blieben. Der Begriff der „Wirtschaftsformation" erweiterte die inhaltliche Dimension der Wirtschaftslandschaft um die „nicht-sichtbaren" Einflußgrößen wirtschaftlichen Handelns. Noch weitergehender war die aus den 30er Jahren stammende Konzeption des „Wirtschaftsraums", einem ökonomisch gesteuerten sozioökologischen System, in dem physiognomische Elemente wie z. B. Naturgunst oder -ungunst nicht mehr als solche, sondern nur noch in Form von Kostenfaktoren wahrgenommen wurden.

– Auch in der Kulturgeographie bildete sich eine Gegenkonzeption zu dem im Physiognomischen verhaftetem Landschaftskonzept heraus. Im Mittelpunkt dieser Gegenströmung, der Kulturraumkonzeption, stand die Untersuchung räumlicher Aspekte im Rahmen kulturgeschichtlicher Entwicklungen. Aufbauend auf dem Verständnis des Kulturraums entstand in der Nachkriegszeit die Konzeption des Sozialraums, deren Beobachtung und Beschreibung zum Gegenstand der Sozialgeographie wurde.

– Es kamen erste Ansätze modell-theoretischer Konzeptionen in der Wirtschaftsgeographie auf, z. B. die von *W. Christaller* 1933 veröffentlichte Theorie der zentralen Orte, in der auf deduktivem Wege der Versuch unternommen wird, die räumliche Ordnung der Wirtschaft anhand ökonomischer Determinanten zu erklären.

Trotz der skizzierten Weiterentwicklungen war die wissenschaftstheoretische Konzeption der Wirtschafts- und Sozialgeographie bis Ende der 60er Jahre gekennzeichnet durch einen einseitigen Empirismus. Als ausgeprägte Beschreibungswissenschaft galt ihr Hauptinteresse der Erfassung und Deskription von Produktionsräumen, Wirtschaftszweigen und einzelnen Produkten bzw. – unter stärkerer Betonung sozialgeographischer Aspekte – der Darstellung kulturvergleichender Gesellschaftsentwicklung und einzelner Lebensformgruppen. Vereinzelt auftauchende Ansätze zur Herausarbeitung von Grundsätzlichem anstelle der Beschreibung regionaler Besonderheiten oder der Hinwendung zu Theorie- und Modellbildungen konnten sich zunächst nicht durchsetzen.

Allerdings nahm die „Rationalität" in der wissenschaftlichen Grundhaltung der Geographie mehr und mehr zu. Es lassen sich drei Entwicklungsschübe unterscheiden, von denen ein maßgeblicher Einfluß auf die Zurückdrängung einer rein empiristisch ausgerichteten Wissenschaftstheorie innerhalb der Wirtschafts- und Sozialgeographie ausging (vgl. hierzu auch *D. Bartels* 1970):

1. Mathematisierung, Quantifizierung und Formalisierung (Instrumentelle Rationalität)
   Die sogenannte „Quantitative Revolution" findet in den 50er Jahren zunächst Eingang in die Geographie des englischsprachigen Raums und breitet sich seit den 60er Jahren, ausgehend von den USA, in der europäischen Geographie aus. Zur Bewältigung der immer komplexeren gesellschaftlichen Probleme und der aufgrund der Technikentwicklung immer größeren Informationsmengen kommen in der Wirtschafts- und Sozialgeographie Verfahrensweisen zur Erfassung von quantitativen Daten (Meßtechniken, statistische Auswertungsverfahren) sowie zur Datenbearbeitung (Modellbildung, Prognosetechniken) zum Durchbruch. Sie bieten den scheinbaren Vorteil der Präzision und Exaktheit sowie der Objektivität, Neutralität und Wertfreiheit. Die Rationalität wird in diesem Zusammenhang bei der Beurteilung der angewandten Verfahren und der resultierenden Untersuchungsergebnisse gefordert.
2. Diskussion des wissenschaftlichen Vorverständnisses (Metatheoretische Rationalität)
   Auslöser für die zweite Welle der Rationalität bildet die Erkenntnis, daß das wissenschaftliche Vorverständnis – das Hintergrundwissen, aus dem sich die empirischen Untersuchungen, u.a. auch die der „Quantitativen Revolution", ableiten – bislang unbewußt und ohne erkenntnistheoretische Prüfung in die Forschungsarbeit einfließen konnte. Die Diskussion über die zu verwendenden Basisansätze führt zur stärkeren Beachtung von Einzeltheorien mit raumrelevanten Aussagen, insbesondere aus den Nachbarwissenschaften wie der Ökonomie und der Soziologie. So werden auf deduktiv-rationalem Weg entwickelte Ansätze wie z.B. zentralörtliche Theorien, einzelwirtschaftliche Standorttheorien, Distanzmodelle oder auch verhaltenstheoretische Ansätze als Ausgangspunkte empirischer Vorgehensweisen diskutiert.
3. Lösung gesellschaftlich relevanter Probleme (Kritische Rationalität)
   Basierend auf dem Verständnis, daß die Wirtschafts- und Sozialgeographie als Wissenschaft in die Gesellschaft eingebettet ist und beide Systeme sich wechselseitig beeinflußen, erwächst einerseits die Forderung nach einer gesellschaftskritischen Haltung gegenüber der Wissenschaft. Andererseits leitet sich daraus der Anspruch ab, daß wirtschafts- und sozialgeographische

Forschung auf die Lösung raumrelevanter Gestaltungsprobleme der Gesellschaft abzielen sollte.

Unter Einbeziehung der genannten rationalistischen Strömungen formulierte *D. Bartels* (1968) erstmalig ein wissenschaftstheoretisches Konzept der Wirtschafts- und Sozialgeographie, das auf der Grundlage des Kritischen Rationalismus aufbaute. Wirtschafts- und Sozialgeographie sollte nicht mehr länger eine rein deskriptive Wissenschaft sein, in deren Mittelpunkt die Darstellung räumlich-historischer Individualphänomene stand, sondern eine methodisch moderne, theoriegeleitete Erfahrungswissenschaft. Die empirische Überprüfung von in der Regel deduktiv abgeleiteten Theorieansätzen sollte die Wirtschafts- und Sozialgeographie ihrem neuen Erkenntnisziel, nämlich der allgemeingültigen Erklärung „der räumlichen Struktur und Organisation der Wirtschaft und/oder Gesellschaft sowie...deren Entwicklungsprozesse" (*D.Bartels* 1982, S.44), näherbringen.

Seit den 60er Jahren entwickelten sich im deutschen Sprachraum verschiedene wirtschafts- und sozialgeographische Ansätze, die der Tradition des Kritischen Rationalismus folgten, wie z.B. (vgl. hierzu auch *E.W. Schamp* 1983)
- der funktionale Ansatz (*K. Ruppert/F. Schaffer* 1969);
- der handlungsorientierte und entscheidungstheoretische Ansatz (*G. Hard* 1973, *H. Schrettenbrunner* 1974, *P. Weichhard* 1980, *S. Tzschaschel* 1986, *P. Sedlacek* 1988);
- der Wohlfahrts-Ansatz (*D. Bartels* 1978);
- der raumwirtschaftliche Ansatz (*L.Schätzl* 1992 bzw. 1978 in bezug auf die erste Auflage).

Allen gemeinsam ist der Versuch, wirtschafts- und sozialgeographische Forschung auf ein theoretisches Fundament zu stellen, das durch empirische Untersuchungen, überwiegend basierend auf quantitativ-statistischen Verfahren, überprüft und erweitert werden soll.

Allerdings tritt sowohl beim funktionalen als auch beim Wohlfahrts-Ansatz das Problem einer fehlenden Theorie auf, so daß beide erneut auf die empirische Beschreibung begrenzt bleiben. Auch der handlungsorientierte und entscheidungstheoretische Ansatz konzentriert sich weitgehend auf die Deskription räumlich wirksamen Verhaltens. Er steht vor der Schwierigkeit, daß alle Versuche, auf die Bestimmungsgründe für räumliches Verhalten zu schließen bzw. diese empirisch nachzuweisen, bislang scheitern: Motive menschlichen Handelns ebenso wie räumlich relevante Verhaltensweisen entziehen sich dem Kriterium, „intersubjektiv nachvollziehbar zu sein". Sie zeigen stark individualistische Ausprägungen und weisen auch in bezug auf *ein* Individuum keine Kontinuität auf, d. h. für eine Person kann ein und dasselbe Verhalten heute ganz andere Motive haben als noch gestern.

Der raumwirtschaftliche Ansatz verfolgt die Prinzipien des Kritischen Rationalismus sehr konsequent. Er sieht das Ziel wirtschaftsgeographischer Forschung in der Erklärung (Theorie), Beschreibung (Empirie) und Gestaltung (Politik) ökonomischer Raumsysteme (vgl. *L. Schätzl* 1992, insbesondere S.17-26 sowie 1991 und 1994). Empirische Untersuchungen nehmen eine Mittlerfunktion zwischen Theorie und Politik ein:

– Sie dienen einerseits der Überprüfung von deduktiv gewonnen Erklärungsansätzen (Theorien) und liefern andererseits neue theoretische Erkenntnisse.
– Sie bilden die Grundlagen für Regionalprognosen und damit die Voraussetzung für regionalpolitische Entscheidungen (Politik: Gestaltung künftiger raumrelevanter Entwicklungen).

Gegenstand empirischer Raumwirtschaftsforschung ist die Erfassung, Beschreibung und Analyse von
– räumlichen Strukturen (Verteilung ökonomischer Aktivitäten – Produktion und Konsum – im Raum),
– räumlichen Interaktionen (Mobilität von Produktionsfaktoren, Gütern und Dienstleistungen) und
– räumlichen Prozessen in Vergangenheit und Gegenwart (Entwicklungsdynamik räumlicher Strukturen und räumlicher Interaktionen).

Zweifel am erkenntnistheoretischen Gehalt des Kritischen Rationalismus für die Wirtschafts- und Sozialgeographie äußern insbesondere angelsächsische Geographen. Zwei Hauptströmungen der Kritik sind zu unterscheiden (vgl. *J. Bird* 1993; *R.J. Johnston* 1994a, S. 260f).

Vertreter einer Humanistischen Geographie bemängeln, daß bei der Verwendung statistisch-quantitativer Verfahren das individuelle menschliche Handeln zu stark vernachläßigt wird – menschliches Handeln reduziert sich auf Datensätze. Ähnlich argumentiert auch *E. Wirth* (1984), der die analytische Vorgehensweise des Kritischen Rationalismus insbesondere für die Sozialgeographie ablehnt und eine stärkere Hinwendung zum „Handlungsverstehen" fordert: menschliches Handeln soll vor dem Hintergrund kultureller, historischer, sozialer und wirtschaftlicher Zusammenhänge interpretiert werden. Zur Erkenntnisgewinnung dienen eher nicht-analytische Vorgehensweisen, die auf die Beschreibung des Gegebenen (Phänomenologie) und die Deskription des historischen Entstehungsprozesses abzielen.

Die Radikale Geographie, die den erkenntnistheoretischen Traditionen der Kritischen Theorie verbunden ist, kritisiert die für den Kritischen Rationalismus charakteristische Akzeptanz der bestehenden gesellschaftlichen Verhältnisse sowie die Unfähigkeit, die beschreibenden Ergebnisse der empirisch-analytischen Verfahren mit gesellschaftskritischen Ursachenanalysen zu verbinden.

Seit Ende der 80er Jahre taucht auch in der wissenschaftstheoretischen Diskussion der Wirtschafts- und Sozialgeographie immer häufiger das Schlagwort der „Postmoderne" auf. Autoren wie *D. Gregory* (1989), *G. Hard* (1990) und *H. Dürr* (1992 und 1995) sehen im Nebeneinander vieler verschiedener thematischer, konzeptioneller und methodischer Ansätze den wissenschaftlichen Fortschritt der Fachdisziplin. Voraussetzung hierfür bildet das Erkennen der „Unterschiedlichkeit", beispielsweise der Differenzen unterschiedlicher „Forschungsschulen", wie:
– im Erklärungsanspruch und -gehalt der vorgestellten, dem Kritischen Rationalismus verbundenen Grundansätze der Wirtschafts- und Sozialgeographie oder
– im wissenschaftstheoretischen Grundverständnis der auf dem Kritischen Rationalismus aufbauenden Ansätze und eher empirisch ausgerichteten Positionen, die sich etwa dem Handlungsverstehen oder dem Landschaftskonzept verpflichtet fühlen (vgl. *K. Mannsfeld* 1995).

Über das Erkennen der Unterschiedlichkeit hinaus gehört auch die Akzeptanz des Dissens, d. h. die Anerkennung der inhaltlichen und konzeptionell-methodischen Pluralität, sowie eine Offenheit zum Diskurs zu den notwendigen Voraussetzungen postmoderner Denkrichtungen. In der wissenschaftstheoretischen Diskussion soll es nicht mehr darum gehen, *die* Norm für die Wirtschafts- und Sozialgeographie zu finden. Wichtiger erscheint eine von der jeweiligen Problemstellung abhängige, anwendungsorientierte Vorgehensweise, die z. B. die bislang konkurrierenden qualitativen und quantitativen Methoden durchaus in einem Methoden-Mix vereinbaren kann.

*J. Hasse* (1989) zeigt in seinem Verständnis einer postmodernen Sozialgeographie eine deutlich abweichende Auffassung. Für ihn liegt der Akzent nicht im „Nebeneinander" der unterschiedlichen Facetten der Pluralität. Er versucht, die verschiedenen wissenschaftstheoretischen Ansätze zu einem Konsens, d. h. zu *einer* neuen wissenschaftlichen Grundlegung, zusammenzuführen. Dabei finden überwiegend Aspekte der kultur- und gesellschaftskritischen (Radikalen) Geographie und der subjektorientierten (Humanistischen) Geographie Verwendung. Im Vordergrund dieser neu zu schaffenden Programmatik steht die stärkere Ausrichtung der Forschung an den Bedürfnissen der Menschen (Subjekte) und die erneute Hinwendung zum „Sinnenbewußtsein". Hierin spiegelt sich ein zunehmender Bedeutungsverlust der Rationalität, der in der pluralistischen, postindustriellen Gesellschaft der 90er Jahre eine Parallele in der zunehmend kritischen Einstellung gegenüber Rationalitäts- und Fortschrittsglauben findet. In der konzeptionell-methodischen Ausrichtung unterscheidet sich dieser Ansatz wenig von seinen Vorbildern, der Radikalen und der Humanistischen Geographie: Alle drei lehnen analytisch-statistische Verfahren ab.

Nicht unerwähnt bleiben soll, daß es kritische Stimmen gibt, die von einer Wirtschafts- und Sozialgeographie unter „postmodernen" Vorzeichen keinen Erkenntnisgwinn erwarten. Es bestehen Zweifel daran, daß sich aus der bestehenden Pluralität ein – im Sinne von *J. Hasse* – neuer Konsens entwickeln kann (vgl. *J. Becker* 1990). Auch die Vorstellung eines Nebeneinander verschiedenster wissenschaftstheoretischer Ansätze erscheint wenig hilfreich, da es nichts anderes darstellt als eine Aneinanderreihung von bereits Bekanntem (vgl. auch *R. J. Johnston* 1994, S. 261).

Die Bedeutung und die Funktion empirischer Forschung haben sich seit den Anfängen der Wirtschafts- und Sozialgeographie erheblich verändert. Standen anfangs wissenschaftstheoretische Konzepte mit einer starken Empirismus-Ausrichtung im Vordergrund, die auf eine räumlich-idiographische, also das Einzelphänomen beschreibende, Datensammlung abzielten, wiesen spätere Grundansätze der Wirtschafts- und Sozialgeographie der empirischen Forschung eine stärkere Theorieorientierung zu. Die Aufgabe empirischer Untersuchungen bei der Suche nach allgemeingültigen Erkenntnissen, den

Wahrheitsgehalt von theoretischen Aussagen zu überprüfen, erforderte die Verwendung quantitativ-statistischer Verfahren. In jüngster Zeit ist eine stärkere Akzeptanz der Pluralität von wissenschaftstheoretischen Positionen feststellbar, so daß Bedeutung und Funktion der Empirie nicht mehr fachübergreifend zu definieren sind, sondern nur noch in Abhängigkeit vom jeweiligen Forschungsansatz.

Die Unterschiedlichkeit der verschiedenen wissenschaftstheoretischen Ansätze drückt sich in dem voneinander abweichenden Erkenntnisinteresse aus. Das gewählte Erkenntnisziel bestimmt maßgeblich die Art der empirischen Vorgehensweise: So erfordert die Ableitung von allgemeinen Gesetzen überwiegend eine analytische, quantitativ-statistische Verfahrensweise (z. B. standardisierte Massenbefragungen), während eine auf idiographische Beschreibungen ausgerichtete Forschung in erster Linie auf nicht-analytische, qualitative Vorgehensweisen aufbaut (z. B. Einzelfallstudien, nicht-standardisierte Expertengespräche).

Wenngleich das empirische Vorgehen in Abhängigkeit vom Forschungsansatz variiert, so bleiben doch die verwendeten Methoden zur Erfassung der Erfahrungstatsachen die gleichen: Befragung und Beobachtung. Auch die handwerkliche Herangehensweise, um entsprechende Erhebungsinstrumente (Fragebogen, Gesprächsleitfaden oder Kategorienschema für die Beobachtung) zu erstellen, unterscheidet sich nicht: Bei allen Methoden geht es auch darum, sicherzustellen, daß z. B. die gewählten Indikatoren tatsächlich den intendierten Sachverhalt abbilden, daß das verwendete Meßinstrument (Indizes, Skalen) tatsächlich das mißt, was es messen soll, oder daß es auch bei wiederholter Messung desselben Objekts die gleichen Werte liefert. In dieser Hinsicht unterscheiden sich auch Methodenlehrbücher ganz unterschiedlicher wissenschaftstheoretischer Ausrichtung nicht: So ist das gängige Methodenlehrbuch der ehemaligen DDR zur marxistisch-leninistischen Sozialforschung von *W. Friedrich* (1971) nicht grundsätzlich anders aufgebaut als Lehrbücher, die explizit auf dem Wissenschaftsverständnis des Kritischen Rationalismus aufbauen, wie z. B. das von *H. Kromrey* (1994). Wissenschaftstheoretische Grundpositionen prägen die Art der Theoriebildung und die Art der Prüfung von Hypothesen und Theorien. Unbeschadet der grundsätzlichen theoretischen Vorgehensweise und der damit zusammenhängenden Präferenzen für bestimmte Forschungsmethoden besteht allerdings weitgehend Konsens hinsichtlich der Qualitätsanforderungen, die an konkrete empirische Forschungsschritte zu stellen sind.

## 4. Quantitative versus qualitative Verfahrensweisen der Datenerhebung?

Wie bereits in den vorigen Kapiteln dargestellt, verknüpft sich mit einer wissenschaftstheoretischen Position häufig eine Vorliebe für bestimmte empirische Verfahrensweisen. Während beispielsweise die Vertreter des Kritischen Rationalismus (vgl. die in den 60er und 70er Jahren entwickelten Grundansätze der Wirtschaftsgeographie) bei der Datenerhebung quantitative Verfahren bevorzugen, verwenden die Befürworter der Kritischen Theorie (vgl. Humanistische und Radikale Geographie), aber auch der Phänomenologie (z. B. Konzept des Handlungsverstehens, Landschaftskonzept) in erster Linie qualitative Strategien in der empirischen Forschung (vgl. auch Tab. II.1).

Die Beschreibung der qualitativen Verfahrensweisen gestaltet sich schwierig, da sie sich nicht in ein homogenes, eindeutig abgrenzbares Konzept einordnen lassen. Es existiert kein feststehendes Repertoire an Datenerhebungs- oder auch Datenauswertungsmethoden. Qualitative Verfahren in der empirischen Forschung leben von der Flexibilität: So soll eine dem individuellen Untersuchungsgegenstand jeweils angemessene Vorgehensweise gewählt werden. Diese kann sich im Verlauf einer Untersuchung verändern, d. h. sie wird dann an die im Untersuchungsablauf neu gewonnenen Erkenntnisse flexibel angepaßt (vgl. auch *P.M. Koch, K. Gretsch* 1994).

Als verbindende Klammer qualitativer Strategien in der empirischen Forschung stehen zwei Hauptprinzipien:

1. Offenheit
   Die Forschenden stehen dem Untersuchungsgegenstand offen gegenüber: Sie sollen vor Untersuchungsbeginn weder eine rational-theoretische Strukturierung des Untersuchungsbereichs vornehmen noch Hypothesen über erwartete Zusammenhänge aufstellen. Beides engt die Wahrnehmungsfähigkeit ein. Es besteht die Gefahr, daß die Forschenden nur noch das wahrnehmen, was sie sich selbst vorgegeben haben. Einige Vertreter qualitativer Forschungsstrategien gehen sogar soweit, daß sie

## 4. Quantitative versus qualitative Verfahrensweisen?

**Tab. II.1: Charakteristische Merkmale quantitativer und qualitativer Vorgehensweisen im Vergleich**

| Merkmale | Vorgehensweise zur Datenerhebung | |
|---|---|---|
| | quantitativ | qualitativ |
| zuzuordnende wissenschaftstheoretische Position | Kritischer Rationalismus | Kritische Theorie Phänomenologie Hermeneutik |
| Realitätsverständnis | Annahme einer geordneten, strukturierten, regelhaften Realität | Annahme einer von den sozialen Akteuren interpretierten und damit gesellschaftlich konstruierten Realität |
| Forschungsgegenstand | Wirkungs- und Ursachenzusammenhänge | Gesetzmäßigkeiten des Handelns und der Interaktion |
| Forschungslogik | Deduktion theorieprüfend analytisch/abstrahierend Streben nach objektivierbaren Aussagen | Induktion theorieentwickelnd holistisch/konkretisierend Betonung der Subjektivität |
| Methodenverständnis | Vorstrukturierung, Standardisierung | Offenheit, Flexibilität |
| Methoden | vollstandardisierte, schriftliche Befragung, vollstandardisiertes Einzelinterview (Sonderform: Telefoninterview), vollstrukturierte Beobachtung | Intensivinterview, Expertengespräch, informelle Umfrage bei Experten, situationsflexibles Interview, unstrukturierte Beobachtung |
| Position der Forschenden | neutrale Beobachtung | engagierte Teilnahme |

Quelle: verändert und ergänzt nach S. *Lamnek* 1993a, S. 258 f.

auf eine Literaturrecherche vor Untersuchungsbeginn verzichten, „um die betreffende soziale Wirklichkeit unbeeinflußt aufnehmen zu können" (*R. Girtler* 1984, S. 39). Die geforderte Offenheit bezieht sich nicht nur auf den Untersuchungsgegenstand, sondern auch auf die Untersuchungspersonen, die Erhebungssituation und die anzuwendenden Untersuchungsmethoden (vgl. *S. Lamnek* 1993a, S. 22f).

2. Kommunikation
Der Verzicht auf eine vorab festgeschriebene Strukturierung des Forschungsgegenstandes und entsprechende Erwartungshaltungen (Hypothesenbildung) betont die Bedeutung der Kommunikation im Forschungsprozeß. Erst mit der gleichberechtigten Interaktion zwischen Forschenden und Untersuchungspersonen erhalten die Forschenden Zugang zu der Wirklichkeit der Forschungssubjekte und damit Erkenntnisgewinn. Je mehr die Erhebungssituation der Alltagswelt der Untersuchten enspricht, desto größer ist die Annäherung der Forschungsergebnisse an die soziale Wirklichkeit. Nach *C. Hoffmann-Riem* (1980, S.348) erscheint es im Sinne der „Anpassung an die Alltagswelt" durchaus hilfreich, wenn sich die Forschenden am Kommunikationsstil der Forschungssubjekte orientieren bzw. im Extremfall sich diesen aufzwingen lassen. Standardisierte Erhebungsinstrumente mit einer festvorgegebenen Fragenfolge, vorstrukturierten Antwortmöglichkeiten und einer asymetrischen Forschungsinteraktion (der eine fragt, der andere antwortet) genügen diesen Anforderungen nicht. Besser geeignet für die geforderte offene und flexible Kommunikation sind Methoden wie die teilnehmende, unstrukturierte Beobachtung oder das nicht-standardisierte Interview.

Aus der Orientierung an den beiden zentralen Prinzipien „Offenheit" und „Kommunikation" ergeben sich für die Ausgestaltung qualitativer Verfahrensweisen bedeutsame Konsequenzen. Um ein hohes Maß an Anschaulichkeit zu erreichen, erfolgt die Darstellung grundlegender Merkmale qualitativer Strategien anhand der Abgrenzung und Kontrastierung gegenüber den jeweiligen Dimensionen der quantitativen Datenerhebungsverfahren (vgl. hierzu auch *S. Lamnek* 1993a, S. 218ff).

– *Verstehen versus Erklären und Historisch versus Ahistorisch*
Qualitative Forschungsstrategien sehen ihre Hauptaufgabe „im verstehenden Nachvollzug von sozialen Handlungen" (*R. Schnell*

et al 1993, S.98). Die Forschenden sammeln Informationen über das subjektive Handeln der Untersuchungspersonen, wie z. B. über Motive, Kenntnisse, Situationsinterpretationen, situative Handlungsalternativen (unmittelbare Interaktionssituation), um die Handlungen der Forschungssubjekte nachvollziehen und verstehen zu können. Da die unmittelbare Interaktionssituation der Akteure vom jeweiligen geschichtlich-kulturellen Kontext abhängt, kann das qualitative „Verstehen" auf entsprechende Informationen und historische Einordnungen nicht verzichten. Demgegenüber zielen quantitative Vorgehensweisen in erster Linie darauf ab, die erfaßten Erfahrungstatsachen zu erklären, d. h. nach Ursachen zu suchen. Der historisch-spezifische Kontext fließt in der Regel nur unbewußt in die Untersuchungen ein und wird selten explizit als erklärende Determinante berücksichtigt.

– *Subjektbezogen versus Objektbezogen und Idiographisch versus Nomothetisch*
Da die Resultate der ursachenorientierten Forschung nach und nach in allgemeingültige Gesetze überführt werden sollen (nomothetisches Vorgehen), abstrahiert sie vom einzelnen Subjekt. Individuelle Verhaltensweisen gehen generalisiert – objekthaft – in die Untersuchungsergebnisse ein. Anders die qualitative Forschung, deren Erkenntnisinteresse im subjektbezogenen Verstehen, d. h. in der Beschreibung des Individuellen, Einmaligen (idiographisches Vorgehen) liegt (z. B. Studien zum Image von Regionen und Standorten oder zum Regionalbewußtsein bzw. zur Einschätzung regionalpolitischer Anforderungen und Strategien durch regionale Akteure, vgl. hierzu u. a. *B. Aigner, M. Miosga* 1994, *J. Aring* et al 1989)

– *Theorieentwickelnd versus Theorieprüfend und Induktiv versus Deduktiv*
Der Kritische Rationalismus weist der empirischen Forschung die Funktion zu, den Wahrheitsgehalt theoretischer Aussagen, die zumeist auf deduktivem Wege gewonnen wurden, zu testen. Ausgangspunkt quantitativer Verfahren stellen daher Hypothesen bzw. Hypothesensysteme (Theorien) dar. Diese Vorgehensweise lehnen qualitativ Forschende ab, da sie die Offenheit gegenüber dem Forschungsgegenstand einengen könnte. Hypothesen entstehen allenfalls im Verlaufe einer Untersuchung oder erst als

ihr Ergebnis. Sie können durch weitere empirische Forschung modifiziert, an die Realität angepaßt und zu Theorien weiterentwickelt werden (Induktion).

– *Identifikation versus Distanz*
Die Forschenden nehmen im Kritischen Rationalismus einen Beobachterstatus ein. Demensprechend herrscht zwischen Forschenden und Untersuchungspersonen bei der Anwendung quantitativer Verfahren eine gewisse Distanz oder auch Neutralität (nicht zu verwechseln mit Gleichgültigkeit). Im Vergleich dazu kann die Position des qualitativ Forschenden von der relativ neutralen, teilnehmenden Beobachtung bis zur engagierten Intervention (Aktionsforschung) variieren. Letzteres beinhaltet die Möglichkeit, daß die Forschenden die Distanz zu den Untersuchungspersonen zugunsten einer Identifikation aufgegeben: Die Forschenden versuchen, sich in die zu untersuchende Personengruppe zu integrieren, so daß eine Gleichstellung von Untersuchenden und Untersuchten erfolgen kann (vgl. *S. Smith* 1994, S. 491 und *H. Kromrey* 1994, S. 434ff).

Die vergleichende Gegenüberstellung von qualitativen und quantitativen Verfahrensweisen betont durch die idealtypisch-abstrahierende Darstellung den Gegensatz zwischen den beiden Vorgehensweisen in besonderem Maße, auch wenn diese Polarität in der Praxis meist weniger deutlich auftritt.

So ist z. B. das Begriffspaar „idiographisch – nomothetisch" nicht zwangsläufig als Beschreibung von sich gegenseitig ausschließenden Eigenschaften aufzufassen. Genauso können „idiographische" und „nomothetische" Vorgehensweisen sich gegenseitig ergänzen, wenn etwa das Besondere/Einzelne als Teil des Allgemeinen/Ganzen aufgefaßt wird. Sowohl das „Verstehen" der Einzelerscheinung als auch ihre „Erklärung" auf der Grundlage allgemeingültiger Gesetzmäßigkeiten wären dann miteinander vereinbar. Ähnliche Übergänge sind auch für die anderen diskutierten Gegensatzpaare zu finden (vgl. *T.P. Wilson* 1982, *S. Lamnek* 1993a, S.220ff, *R. Schnell* et al 1993, S.94ff).

Die wissenschaftstheoretische Diskussion um die Verwendung qualitativer oder quantitativer Verfahrensweisen zur Datenerhebung betonte in der Vergangenheit den gegensätzlichen Charakter beider Strategien wesentlich stärker als ihre ergänzenden Eigenschaften.

So resultierte die Debatte um die richtige wissenschaftliche Vorgehensweise – nomothetisch oder idiographisch – um die Jahrhundertwende in Deutschland im sogenannten „Methodenstreit". Seine Fortsetzung erfolgte in den 30er Jahren in den USA, wo Vertreter der logisch-positivistischen Auffassung mit Befürwortern der pragmatischen Position über den Einsatz von statistischen Analysen als Alternative zu Einzelfalluntersuchungen stritten. Obwohl sich die Kontroverse hinsichtlich der empirischen Vorgehensweise u. a. aufgrund der Konkurrenz zwischen Kritischem Rationalismus und Kritischer Theorie – auch in Deutschland – z. T. bis heute fortsetzt, unterstützen nicht zuletzt postmoderne Denkrichtungen mit ihrer Betonung von Pluralität und Toleranz die Auffassung, daß es keine a priori besser geeignete Strategie empirischer Forschung gibt (vgl. *T.P. Wilson* 1982, *D. Garz, K. Kraimer* 1991). Sowohl qualitative als auch quantitative Vorgehensweisen besitzen einen spezifischen Anwendungsbereich und können komplementär genutzt werden.

Der komparative Vorteil der qualitativen Strategien liegt eindeutig in der Exploration neuer, theoretisch noch kaum strukturierter Forschungsbereiche. Qualitative Methoden, die sich durch einen hohen Grad an Offenheit und Flexibilität auszeichnen, wie z. B. das nicht-standardisierte, situationsflexible Interview (Expertengespräch), sind geeignet, bisher unbekannte Problemzusammenhänge zu klären und zu ordnen. Die dabei gewonnenen Forschungsergebnisse können als Grundlage für die Bildung von Hypothesen dienen, die sich anschließend einer Prüfung mit Hilfe von quantitativen Verfahrensweisen stellen müssen.

Ein weiterer Anwendungsbereich qualitativer Vorgehensweisen ist die Einzelfallstudie. Ergänzend zu Forschungsergebnissen, die auf quantitativem Wege gewonnen wurden, kann sie vertiefende Hintergrundinformationen z. B. über individuelle Wahrnehmung, individuelles Erleben und Bewerten von Regionen und Standorten liefern.

In diesem Sinne orientiert sich vorliegendes Lehrbuch zwar weitgehend am Forschungsablauf, wie er vom Kritischen Rationalismus vorgegeben ist, und legt dementsprechend einen Schwerpunkt auf die Darstellung quantitativer Methoden der Datenerhebung, bezieht darüber hinaus aber auch qualitative Methoden ein, sofern sie für die Exploration und Vertiefung im Einzelfall in der Wirtschafts- und Sozialgeographie Bedeutung erlangen. Hierzu zählen insbesondere teil- und nichtstandardisierte, mündliche Befragungsformen wie das Leitfaden- und das Expertengespräch.

Die skizzierte Vorgehensweise integriert die Beschreibung von Leistungspotential und Einsatzmöglichkeiten qualitativer Methoden, geht darüber hinaus aber nicht detailliert auf den Aufbau einer qualitativen Untersuchung ein. Um den Ablauf eines qualitativ geprägten Forschungsprozesses zu studieren, wird die einschlägige sozialwissenschaftliche Literatur empfohlen, insbesondere *I. Cook, M. Crang* 1995, *S. Lamnek* 1993a und 1993b sowie *R. Girtler* 1984.

# III. Idealtypischer Ablauf empirischer Untersuchungen im Überblick

Aus den Positionen des Kritischen Rationalismus zu Stellenwert und Funktion der Empirie innerhalb des Forschungsprozesses läßt sich ein spezifisches Ablaufschema für empirische Untersuchen ableiten. Dieses setzt sich idealtypisch aus drei zeitlich aufeinanderfolgenden Phasen zusammen: Entdeckungszusammenhang, Begründungszusammenhang sowie Verwertungs- und Wirkungszusammenhang. Jede Phase unterteilt sich in einzelne Untersuchungsschritte, deren Ergebnisse die weitere Vorgehensweise bestimmen. Abb. III.1 zeigt einen, im Sinne des Kritischen Rationalismus idealtypischen Verlauf einer empirischen Untersuchung, übertragen auf den wirtschafts- und sozialgeographischen Forschungsbereich.

Es sei ausdrücklich darauf hingewiesen, daß es sich bei der Abbildung um eine schematische Darstellung handelt. Der reale Ablauf einer konkreten empirischen Untersuchung läßt sich in der Regel allerdings nicht immer eindeutig in die hier vorgestellte chronologische Reihenfolge bringen. Überschneidungen, Sprünge, Rückkopplungen und Wiederholungen sind in der Praxis unvermeidbar.

Das Schema kann aber den Einstieg in die empirische Forschung erleichtern und soll daher im vorliegenden Text als „roter Faden" dienen. Der Aufbau der Kapitel III und IV orientiert sich am idealtypischen Ablauf empirischer Untersuchungen. Während Kapitel III mit der Darstellung der drei Phasen – Entdeckungs-, Begründungs- sowie Verwertungs- und Wirkungszusammenhang – einen ersten Überblick gibt, behandelt Kapitel IV die einzelnen Untersuchungsschritte von der Präzisierung der Problemstellung bis zur Erhebungssituation mit ihren jeweiligen Verfahrensregeln, Anwendungs- und Entscheidungsmöglichkeiten im Detail.

## 1. Entdeckungszusammenhang

Zu Beginn eines jeden Forschungsvorhabens steht eine Problem- oder Fragestellung, die durch die wissenschaftliche Untersuchung einer Klärung nähergebracht werden soll. Diese erste Phase des

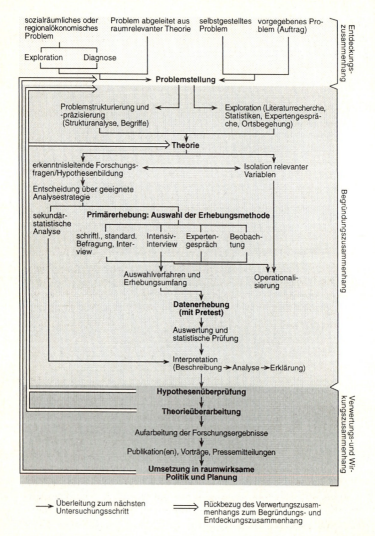

Abb. III.1 Idealtypischer Ablauf empirischer Untersuchungen in der Wirtschafts- und Sozialgeographie
Entwurf: *K. Wessel* (1987, S.4)

Forschungsablaufs ist mit dem Stichwort „Entdeckungszusammenhang" überschrieben, da es zu diesem Zeitpunkt zunächst darum geht, abzuklären, *was und für wen* entdeckt, d. h. er- bzw. geforscht, werden soll (vgl. auch Abb. III.1).

1. *Was soll erforscht werden?* Welcher Art ist die gewählte Problemstellung? Es lassen sich zwei Typen von Problemstellungen unterscheiden:
a) sozialräumliche oder regionalökonomische Probleme abgeleitet aus der beobachtbaren alltäglichen Erfahrungswelt.

> *Beispiele*
> – Abwanderung der ländlichen Bevölkerung in die urbanen Zentren in Entwicklungsländern;
> – abnehmende Wirtschaftskraft in altindustriellen Regionen;
> – erhöhtes Verkehrsaufkommen durch die Ausweisung großflächiger Einzelhandelsstandorte auf der „grünen Wiese";
> – Austausch der Wohnbevölkerung z. B. in innerstädtischen Sanierungsgebieten oder städtischen Plattenbau-Großsiedlungen in der ehemaligen DDR.

In Abhängigkeit davon, ob die zu bearbeitende Fragestellung ein noch relativ unbekanntes Forschungsfeld betrifft oder aber sich auf die Analyse der konkreten Ausprägung eines im Prinzip bereits gut erforschten Phänomens bezieht, kann eine weitere Unterteilung in explorative und diagnostische Problemstellungen erfolgen.

Fragestellungen mit eher explorativem Charakter zielen darauf ab, neues Wissen zu generieren sowie eine erste empirische Datengrundlage zu schaffen. Da sie sich im „Neuland" bewegen, sollten explorative Untersuchungen mit einer größtmöglichen Offenheit durchgeführt werden. D. h., die Themenstellung ist nur sehr grob abzugrenzen und bei der Datenerhebung finden vorzugsweise qualitative Verfahrensweisen Verwendung. Im Gegensatz dazu erlaubt eine diagnostische Fragestellung eine exakte Definition des Forschungsgegenstandes, eine klare Vorstrukturierung des Untersuchungsablaufs und den Einsatz von vollstandardisierten Erhebungsinstrumenten.

50    III. Idealtypischer Ablauf empirischer Untersuchungen

> *Beispiele für explorative Problemstellungen*:
> – Bewertung räumlicher Effekte durch die Einführung von Tele-Arbeitsplätzen (Heimarbeit am vernetzten Computer) oder automatisierter und telekommunikativer Vertriebswege z. B. im Bankensektor (Home und Electronic Banking);
> – Entwicklung räumlicher Standortnetze in Ländern, die eine Systemtransformation von der Plan- zur Marktwirtschaft durchlaufen.
>
> *Beispiele für diagnostische Problemstellungen:*
> – Regionlökonomische Auswirkungen in Altindustrieregionen wie z. B. dem Ruhrgebiet;
> – Pendler-Einzugsgebiete in Großstadtregionen.

b) Problemstellungen abgeleitet aus raumrelevanten Theorien, d. h. Überprüfung einer induktiv oder deduktiv erstellten Theorie bzw. einzelner Hypothesen.

> *Beispiele*
> – Überprüfung der Theorie der Zentralen Orte von *W. Christaller* (1933) in Süddeutschland;
> – Evaluierung der Polarization-Reversal-Hypothese von *H. W. Richardson* in Südkorea (vgl. *K. Wessel* 1991);
> – Überprüfung der Hypothese von der Ranggrößenverteilung von Städten (Rank-Size-Rule) am Beispiel West-Malaysias (vgl. *K. Koschatzky* 1987);
> – Evaluierung der Produktlebenszyklus-Hypothese anhand des Verarbeitenden Gewerbes in Bayern (vgl. *J. Hampe* 1988).

2. *Für wen soll geforscht werden?* Geht es um ein von den Forschenden selbst gestelltes Problem oder um eine von dritter Seite – z. B. von Unternehmen, Verbänden, Planungsbehörden – in Auftrag gegebene Fragestellung? Bei einer Auftragsforschung handelt es sich in der Regel um ein aktuelles, in der Erfahrungswelt der Auftraggebenden auftretendes Problem.

> *Beispiele*
> – Regionalökonomische Auswirkungen von Messen, Ausstellungen und anderen Großveranstaltungen (z. B. Weltausstellungen, Olympische Spiele) zur Einschätzung der

Kosten-Nutzen-Relation für die betreffende Region; in Auftrag gegeben von der Gebietskörperschaft, die den Veranstaltungsort stellt (vgl. *R. Sternberg, J. Kramer* 1990);
- Regionale Entwicklung großflächiger Einzelhandelsbetriebe als Informationsgrundlage für einzelbetriebliche Standortentscheidungen oder zur Abschätzung regionaler oder lokaler Planungen (Flächennutzungsplanung, Standort-Genehmigungsentscheidungen); potentielle Auftraggebende könnten ansiedlungswillige Einzelhandelsbetriebe, der regionale Einzelhandelsverband oder regionale und lokale Planungsbehörden sein (vgl. *E. Kulke* 1992);
- Entwicklung von Angebot und Nachfrage von Naherholungsanlagen in Verdichtungsräumen zur Beurteilung der aktuellen und zukünftigen Versorgungssituation; als auftraggebende Institutionen kommen örtliche Stadtplanungsämter, Kommunalverbände oder aber das Bundesministerium für Raumordnung, Bauwesen und Städtebau in Frage (vgl. *F. Billion, B. Flückiger* 1978);
- Entwicklung der kleinräumigen Bevölkerungsstruktur und des regionalen Mobilitätsverhaltens von z. B. einer Sparkasse mit der Absicht in Auftrag gegeben, den potentiellen Anpassungsbedarf des vorhandenen Filial-Standortnetzes an die demographische Entwicklung zu beurteilen. Wenn die Auftragsvergabe wie in diesem Fall durch ein einzelnes Unternehmen erfolgt, ist der Auftraggeber kaum an einer Veröffentlichung der Forschungsergebnisse interessiert. Dies würde bedeuten, den durch die Studie gewonnenen Wissensvorsprung Mitbewerbern zur Verfügung zu stellen, was den Unternehmensinteressen in der Regel zuwider läuft.

Da üblicherweise die Problemdefinition und Zielsetzung sowie der finanzielle Rahmen der Studie von den Auftraggebenden festgelegt werden, ist darauf zu achten, daß die Einseitigkeit der Interessenlage der Auftraggebenden nicht zur Einseitigkeit der Untersuchung führt. In diesem Zusammenhang sollten die Auftragnehmenden z. B. klar herausstellen, in welchem Rahmen die ermittelten Untersuchungsergebnisse Gültigkeit beanspruchen, um unzulässige Verallgemeinerungen durch die Auftraggebenden möglichst von vornherein zu vermeiden.

Darüber hinaus ermöglichen Vergleiche und/oder die Einordnung der zu bearbeitenden Fragestellung in übergeordnete Zusammenhänge eine eindeutige Einschätzung des Stellenwerts der Studie und ihrer Ergebnisse. So empfiehlt es sich z.B. bei der Begutachtung der regionalökonomischen Effekte einer Weltausstellung sowohl Vergleiche mit Effekten bei anderen Weltausstellungen durchzuführen als auch die erwarteten Auswirkungen auf z. B. Produktion, Beschäftigung und Einkommen nicht nur als Betrag der Zuwächse, also absolut, darzustellen, sondern diese in Relation zu den regionalen Gesamtgrößen (Produktion, Beschäftigung, Einkommen) zu setzen.

Der Entdeckungszusammenhang bestimmt, ob ein geplantes Forschungsvorhaben eher in den Bereich der Grundlagenforschung oder in das Gebiet der anwendungsorientierten Forschung einzuordnen ist. Die Kombination oben genannter Unterscheidungskriterien kennzeichnet die Grundlagenforschung als von den Forschenden selbstgewählte Problemstellungen, die sich häufig mit der Überprüfung raumrelevanter Theorien beschäftigen. Die anwendungsorientierte Forschung zeichnet sich durch Fragestellungen aus, die sich aus der alltäglichen Erfahrungswelt ableiten und deren Klärung nicht selten von dritter Seite veranlaßt wird.

Zwar sollten sich die forschungslogischen Vorgehensweisen in der Grundlagen- und in der anwendungsorientierten Forschung prinzipiell nicht unterscheiden, doch können Konzeption und Durchführung anwendungsorientierter Untersuchungen dennoch Einschränkungen erfahren. Ein begrenztes Zeitbudget und mangelnder Einfluß der Auftragnehmenden auf die Verwertung der Untersuchungsergebnisse stellen die beiden wichtigsten Hemmnisse der Auftragsforschung dar:

– Während die Grundlagenforschung jeder noch so kleinen Detailfrage nachgehen kann, um zu möglichst präzisen und allgemeingültigen Aussagen zu gelangen, muß bei einer anwendungsorientierten Untersuchung häufig auf wissenschaftliche Feinheiten zugunsten einer zügigen Bearbeitung verzichtet werden. Da Gutachten nicht selten die Grundlage für politische Entscheidungen bilden, steht die termingerechte Fertigstellung im Vordergrund. Ein Gutachten über die Ansiedlung eines großflächigen Einzelhandelsunternehmens, das erst nach Abschluß des Standort-Genehmigungsverfahrens vorliegt, verliert seinen Nutzen, auch

wenn es den an die Grundlagenforschung zu stellenden Anspruch wissenschaftlicher Exaktheit erfüllt.
- Eine zweite Einschränkung ergibt sich aus der Tatsache, daß in der Regel die Auftraggebenden die Rechte an den Untersuchungsergebnissen besitzen. Sie bestimmen darüber, ob die Forschungsresultate lediglich für den „Dienstgebrauch" zur Verfügung stehen oder aber einer breiten Öffentlichkeit zugänglich gemacht werden.

Zu Beginn jedes Forschungsprozesses muß eine erste Exploration der Problemstellung stehen. Diese kann zunächst noch recht unsystematisch erfolgen. Ideen, Gespräche, Beobachtungen, die Auswertung von Zeitungen oder Berichten in anderen Medien, Literaturrecherchen, Statistikauswertungen oder auch Ortsbegehungen können den Forschenden helfen, das Hintergrundwissen und das Vorverständnis für die Problemstellung zu erweitern. Je umfangreicher die Kenntnisse über die unterschiedlichen Dimensionen des Problems, die betroffenen Akteure, die Einbettung in übergeordnete Zusammenhänge sind, um so klarer kann die Präzisierung der Fragestellung erfolgen. Ziel dieser ersten Explorationsphase ist es, auf Grundlage eines breit angelegten Wissens, eine erste Eingrenzung des Problems vorzunehmen, die in der Formulierung eines Arbeitstitels für die Untersuchung mündet.

## 2. Begründungszusammenhang

Wenn der Entdeckungszusammenhang offen liegt, d.h. die Spezifikation des Problems und die Interessenlage (Eigenprojekt oder Auftragsforschung) abgeklärt sind, erfolgt die Umsetzung der Fragestellung in einen wissenschaftlichen Untersuchungsablauf (Konzeptualisierung). Diese zweite Phase des empirischen Forschungsprozesses umreißt den „Begründungszusammenhang"; Begründung deshalb, weil sich die für jeden nachfolgenden Untersuchungsschritt notwendigen Entscheidungen – von der weiteren Präzisierung der Fragestellung bis zur Interpretation der erhobenen Daten (vgl. Abb. III.1) – aus dem Entdeckungszusammenhang – der Problemstellung und Interessenlage – ableiten bzw. begründen.

Die Transformation der vorläufigen Problemstellung in einen wissenschaftlichen Untersuchungsplan beginnt mit der *Problem-*

*strukturierung und -präzisierung* (vgl. Kap. IV.1). Ausgehend von dem vorläufigen Arbeitstitel muß zunächst ausgelotet werden, aus welchen einzelnen Facetten sich das zu untersuchende Problem zusammensetzt. Dies kann nach *H. L. Zetterberg* (1973) mit Hilfe einer Dimensionsanalyse geschehen, die folgende Fragestellungen zu klären hat:

– Welche Bereiche (Dimensionen) der Realität sind durch die Problemstellung explizit angesprochen?
– Welche Dimensionen werden berührt, ohne direkt angesprochen zu sein (größerer Zusammenhang)?
– Können die als relevant angenommenen Dimensionen zusammengefaßt werden, oder müssen sie differenziert betrachtet werden (Teilprobleme)?

Über die Dimensionsanalyse hinaus kommt dem ersten Untersuchungsschritt, der Problemstrukturierung und -präzisierung, die Aufgabe zu, Inhalt und Bedeutung der in der Problemstellung und ihren einzelnen Dimensionen verwendeten Begriffe festzulegen. Was sind z. B. „urbane Zentren"? Wie ist die „Wirtschaftskraft" einer Region definiert? Welche Merkmale müssen Quartiere erfüllen, um als „innerstädtische Sanierungsgebiete" zu gelten?

Dimensionsanalyse und Begriffsdefinitionen können zunächst aus (Plausibilitäts-) Überlegungen bestehen, insbesondere dann, wenn es sich um explorative Fragestellungen handelt. In der Regel basieren sie jedoch auf bereits vorhandenen Kenntnissen zu dem betreffenden Forschungsbereich. Problempräzisierungen und -strukturierungen laufen daher in enger Verzahnung mit einer zweiten Explorationsphase ab, in der mittels vertiefender Literatur- und Statistikrecherchen folgende Fragenkomplexe zu klären sind:

– Gibt es bereits Studien, die sich im weitesten Sinne mit dem zu bearbeitenden Problem oder seinen einzelnen Dimensionen befassen, wie z. B. gleichgerichtete Untersuchungen, durchgeführt in anderen Standorten/Regionen, einen anderen Zeitraum betreffend oder ausgerichtet auf die theoretische Erfassung der Problemzusammenhänge? Wie sind diese Arbeiten aufgebaut? Welche Kenntnisse liegen bereits vor?
– Bestehen Theorien und/oder Hypothesen, in die das Ausgangsproblem eingeordnet werden kann? Lassen sich die Hypothesen direkt auf die eigene Untersuchung übertragen?

## 2. Begründungszusammenhang

Diese ersten Schritte im Forschungsablauf schließen mit der Problempräzisierung ab. In der Regel zeigen die Ergebnisse von Problemstrukturierung und zweiter Explorationsphase, daß eine umfassende Klärung der ursprünglichen Problemstellung den Rahmen einer einzigen empirischen Untersuchung überschreitet. Es ist daher möglichst exakt abzugrenzen, welcher Teilbereich des Problems Gegenstand der Untersuchung werden soll.

Die im ersten Schritt gewonnenen Erkenntnisse über die Problemzusammenhänge (bestehende Theorien/Hypothesen, bereits vorliegende Forschungsergebnisse oder eigene Vermutungen) bilden die Grundlage für die anschließende *Hypothesenformulierung* (vgl. Kap. IV.2). Die aufzustellenden Hypothesen drücken die vermuteten Beziehungen zwischen den in der Fragestellung angesprochenen Dimensionen aus. Je sorgfältiger die Dimensionsanalyse durchgeführt wurde, desto eher kann es gelingen, Aussagen über die erwarteten Beziehungsstrukturen zu treffen.

Die Hypothesen stellen den Maßstab für Art und Umfang der sekundärstatistischen Analyse bzw. primärstatistischen Datenerhebung dar. Mit Hilfe der empirischen Untersuchung wird der Wahrheitsgehalt der aufgestellten Hypothesen geprüft. Bleiben für die Problemstellung wichtige Beziehungsgefüge bei der Hypothesenbildung unberücksichtigt, so geht die Klärung dieser Themenbereiche der Untersuchung verloren. Schlimmstenfalls ergibt sich ein Maß an Unvollständigkeit, das die gesamte Untersuchung in Frage stellt. Unzulänglichkeiten bei der Hypothesenformulierung können in der Regel nicht mehr korrigiert werden, sobald die Erhebungsphase begonnen hat. Es empfiehlt sich daher, für diesen Untersuchungsschritt sowohl genügend Zeit vorzusehen als auch die Diskussion mit Fachkollegen und -kolleginnen zu suchen.

Umfaßt die Problemstellung eine Vielzahl von Untersuchungsebenen (Dimensionen), ist es zweckmäßig, zunächst erkenntnisleitende Fragestellungen zu formulieren, diese als Grundlage für die Auswahl der geeigneten Analyseverfahren zur Datengewinnung heranzuziehen und erst anschließend, für jedes anzuwendende Analyseverfahren getrennt, die Hypothesenformulierung vorzunehmen (siehe Kap. III.4).

Je exakter die Hypothesen formuliert werden, desto höher ist der Grad der Verständlichkeit, das Maß der intersubjektiven Überprüfbarkeit und desto eher lassen sich konkrete Handlungsmöglichkeiten aus der Evaluierung der Hypothesen ableiten. Eine eindeutige Definition der verwendeten Begriffe – soweit sie nicht schon bei der Problemstrukturierung und -präzisierung erfolgte – ist spätestens mit der Hypothesenbildung durchzuführen.

Die Entscheidung für ein hinsichtlich der Forschungsfragestellung geeignetes *Analyseverfahren zur Datengewinnung* (vgl. Kap. IV.3) ermöglicht die *Operationalisierung* der in den Hypothesen als relevant erkannten Sachverhalte (Variablen/Indikatoren/Meßwerte) und deren Umsetzung in ein adäquates Erhebungsinstrument (vgl. Kap. IV.4). Bei diesem Untersuchungsschritt ist zu beachten, daß die Exaktheit der Operationalisierung über die Reichweite der bei der späteren Datenauswertung anzuwendenden statistischen Modelle und Prüfungsverfahren entscheidet.

Bevor die eigentliche Datenerhebung anlaufen kann, müssen zunächst die *Untersuchungsobjekte* bestimmt werden (vgl. Kap. IV.5), bei denen die in den Hypothesen genannten Variablenausprägungen gemessen werden sollen. In diesem Zusammenhang sind folgende Fragen zu klären:
– Welches sind die Untersuchungsobjekte? Handelt es sich um Personen (z.B. Unternehmensgründer/-gründerinnen, Arbeitnehmer/Arbeitnehmerinnen, Konsumenten/Konsumentinnen, Pendler/Pendlerinnen), Unternehmen (z.B. Großbetriebe, Neugründungen, Standortverlagerungen, Industriebetriebe, High-Tech-Unternehmen), Standorte (z.B. Wohnquartiere, Industriegebiete, Sanierungsgebiete, Gemeinden) oder Regionen (z.B. Verdichtungsregionen, Förderregionen, Altindustrieregionen)?
– Soll die Gesamtheit aller Objekte untersucht werden (Totalerhebung) oder nur ein Teil von ihr (Teilerhebung oder Stichprobe)?
– Im Falle einer Teilerhebung: Welche Objekte sollen in die Stichprobe eingehen? Wie sind sie auszuwählen? Wieviele Untersuchungsobjekte sollte die Stichprobe umfassen?

Es folgt die „Feldphase", d.h. die Datenerhebung, an die sich die verschiedenen Verfahren der Datenauswertung (Statistik, Datenverarbeitung und -analyse) und -interpretation anschließen.

## 3. Verwertungs- und Wirkungszusammenhang

Die letzte Phase des Forschungsprozesses betrifft den „Verwertungs- und Wirkungszusammenhang" der empirischen Untersuchung. Nach *J. Friedrichs* (1990, S. 54f) ist hierunter der Beitrag der Untersuchungsergebnisse zur Lösung der eingangs formulierten Problemstellung zu verstehen. Es findet eine Rückkopplung zum Anlaß der durchgeführten Untersuchung statt. Die Phasen „Entdeckungs-" und „Verwertungs- und Wirkungszusammenhang" stehen in direktem Bezug zueinander (vgl. Abb. III.1).

Liegen die Untersuchungsergebnisse vor, so ist zunächst ihr Erklärungsgehalt hinsichtlich der anfangs aufgestellten Hypothesen zu prüfen. Die Beurteilung der Untersuchungsergebnisse erfolgt unter nachstehenden Aspekten:

– Bestätigen die ermittelten Untersuchungsergebnisse die vorher formulierten Hypothesen (Verifikation)? Im Falle einer Falsifikation: Müssen die Hypothesen vollständig verworfen werden oder reicht eine Umformulierung aus, um den Untersuchungsresultaten Rechnung zu tragen? Lassen sich aus den empirischen Ergebnissen neue Hypothesen ableiten?
– Hat sich die bei der Dimensionsanalyse getroffene Auswahl und Abgrenzung der einzelnen Dimensionen der Problemstellung sowie die Definition der verwendeten Begriffe als praxisrelevant erwiesen? Oder deckte die Untersuchung bislang noch nicht berücksichtigte Dimensionen und/oder für die Problemstellung nicht passende Definitionen auf?
– Welche Schlußfolgerungen lassen sich hinsichtlich der Lösung des gestellten Problems aus den Untersuchungsergebnissen ziehen?
  a) Im Falle einer aus der Theorie abgeleiteten Problemstellung: Unterstützen die empirischen Resultate die Aussagen der Theorie? Können sie zur Verminderung der restriktiven Annahmen beitragen? Falls die Studie die zu untersuchende Theorie nicht bestätigt: Geben die gefundenen Untersuchungsergebnisse Hinweise auf eine Modifikation der Theorie (z. B. Berücksichtigung zusätzlicher Determinanten oder genauere Abgrenzung des Gültigkeitsbereichs der Theorie durch z. B. zeitliche und/oder räumliche Einschränkungen) oder ist die Gültigkeit der Theorie in bezug auf den Untersuchungsgegenstand vollständig abzulehnen?
  b) Im Falle eines sozialräumlichen oder regionalökonomischen Problems, abgeleitet aus der alltäglichen Erfahrungswelt: Kön-

nen die ermittelten Untersuchungsergebnisse das eingangs definierte Problem teilweise oder ganz erklären? Eignen sich die Forschungsresultate, um Handlungsanweisungen zur Lösung des Problems zu entwickeln?

Nach Abschluß der Analyse zum Erklärungsgehalt der Untersuchungsergebnisse folgt die Umsetzung bzw. Anwendung der Forschungsresultate. Dieser Arbeitsschritt beginnt bereits mit der Form der Darstellung bzw. Präsentation der Forschungsergebnisse. Die Art und Weise, wie dies geschieht, entscheidet maßgeblich über die Zugänglichkeit der Studie. Die Voraussetzung für die Umsetzung der Forschungsergebnisse – sei es in Form der Anerkennung durch die „scientific community", in diesem Fall innerhalb der Wirtschafts- und Sozialgeographie, oder sei es in Form der Übernahme der vorgeschlagenen Handlungsanweisungen in die Planung und/oder Politik – bildet ein klar und eindeutig abgefaßter Forschungsbericht. Drei grundlegende Aspekte sollten hierbei Beachtung finden:
1. Die Darstellungsart, insbesondere der verwendete Sprach- und Schreibstil, aber auch Aufbau und Aussagetiefe von Karten, Graphiken und Tabellen sollte abgestimmt sein auf den Adressatenkreis, für den die Untersuchung bestimmt ist, d. h. die Zielgruppe, die sich mit den Forschungsergebnissen auseinandersetzen soll.
In bezug auf Forschungsdokumentationen, die sich in erster Linie an die Forschenden der eigenen Fachdisziplin richten, besteht die Erwartung, daß sie die innerhalb der engeren „scientific community" allgemein anerkannte Fachsprache verwenden. Die einzelnen Fachtermini, wie z. B. Bruttoinlandprodukt, personelle Infrastruktur, informeller Sektor, Agglomerationsvorteile oder Belegungsziffer usw. müssen nicht gesondert erläutert werden. Die Kenntnis über ihre Definition ist innerhalb der engeren Wissenschaftsgemeinschaft vorauszusetzen.
Anders sieht es aus, wenn die Studie sich an interessierte, nicht-fachliche Zielgruppen wendet. Dieser Fall tritt häufig im Rahmen von Auftragsforschungen auf. Fachspezifische Vorkenntnisse können bei diesem Adressatenkreis nicht ohne weiteres vorausgesetzt werden, so daß der Forschungsbericht möglichst ohne „Fachchinesisch" auskommen sollte bzw. für unbedingt notwendige Fachbegriffe die entsprechenden Erklärungen mitliefert.
Zielt die Publikation darauf ab, einen größeren Personenkreis zu informieren, wie z. B. die von der empirischen Untersuchung Betroffenen, Politiker und Politikerinnen sowie die allgemein in-

teressierte Öffentlichkeit, so ergibt sich aus der Heterogenität der Zielgruppe, daß sich der für alle gleichermaßen verständliche Sprachstil eng an die Alltagssprache anlehnen sollte. Darüber hinaus erweist es sich als hilfreich, wenn der Detailgehalt des Berichts gegenüber einer Veröffentlichung, die sich an die scientific community wendet, auf das Notwendigste beschränkt. „Weniger", d. h. eine Beschränkung auf die wichtigen Grundaussagen, kann in diesem Fall durchaus „mehr" bewirken.

2. Der Aufbau des Forschungsberichts sollte einem einheitlichen, logischen Gliederungsprinzip folgen. Diese Vorgehensweise ermöglicht eine schnelle Orientierung, der in bezug auf Forschungsberichte eine große Bedeutung zukommt, da empirisch-wissenschaftliche Studien in der Regel nicht durchgängig von der ersten bis zur letzten Seite gelesen, sondern eher wie ein Nachschlagewerk, unter bestimmten Interessensgesichtspunkten, auszugsweise benutzt werden.
Für die Abfassung eines Forschungsberichts empfiehlt sich folgendes Grobgliederungsschema (vgl. auch *J. Friedrichs* 1990, S. 395ff):
   – Problem (klare Formulierung der Problemstellung; Darstellung der Bedeutsamkeit des Problems, d. h. Einordnung in übergeordnete Zusammenhänge; Literaturbezug);
   – Hypothesen;
   – Analysekonzeption (Beschreibung der ausgewählten Methode zur Datenerhebung und Begründung der Auswahl; Darstellung von Stichprobenumfang und verwendeten Auswahlkriterien einschließlich des Nachweises für die Angemessenheit in bezug auf die zu untersuchende Problemstellung);
   – Untersuchungsergebnisse (Beschreibung und Interpretation hinsichtlich der zu prüfenden Hypothesen);
   – Diskussion (Darstellung und Abwägung möglicher Lösungsansätze für das eingangs definierte Problem).

3. Gerade bei der Darstellung von Forschungsprojekten, deren Ergebnisse in erster Linie auf Primärerhebungen, insbesondere Befragungen, aufbauen, sollte die Anonymität der auskunftgebenden Personen, Unternehmen oder Institutionen unter allen Umständen gewahrt bleiben. Der Aussagegehalt wissenschaftlicher Untersuchungen erfährt durch die Anonymisierung in der Regel keine Einschränkungen. Sollte dies in Ausnahmefällen doch zutreffen,

so ist von den Betroffenen eine ausdrückliche Genehmigung zur Namensnennung einzuholen. Unkorrektheiten, gerade in dem sehr sensiblen Bereich des Datenschutzes, können dazu führen, daß die Teilnahmebereitschaft, auch an wissenschaftlichen Umfragen, generell sinkt.

Detaillierte Hinweise zum Aufbau und zur Gestaltung von Forschungsberichten, die über die hier speziell für empirische Forschungsprojekte genannten Aspekte hinausgehen, finden sich u. a. bei *W. Krämer* 1994, *A. Bänsch* 1993 und *U. Eco* 1993.

Ob die ermittelten Forschungsergebnisse tatsächlich konkret umgesetzt werden, d. h. die Anerkennung innerhalb der Wissenschaftsgemeinschaft erhalten oder aber eine Anwendung in der raumbezogenen Planung und/oder Politik finden, hängt neben der Verständlichkeit der Darstellung von einer Reihe weiterer Faktoren ab, wie z. B. von gesellschafts- und forschungspolitischen Entscheidungen, der Einschätzung des wissenschaftlichen und/oder praxisrelevanten Nutzens sowie auch dem Verbreitungsgrad der Ergebnisse. Während hinsichtlich der erstgenannten Determinanten von seiten der Projektbearbeiter und -bearbeiterinnen wenig Möglichkeiten der Einflußnahme bestehen, kann der Bekanntheits- oder Verbreitungsgrad der Studie durch eine breit angelegte Öffentlichkeitsarbeit gefördert werden. Die Bandbreite reicht von Publikationen in Fachreihen und -zeitschriften, Veröffentlichungen in Form von Monographien, Vorträgen sowohl vor Fachpublikum als auch der interessierten Öffentlichkeit, „Round-Table"- und „Vier-Augen"-Gesprächen mit Entscheidungsträgern und -trägerinnen aus Planung und Politik bis hin zu Pressemitteilungen.

In der Regel ist davon auszugehen, daß sich die gewonnenen Forschungserkenntnisse erst nach und nach, schrittweise in Forschung und/oder Praxis durchsetzen, so daß es angebracht erscheint, diesen letzten Abschnitt des Forschungsablaufs als „Umsetzungs*phase*" zu bezeichnen.

## 4. Darstellung des empirischen Forschungsablaufs anhand eines exemplarisch ausgewählten Beispiels

Wie sich ein empirischer Forschungsprozeß mit der engen Verzahnung von Entdeckungs-, Begründungs- sowie Verwertungs- und Wirkungszusammenhang konkret darstellt, wird im folgenden anhand eines Beispiels aus der Forschungspraxis veranschaulicht (vgl. Abb. III.1). In bezug auf die verschiedenen Typen von Problemstellungen greift das ausgewählte Beispiel ein von den Forschenden selbst gestelltes Problem auf, das sich aus einer raumrelevanten Theorie ableitet. Es handelt sich um die empirische Überprüfung der Polarization-Reversal-Hypothese von *H. W. Richardson* am Beispiel des Schwellenlandes Südkorea.

**Beispiel**: Überprüfung der Polarization-Reversal-Hypothese von *H. W. Richardson* am Beispiel von Südkorea (in Anlehnung an *K. Wessel* 1991)

*I. Entdeckungszusammenhang*

Art der Problemstellung und Interessenlage
a) abgeleitet aus regionalökonomischer Hypothese
b) Eigenprojekt (keine Auftragsforschung)
c) Grundlagenforschung

Abgrenzung der Problemstellung
Es bestehen erkenntnistheoretische Defizite in bezug auf Verlauf und Ursachen des räumlichen Differenzierungsprozesses in Entwicklungs- und Schwellenländern. Zwar liegt mit der Polarization-Reversal-Hypothese eine theoretische Grundlage für die Erklärung des räumlichen Entwicklungsprozesses in Industrienationen vor. Fraglich ist allerdings, ob die aufgestellten Gesetzmäßigkeiten auch auf die Situation der Entwicklungs- und Schwellenländer übertragen werden können. Erst empirische Studien zum räumlichen Prozeßablauf in dieser Ländergruppe ermöglichen eine Beurteilung der Transferfähigkeit der PR-Hypothese. In diesem Zusammenhang will die empirische Untersuchung von „Verlauf und Ursachen raumstruktureller Veränderungen im Entwicklungsprozeß Südkoreas" (=Arbeitstitel) einen Beitrag zur Evaluierung der PR-Hypothese leisten.

*II. Begründungszusammenhang*
<u>Strukturanalyse</u>
a) theoretischer Bezugsrahmen
Regionale Wachstums- und Entwicklungstheorien (Neoklassische Theorien; Polarisationstheorien; „spatial dynamics"-Modellansätze wie Produktle-

benszyklus-Hypothese und Theorie der Langen Wellen; Polarization-Reversal-Hypothese)

b) direkt angesprochene Dimensionen

Aufbauend auf die in den Industrienationen nachweisbaren Polarisations- und Ausgleichsmechanismen geht *H. W. Richardson* (1977 und 1980) davon aus, daß sich auch in den Entwicklungs- und Schwellenländern ein vergleichbarer räumlicher Differenzierungsprozeß einstellt. Dieser gliedert sich in vier Phasen:
1. Zunahme regionaler Konzentrationsprozesse;
2. Ansätze einer räumlichen Differenzierung: Intraregionale Dezentralisierung;
3. Polarization Reversal: Interregionale Dezentralisierung;
4. Entstehung eines stabilen, hierarchisch gegliederten Siedlungssystems.

Der räumliche Phasenablauf wird laut PR-Hypothese im wesentlichen durch zwei Determinanten hervorgerufen bzw. unterstützt:
- die Veränderung der Standortfaktoren, die in Form von Agglomerationsvorteilen bzw. -nachteilen auftreten. Sie nehmen in erster Linie Einfluß auf die regionale Industrialisierung, der wiederum die Bevölkerungsströme folgen;
- der Einsatz staatlicher Raumwirtschaftspolitik. Gemeint sind im wesentlichen Industrialisierungs- und Urbanisierungspolitik, die zunächst die Primatstadt und im weiteren Entwicklungsverlauf die Subzentren in der Peripherie fördern soll.

c) nicht direkt angesprochene Dimensionen

Eine Analyse der Aussagen weiterer regionaler Wachstums- und Entwicklungstheorien zum räumlichen Differenzierungsprozeß zeigt, daß zusätzliche, in der PR-Hypothese nicht berücksichtigte Determinanten benannt werden. Exemplarisch seien hier die in den dynamischen Raumwirtschaftstheorien aufgeführten Bestimmungsgründe aufgelistet:
- Entwicklung der internationalen Wirtschaftsbeziehungen (Güterverflechtungen und Technologietransfer);
- industrieller Strukturwandel.

## 4. Darstellung des Forschungsablaufs

| | |
|---|---|
| d) Identifizierung von Teilproblemen | – Industrialisierung und Raumentwicklung<br>– Raumwirtschaftspolitik und Raumentwicklung |

<u>Auswahl von zu erklärenden Begriffen</u>
relevante Variablen:

| | |
|---|---|
| a) räumlicher Differenzierungsprozeß | – Wandel der räumlichen Industriestruktur<br>– räumliche Bevölkerungsentwicklung und -verteilung<br>– Entwicklungsdynamik des urbanen Systems |
| b) Wachstumsräume | – überdurchschnittliche Zunahme von Industriearbeitsplätzen bzw. industriellem Output<br>– überdurchschnittliche Wanderungsgewinne |
| c) industrieller Strukturwandel | – Veränderung der Branchenzusammensetzung im Verarbeitenden Gewerbe, gemessen durch den Indikator Beschäftigte<br>– Veränderung der Branchenzusammensetzung im Verarbeitenden Gewerbe, gemessen durch den Indikator Wertschöpfung |

<u>Auswahl von erkenntnisleitenden Fragestellungen in bezug auf das Teilproblem „Industrialisierung und Raumentwicklung"</u>

1. Lassen sich im langfristigen räumlichen Differenzierungsprozeß Südkoreas gegenläufige Trends, also das Umschlagen von Konzentrations- in Dezentralisationsprozesse und umgekehrt feststellen?
2. Welche Bedeutung erlangen in diesem Zusammenhang Agglomerationsvor- und nachteile, industrieller Strukturwandel und die wirtschaftliche Ausrichtung Südkoreas auf den Weltmarkt?

<u>Auswahl von Hypothesen (Konkretisierung der Forschungsfragen)</u>

– Die Mehrzahl der Industriebetriebe in der Hauptstadt Seoul nehmen Ballungsprobleme wie z.B. fehlende Industrieflächen, überdurchschnittliche Grundstückspreise und Mieten sowie infrastrukturelle Versorgungsengpässe als Agglomerationsnachteile wahr.
– Die wahrgenommenen Standortnachteile in der Hauptstadt führen zu Standortverlagerungen in das Umland (intraregionale Dezentralisierung).

- Der Aufbau neuer Subzentren in der Peripherie erklärt sich zu einem erheblichen Anteil aus der Ansiedlung von Industriebetrieben aus der Hauptstadtregion (interregionale Dezentralisierung).

Entscheidung über die geeignete Methode der Datenerhebung
- Auswertung sekundärstatistischer Quellen zum räumlichen Differenzierungsprozeß in Südkorea (Zeitreihen- und Querschnittanalysen).
- Primärerhebungen:
a) Unternehmensbefragungen (Betriebe des Verarbeitenden Gewerbes): Expertengespräche zu Motiven der Standortwahl und Bewertung unternehmerischer Standortfaktoren;
b) Arbeitnehmerbefragungen: vollstandardisierte, schriftliche Befragung zum Mobilitätsverhalten.

Auswahl der Untersuchungsobjekte und Erhebungsumfang in bezug auf die Unternehmensbefragung
a) Untersuchungsobjekte: Industriebetriebe aller Branchen und Größen aus
- der Hauptstadt Seoul;
- der Provinz Kyonggi ( = Umland von Seoul);
- Ulsan ( = Beispiel für ein neu entstandenes Subzentrum in der Peripherie).
b) Teilerhebung
c) zufallsgesteuertes Auswahlverfahren

Durchführung der Datenerhebung

Auswertung und statistische Prüfung der erhobenen Daten

*III. Verwertungszusammenhang*
Hypothesenüberprüfung/Theorie

a) Hypothesenüberprüfung an ausgewählten Beispielen der Unter-  Tatsächlich bewertet die Mehrheit der befragten Unternehmen die Ballungseffekte in der 10 Millionen Stadt Seoul als gravierenden Standortnachteil. Allerdings erlangt die Beurteilung der bestehenden Standortvorteile der Hauptstadt, wie z.B. enger Kontakt zu Zulieferern und Abnehmern, Nähe zu politischen

## 4. Darstellung des Forschungsablaufs

*nehmens-befragung*

Entscheidungsgremien und Verfügbarkeit von Arbeitskräften, sowohl quantitativ als auch qualitativ, einen sehr hohen Stellenwert. Nach Meinung der meisten Unternehmen überwiegen die Vorteile immer noch gegenüber den Nachteilen, so daß eine hohe Standortpersistenz feststellbar ist.

Anders verhalten sich die flächenintensiv produzierenden Betriebe der Textil- und Bekleidungsbranchen: Die Mehrzahl der Unternehmen verlagerte den Standort ins Umland (intraregionale Dezentralisierung). Auslöser waren häufig beabsichtigte Produktionserweiterungen. Der Umlandstandort bietet in diesem Fall den Vorzug, einerseits die Standortnachteile des Zentrums (Flächenknappheit, hohes Preisniveau) zu meiden und andererseits die bestehenden Vorteile der Agglomeration durch die Nähe zum Zentrum weiterhin nutzen zu können.

Die überdurchschnittliche Entwicklungsdynamik in den Subzentren der Peripherie in den 70er und 80er Jahren erklärt sich überwiegend aus Unternehmensneugründungen. Standortverlagerungen aus der Hauptstadtregion spielen so gut wie keine Rolle. Nicht die zunehmenden Standortnachteile in der Kernregion lösen in Südkorea den Prozeß der interregionalen Dezentralisierung aus, sondern die spezifischen Standortvorteile der Subzentren. Sie entsprechen genau den Standortanforderungen der sich in diesem Zeitraum entwickelnden Schwer- und chemischen Industrie. Als Küstenstandorte bieten sie die besten Voraussetzungen für den Import der benötigten Vorprodukte und die Weltmarktorientierung hinsichtlich des Absatzes (Exporte).

*b) Rückbezug zu den erkenntnisleitenden Fragestellungen: Ergebnisse der Gesamtuntersuchung*

1. Der räumliche Differenzierungsprozeß in Südkorea zeigt einen *dreistufigen* Phasenverlauf:
   – Konzentration auf die Hauptstadt Seoul;
   – Dezentralisiation;
   – erneute Konzentration, wobei sich die Entwicklungsdynamik in dieser Phase auf die Hauptstadt*region* (Seoul und Kyonggi) bezieht.

Die ersten zwei im PR-Modell beschriebenen Entwicklungsphasen (Konzentration und intraregionale Dezentralisation) lassen sich in Südkorea nachvollziehen. Die dritte Phase der PR-Hypothese zeigt sich zwar auch, ist aber in Südkorea auf andere Ursachenzusammenhänge, als den in der PR-Hypothese genannten, zurückzuführen (s. u.). Anstelle der vierten Phase der PR-Hypothese – dem statischen Gleichgewicht- setzt im südkoreanischen Entwicklungsverlauf eine erneute Konzentration ein.

2. Die beobachteten räumlichen Differenzierungsprozesse werden überwiegend durch den industriellen Strukturwandel – von der arbeitsintensiven, über die kapitalintensive hin zur technologieintensiven Industrie – verursacht. Dem in der PR-Hypothese beschriebenen Wirkungsmechanismus entsprechen lediglich die Konzentrationsphase, ausgelöst durch Agglomerationsvorteile im Zentrum (Seoul), und die intraregionale Dezentralisation, initiert durch zu-nehmende Agglomerationsnachteile in der Hauptstadt. Die interregionale Dezentralisation, aber auch die erneute Konzentration erklären sich aus den spezifischen Standortanforderungen der in diesen Zeiträumen vorherrschenden Wachstumsbranchen:

– Interregionale Dezentralisation in den 70er und 80er Jahren: Wachstumsbranchen sind die eisen- und stahlverarbeitende sowie die chemische Industrie; Küstenstandorte im Südosten (Peripherie);
– erneute Konzentrationsphase in den 80er und 90er Jahren: Wachstumsbranchen sind humankapital- und forschungsintensive Bereiche der Elektroindustrie; Geeignete Standorte liegen im Umfeld von z. B. Forschungs- und Bildungseinrichtungen sowie qualifizierten Arbeitskräften. Diese Standortbedingungen konzentrieren sich in der Hauptstadtregion, die sich aus der Hauptstadt Seoul und der Umlandprovinz Kyonggi zusammensetzt (Zentrum).

Wesentlicher Einfluß auf Art und Umfang des industriellen Strukturwandels geht von der intensiven Einbindung Südkoreas in den Weltmarkt aus.

## 4. Darstellung des Forschungsablaufs

c) Rückbezug zur Problemstellung
1. Die Untersuchung bestätigt die für die erste und zweite Phase der Polarization-Reversal-Hypothese beschriebenen Wirkungszusammenhänge.
2. Die dritte und die vierte Phase der PR-Hypothese können hingegen nicht verifiziert werden. In dieser Phase des räumlichen Differenzierungsprozesses erlangen die in der PR-Hypothese genannten Determinanten weniger Bedeutung. Entscheidenden Einfluß nimmt die Einbindung in den Weltmarkt und der zur Erhaltung der internationalen Wettbewerbsfähigkeit notwendige industrielle Strukturwandel. Diese Einflußfaktoren finden in den „spatial dynamics"-Modellansätzen wie Produktlebenszyklus-Hypothese und Theorie der Langen Wellen Berücksichtigung.
3. Es ist zu erwarten, daß eine Verknüpfung der PR-Hypothese mit den „spatial dynamics"-Theorien einen höheren Erklärungsgehalt für räumliche Entwicklungsprozesse in Schwellenländern liefert. Der mit Hilfe der Kopplung beider Theorieansätze zu vermutende räumliche Differenzierungsprozeß läßt sich in Form von neuen Hypothesen formulieren, die den Ausgangspunkt weiterer Untersuchungen bilden können.

<u>Aufarbeitung der Forschungsergebnisse</u>

Da sich die Untersuchung in erster Linie an die engere „scientific community" richtet, kann eine adäquate Umsetzung der Forschungsergebnisse zunächst durch Publikationen in Fachreihen und Fachzeitschriften sowie durch Vorträge auf Fachtagungen eingeleitet werden.

# IV. Arbeitsschritte zu Erstellung eines Untersuchungsplans

Die Konzeption und Durchführung einer empirischen Untersuchung setzt sich aus einer Vielzahl von Arbeitsschritten zusammen (vgl. Abb. III.1). Für jeden einzelnen Bearbeitungsschritt sind in der Regel eine Reihe von Einzelentscheidungen zu treffen. Diese beziehen sich z. B. auf die Abgrenzung des zu untersuchenden Problems, die Umsetzung der Fragestellung in zu prüfende Hypothesen, die Auswahl eines geeigneten Analyseverfahrens (Primärerhebung oder Sekundäranalyse), bei Primärerhebungen, die Erstellung eines adäquaten Erhebungsinstruments, die Bestimmung des Erhebungsumfangs (Auswahlverfahren und Stichprobenumfang) sowie die Auswahl des geeigneten Zeitpunkts für die Durchführung der Datenerhebung.

Die folgenden Kapitel umreißen die notwendigen Untersuchungsschritte mit ihren jeweiligen Verfahrensregeln, Anwendungs- und Entscheidungsmöglichkeiten und zwar in der Reihenfolge eines idealtypischen Ablaufs empirischer Untersuchungen (vgl. Abb. III.1). Es sei allerdings an dieser Stelle nochmals darauf hingewiesen, daß das hier dargestellte Ablaufschema Beispielcharakter hat und zur besseren Veranschaulichung der einzelnen Phasen empirischer Untersuchungen dient, d. h. insbesondere den Einstieg in die Materie erleichtern soll.

In einem realen Forschungsprozeß laufen viele Entscheidungen nicht unbedingt nacheinander, sondern häufig parallel zueinander ab. Es kann – insbesondere in der Anfangsphase der Untersuchung – öfter zur Revision bereits getroffener Entscheidungen kommen, so daß einzelne Untersuchungssequenzen unter Umständen mehrfach durchlaufen werden: Wenn z. B. der aufgestellte Hypothesenkatalog einen Erhebungsumfang erfordert, der den Kosten- und/oder Zeitrahmen der Studie sprengen würde, muß eine Neuformulierung der Hypothesen, in der Regel verbunden mit einer Einschränkung der zu untersuchenden Fragestellung, erfolgen. Ähnlich kann sich z. B. ein eingeschränkter Zugang zum Adreßmaterial der zu befragenden Zielgruppe oder bei Sekundäranalysen eine eingeschränkte Aussagekraft oder Zuverlässigkeit der zur Verfügung stehenden Statistiken auswirken.

# 1. Problemstrukturierung und -präzisierung

Wenn der „Entdeckungszusammenhang" abgeklärt ist, d. h. die Spezifikation des Problems und die Interessenlage der Forschenden feststehen, stellt sich die zu diesem Zeitpunkt vorliegende Problemdefinition in der Regel als noch zu grob gefaßt heraus, um sie in eine konkrete Forschungsplanung umzusetzen. Am Übergang von „Entdeckungs-" zu „Begründungszusammenhang" steht in den meisten Fällen lediglich ein vorläufiger Arbeitstitel von der Art:
- Regionalökonomische Wirkungen der Technopolis-Standorte in Japan;
- Wanderungsmotive und räumliche Auswirkungen von Migrationen;
- Evaluierung der Produktlebenszyklus-Hypothese.

Arbeitstitel dieser Art reichen noch nicht aus, um den Ablauf einer empirischen Untersuchung zu konzipieren. Hierfür muß zunächst eine Strukturierung und Eingrenzung der Fragestellung vorgenommen werden. Kriterien dafür können die folgenden Aspekte sein:

1. Welcher Raum- und Zeitbezug soll der Untersuchung zu Grunde liegen?
   Beispielsweise:
   Sollen die räumlichen Auswirkungen der Technopolis-Standorte seit ihrem Bestehen untersucht werden? Für welche Raumeinheiten und Zeiträume ist in dem Migrations-Beispiel das Wanderungsgeschehen zu analysieren? Auf welchen räumlichen Maßstab und auf welchen Zeithorizont soll sich die Überprüfung der Produktlebenszyklus-Hypothese beziehen? Nach Festlegung der Maßstabsebene ist zu klären, wo (in welcher konkreten Nation/Region) die Untersuchung durchgeführt werden soll.
2. Welche Bereiche der Realität ( = Dimensionen) spricht die geplante Untersuchung an?
   Beispielsweise:
   Aus welchen Bereichen der Realität setzen sich komplexe empirische Sachverhalte wie „regionalökonomische Wirkungen" oder „Migrationen" zusammen? Wie sind „Technopolis-Standorte" definiert? Welche Begriffe verwendet die Produktlebenszyklus-Hypothese? Wie sind diese Begriffe definiert und welche empirischen Sachverhalte werden damit angesprochen?
3. Welche Zusammenhänge bestehen zwischen den einzelnen, in der Untersuchung angesprochenen Bereichen der Realität?

Beispielsweise:
Welche Wirkungszusammenhänge werden zwischen Technopolis-Standorten und der Wirtschaftsentwicklung in den Regionen, in denen sie beheimatet sind, erwartet? Welche räumlichen Auswirkungen gehen von unterschiedlichen Migrationstypen wie z.B. Fern- oder Nahwanderungen, bildungs-, arbeitsplatz- oder wohnstandortorientierten Wanderungen aus?
Anders als bei den gerade genannten Problembeispielen, die der beobachtbaren Erfahrungswelt entnommen sind, beinhalten Fragestellungen, die sich aus der Theorie ableiten, bereits – in Form der Hypothesen – Aussagen zu den erwarteten Zusammenhängen zwischen den einzelnen Dimensionen der Realität.
4. Welche Begriffe finden Verwendung – sowohl direkt in der Themenstellung als auch bei der detaillierten Strukturierung, d. h. Zerlegung des Themenfeldes in seine Dimensionsebenen – und wie werden die verwendeten Begriffe definiert?

In der Literatur finden sich für den in den vier Fragenkomplexen angesprochenen Arbeitsabschnitt zwei Bezeichnungen: Einige Autoren wie *H. L. Zetterberg* (1973) und *J. Friedrichs* (1990) sprechen von einer „Dimensionsanalyse" oder „dimensionalen Analyse", andere wie z. B. *R. Schnell, P. B. Hill, E. Esser* (1993) von einer „Konzeptspezifikation" in Anlehnung an die in der angelsächsischen Literatur gebräuchlichen Begriffe wie „conceptualization" und „concept specification". Mit Bezug auf *H. Kromrey* (1994, S. 67ff) wird hier ein dritter, umfassenderer Begriff, nämlich der der „Problemstrukturierung" eingeführt. In Abhängigkeit von der Art der Problemstellung ist die Problemstrukturierung in unterschiedlicher Form durchzuführen (vgl. Abb. IV.1):
– Bei sozialräumlichen oder regionalökonomischen Fragestellungen, die sich aus der beobachtbaren Erfahrungswelt ableiten, erfolgt die Problemstrukturierung durch eine Dimensionsanalyse. Ausgehend von dem durch die Themenstellung umrissenen Ausschnitt der Realität soll dieser in seine einzelnen Aspekte (Dimensionen) aufgegliedert werden. Anschließend legen die Forschenden die Begriffe (sprachliche Symbole) für die einzelnen Sachverhalte fest. Dies geschieht möglichst mit Rückbezug auf in entsprechenden Theorien bzw. innerhalb der scientific community bereits anerkannte Begriffe, um ein hohes Maß an Eindeutigkeit und Vergleichbarkeit zu bieten.

## 1. Problemstrukturierung und -präzisierung

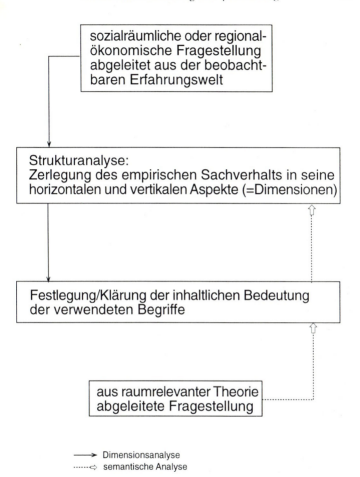

Abb. IV.1 Problemstrukturierung

– Bei Problemstellungen, die sich aus raumrelevanten Theorien ableiten, läuft die Problempräzisierung in umgekehrter Reihenfolge ab. Am Anfang ist die Bedeutung der in der zu prüfenden Theorie verwendeten Begriffe zu klären. Dieser Arbeitsschritt wird als semantische Analyse bezeichnet (Semantik = Lehre von der Bedeutung sprachlicher Zeichen). Da Theorien meist auf einem hohen Abstraktionsniveau formuliert sind, steht im Vordergrund der semantischen Analyse die Identifikation der mit den Begriffen bezeichneten konkreten Sachverhalte. Darauf aufbauend kann die Strukturanalyse mittels Benennung der relevanten Einzelaspekte erfolgen.

Zu den zentralen Elementen der Problemstrukturierung, die sich in beiden Vorgehensweisen – sowohl bei der Dimensionsanalyse als auch bei der semantischen Analyse – gleichermaßen wiederfinden, gehören die Zerlegung des zu untersuchenden Sachverhalts in seine einzelnen Dimensionen (Strukturanalyse) und die Klärung von Bedeutungsinhalten der verwendeten Begriffe (Begriffe und Definitionen).

### 1.1 Strukturanalyse

Das Prinzip der Strukturanalyse läßt sich am besten anhand eines einfachen Beispiels demonstrieren (in Anlehnung an *H. Kromrey* 1994, S. 72f):
  Der Begriff „individuelle Lebensqualität" kennzeichnet einen empirischen Sachverhalt, der nicht aus einer Dimension besteht, sondern sich aus einer Vielzahl von Aspekten zusammensetzt. Auf einem groben Abstraktionsniveau kann „Lebensqualität" zum Beispiel in folgende Teilaspekte untergliedert werden:
– Umweltqualität,
– Einkommensmöglichkeiten,
– Konsummöglichkeiten,
– Wohnsituation,
– Berufs- und Arbeitssituation,
– Familiensituation etc.

Alle diese Bereiche stellen Dimensionen oder Aspekte des empirischen Sachverhalts „Lebensqualität" dar. Mit Hilfe der genannten

# 1. Problemstrukturierung und -präzisierung

Teilaspekte kann „Lebensqualität" beschrieben und z. B. auch – nach Festlegung bestimmter Grenzwerte für die einzelnen Teilaspekte – bewertet werden.

Aber auch hinter den genannten Teilaspekten stehen empirische Sachverhalte, die sich ihrerseits wieder aus verschiedenen Dimensionen zusammensetzen, d. h. nicht eindimensional sind. Exemplarisch soll die weitere inhaltliche Aufsplittung am Beispiel des oben genannten Teilaspekts „Familiensituation" verdeutlicht werden. Die Dimension „Familiensituation" setzt sich u. a. aus folgenden Inhaltselementen zusammen:

- Familiengröße,
- Familienzyklus,
- materielle Sicherheit etc.

Auch diese „Unterdimensionen" können in einem nächsten Schritt eine weitere Untergliederung erfahren. So läßt sich der Begriff „Familienzyklus" durch eine Kombination folgender Teilaspekte beschreiben:

- gemeinsamer Haushalt,
- Zahl der Kinder,
- Zahl der Kinder im Haushalt,
- Alter der Familienmitglieder.

Beispielsweise charakterisieren die Merkmale „gemeinsamer Haushalt / 1 Kleinkind / Kind im Haushalt lebend / jung" hinsichtlich des Familienzyklus eine „Familie im Gründungsstadium", während „gemeinsamer Haushalt / erwachsene Kinder, die nicht mehr im Haushalt leben / alt" eine „reduzierte Familie" typisieren.

Erst die Untergliederung von „Familienzyklus" in die Merkmale „gemeinsamer Haushalt, Zahl der Kinder, Zahl der Kinder im Haushalt sowie Alter der Familienmitglieder" präzisiert empirische Sachverhalte, die eindimensional sind. Jedes dieser Merkmale läßt sich auf einer einfachen Skala abbilden (zur Definition von Skalen siehe Kap. IV.4.2):

- der „gemeinsame Haushalt" auf einer Nominalskala: ja – nein;
- die Zahl der Kinder in natürlichen Zahlen auf einer Ratioskala und
- die Altersangabe in Jahren ebenfalls auf einer Ratioskala.

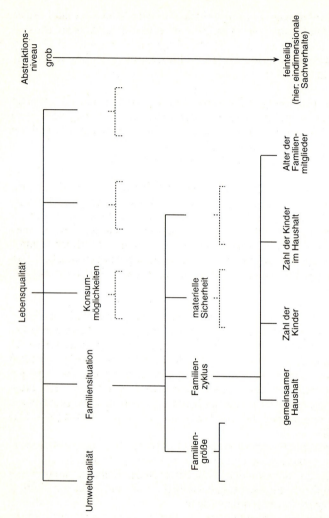

Abb. IV.2: Prinzip der Strukturanalyse dargestellt am Beispiel des Begriffs "Lebensqualität"
Quelle: verändert nach K. *Wessel* (1987, S.10)

Die Strukturanalyse zerlegt einen empirischen Sachverhalt in seine horizontalen und vertikalen Bestandteile. Eine graphische Darstellung, z. B. in Form eines Strukturdiagramms (vgl. Abb. IV. 2), legt die Vorgehensweise, aber auch das Ergebnis der Strukturanalyse anschaulich offen:

– Die Vertikale gibt die verschiedenen Abstraktionsniveaus oder -ebenen wieder, wobei eine hierarchische Abstufung von einem groben Abstraktionsniveau hin zu einem feinteiligen, der Ebene mit eindimensionalen Sachverhalten, erfolgt.
– Die Horizontale zeigt die Teilaspekte jeder Ebene an.

Die Strukturanalyse leistet natürlich keine Bewertung des empirischen Sachverhalts. Diese ist von den Forschenden gesondert vorzunehmen: Welche Indikatoren sollen für die Bewertung Berücksichtigung finden? Welche Grenzwerte charakterisieren eine hohe/niedrige Lebensqualität? An diesem Punkt der Untersuchung, der Problemstrukturierung, die am Anfang des empirischen Forschungsprozesses steht, ist eine Bewertung allerdings noch nicht erforderlich.

Die methodische Aufgabe der Strukturanalyse besteht in der Präzisierung der Fragestellung. Es empfiehlt sich, die Abgrenzung der einzelnen Dimensionen sowie ihre Strukturierung nicht nur verbal vorzunehmen, sondern auch graphisch beispielsweise in Form von Struktur-, Fluß- oder Venndiagrammen darzustellen. Diese Vorgehensweise erleichtert es, einen Überblick über den zu strukturierenden Problembereich zu erlangen bzw. zu behalten, möglicherweise noch bestehende Lücken im Strukturgefüge zu erkennen und aufzufüllen.

Zur Strukturierung eines Problembereichs sind verschiedene Ordnungskriterien möglich (vgl. *H. Kromrey* 1994, S. 85):
– Ordnung auf Grundlage von bestehenden Theorien, die in bezug auf die Problemstellung Aussagen treffen zu Ursache-Wirkungs- oder Systemzusammenhängen.
– Ordnung basierend auf beobachteten oder erwarteten Entscheidungs- oder Ereignisabfolgen.
– Ordnung nach formalen Kriterien, wie beispielsweise vom Grundsätzlichen zum Besonderen, vom Umfassenden zum Basiselement (z. B. vom mondialen Maßstab über die supranationale, die nationale, regionale zur lokalen Maßstabsebene).

# IV. Erstellung eines Untersuchungsplans

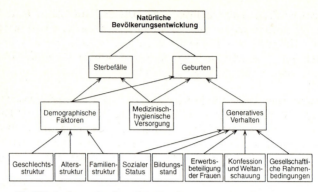

Abb. IV.3: Strukturanalyse "natürliche Bevölkerungsentwicklung"
Quelle: *H.U. Jung* (1981, S.74)

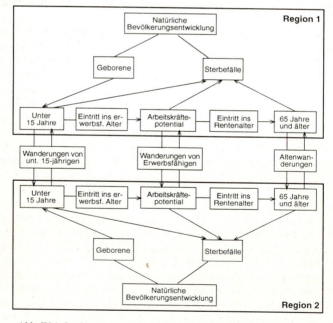

Abb. IV.4: Strukturanalyse "Regionales Arbeitskräftepotential"
Quelle: *H.U. Jung* (1981, S.115)

## 1. Problemstrukturierung und -präzisierung

Beispiele für Strukturanalysen einfacher und komplexer Begriffe bzw. Zusammenhänge, durchgeführt auf der Grundlage verschiedener Ordnungskriterien und mit Hilfe unterschiedlicher graphischer Darstellungsformen (vgl. auch *P. Schröder* 1985) wiedergegeben, finden sich in den Abb. IV. 3 bis 7.

Ausgangspunkt der Strukturanalyse stellt der Arbeitstitel der geplanten Studie dar. Aus ihm können entweder direkt oder mit Hilfe einer Ideen- und Materialsammlung sowie Literaturrecherchen die einzelnen Dimensionen der Problemstellung abgeleitet werden.

Bis zu welchem Abstraktionsniveau die Strukturanalyse durchzuführen ist, hängt vom Maßstab der Problemstellung ab: Wenn – wie im obigen Beispiel – die „individuelle Lebensqualität" im Mittelpunkt der Untersuchung steht, muß die Strukturanalyse in jedem Fall die unterste Ebene, welche die individuellen Merkmale beinhaltet, einschließen; im Beispiel reicht die Strukturanalyse bis hin zu den eindimensionalen Aspekten, wie der Zahl der Kinder und dem Alter.

Soll die „Lebensqualität" verschiedener Regionen oder – eine Maßstabsebene höher – verschiedener Nationen miteinander verglichen werden, kann es ausreichend sein, die Strukturanalyse bereits auf einem höheren Abstraktionsniveau zu beenden. Allerdings stellt sich dann das Problem, für die weitere Bearbeitung des Forschungsvorhabens (Operationalisierung) mehrdimensionale Sachverhalte, wie z. B. „Lebensqualität", in Form von meßbaren Indikatoren zusammenzufassen. In der Regel muß damit ein Informationsverlust und Ungenauigkeiten in der Aussagekraft der Indikatoren in Kauf genommen werden, wie z. B. beim Wert „Bruttosozialprodukt oder Bruttoinlandprodukt pro Kopf" als Indikator für Wohlstand bzw. Lebensqualität auf nationaler Ebene (vgl. *L. Schätzl* 1994, S. 16f).

Nach Abschluß der Strukturanalyse stellt sich häufig heraus, daß mit dem gegebenen Zeit- und Kostenbudget nicht alle Aspekte des Problems untersucht werden können. In der Regel bezieht sich die Ableitung eines praktikablen Untersuchungsansatzes auf nur ein Teilproblem. Die Strukturanalyse stellt daher einen Konkretisierungsprozeß dar, in dessen Verlauf die anfangs noch sehr weit gefaßte Problemstellung (Arbeitstitel) in Form einer klar abgegrenzten Fragestellung präzisiert wird. Obwohl bei dieser Verfahrensweise viele Aspekte einer umfangreichen Strukturanalyse nicht mehr in den weiteren Verlauf der Untersuchung direkt einge-

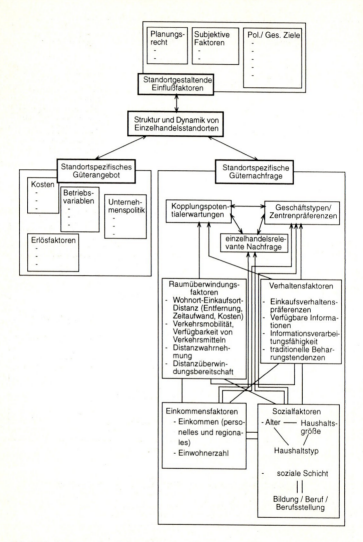

Abb. IV.5  Strukturanalyse "Veränderungen in der Standortstruktur des Einzelhandels"
Quelle verändert nach *E. Kulke* (1992c, S.64)

# 1. Problemstrukturierung und -präzisierung

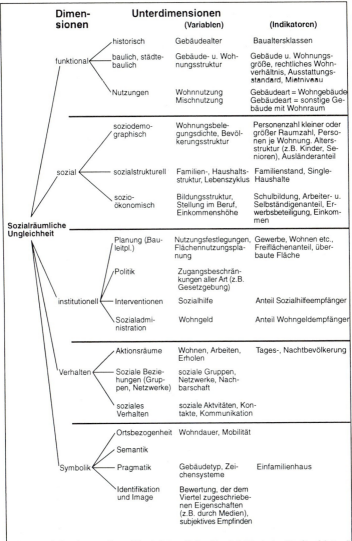

Abb. IV.6 Strukturanalyse "Sozialräumliche Ungleichheit in Stadtgebieten"
Quelle verändert nach G. Peyke (1994, S.87)

hen, ist ihre Kenntnis von Bedeutung, da damit der Gefahr vorgebeugt werden kann, den größeren Zusammenhang, in den das Teilproblem eingebettet ist, aus den Augen zu verlieren:
- Bei der Interpretation der Untersuchungsergebnisse des Teilproblems hilft die Kenntnis der Zusammenhänge der weitgefaßten Problemstellung, die möglichen Einflüsse der nicht direkt untersuchten Aspekte zu reflektieren.
- Darüber hinaus können sich konkrete Hinweise für weiteren Forschungsbedarf im Rahmen des Gesamtproblems ergeben.

## 1.2 Begriffe und Definitionen

In jeder Phase des Forschungsprozesses ist zu berücksichtigen, daß empirische Wissenschaft mit sprachlichen Begriffen operiert, die die Realität abbilden sollen, aber niemals mit der Realität identisch sind. Begriffe enthalten immer nur eine selektiv getroffene Auswahl von Bedeutungsinhalten, die nie den ganzen Sachverhalt repräsentieren. Auch der in der empirischen Forschung notwendige Arbeitsschritt der Strukturierung des zu untersuchenden Problembereichs – ob in Form einer Dimensionsanalyse in bezug auf Fragestellungen aus der beobachtbaren Erfahrungswelt oder in Form einer semantischen Analyse hinsichtlich der empirischen Überprüfung einer raumrelevanten Theorie oder Hypothese – erfolgt unter Verwendung von Sprache, d. h. empirische Begriffe stehen stellvertretend für beobachtbare Sachverhalte.

Um den an die Wissenschaft gestellten Anspruch, intersubjektiv nachvollziehbar zu sein, gerecht zu werden, muß gewährleistet sein, daß die gewählten Begriffe den zu beschreibenden Sachverhalt eindeutig repräsentieren und sowohl bei den Personen, die die Untersuchung konzipieren und durchführen, als auch bei allen anderen, die sich mit der Studie auseinandersetzen, dasselbe Verständnis der Begriffsinhalte hervorruft.

Die Eindeutigkeit von Definition und Begriffen ist selbst bei Fachbegriffen nicht von vornherein vorauszusetzen (vgl. z. B. *G. Hard* 1989, S.2f zu den Bedeutungsvarianten des Begriffs „Raum" und „Raumwirksamkeit"). Sie hängt wesentlich vom Kontext der Untersuchung ab: Ist „Stadt" in einem entsprechenden Forschungsvorhaben definiert nach statistischen Abgrenzungen wie der Einwohnerzahl oder nach funktionalen, sozialgeographischen oder

# 1. Problemstrukturierung und -präzisierung

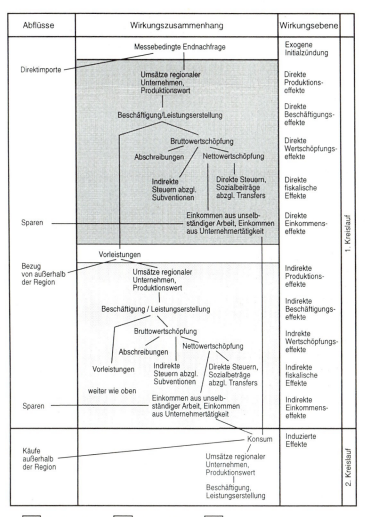

Abb.IV.7 Strukturanalyse "Mehrstufige Wirkungszusammenhänge zwischen Endnachfrage und regional-ökonomischen Effekten"

Quelle: *R. Sternberg, J. Kramer, A. Brandtner* (1990, S.144)

physiognomischen Merkmalen? Welche Grenzziehung liegt dem „Stadtverständnis" zu Grunde? Beispielsweise ist bei der Verwendung des Kriteriums „Einwohnerzahl" die Klärung des Raumbezugs notwendig, um Eindeutigkeit zu erlangen: In Deutschland zählen Siedlungen mit mehr als 5 000 Einwohnern zu den Städten; in Südkorea trifft dies erst für Siedlungen ab 50 000 Einwohnern zu. Um Fehlinterpretationen und Mißverständnisse zu vermeiden, muß eine Klärung der Bedeutungsinhalte der für die Untersuchung relevanten Begriffe erfolgen. Zur Präzisierung von Begriffen dienen Definitionen.

Anders als empirische Begriffe, die eine Verknüpfung zwischen Sprache und beobachtbaren Sachverhalten herstellen, verknüpfen Definitionen Sprachzeichen untereinander: Ein noch unbekannter oder unklarer Begriff (Definiendum) wird mit Hilfe von einem oder mehreren anderen Begriffen (Definiens) durch eine *Nominaldefinition* erklärt.

*Nominaldefinition*
  Definiendum  = df.: Definiens
           X   = df.: $A_Y$, $B_Y$, $C_Y$
*Beispiele*
           Stadt = df.: Siedlung mit mehr als 5 000 Ew.
  High-Tech Industrien = df.: Industriezweige mit einem überdurchschnittlich hohen Anteil der F&E-Ausgaben bezogen auf den Umsatz

Bei genauer Untersuchung des Definiens kann es sich herausstellen, daß die Bedeutungsinhalte der verwendeten Begriffe noch nicht eindeutig abgegrenzt sind, so daß es notwendig erscheint, auch Begriffe des Definiens wie ein Definiendum zu behandeln, d. h. zu definieren. Diese Vorgehensweise zieht eine Kette von nacheinander geschalteten Definitionsprozessen nach sich.

Bestimmte Begriffe können aufgrund des gemeinsamen Sprachgebrauchs als eindeutig definiert vorausgesetzt werden. In obigen Beispielen könnte „Siedlung" im europäischen Sprachraum ohne weitere Definition im Sinne einer „menschlichen Niederlassung" als bekannt angenommen werden, während „Industriezweig" und „F&E-Ausgaben" einer weiteren Definition bedürfen.

## 1. Problemstrukturierung und -präzisierung

Der vorgestellte Definitionstyp der Nominaldefinition findet in der empirischen Forschung üblicherweise Verwendung. Folgende Eigenschaften sind beim Umgang mit Nominaldefinitionen zu beachten:

1. Die Nominaldefinition eines Begriffs unterteilt sich in einen intensionalen und einen extensionalen Bedeutungsanteil. Die Intension des nominalistisch definierten Begriffs umfaßt die Menge aller Merkmale oder Eigenschaften (A, B, C) und die Festlegung ihrer Ausprägungen ($A_Y$, $B_Y$, $C_Y$), die per Definition erfüllt sein müssen, um ein Objekt oder einen Sachverhalt mit einem bestimmten Begriff zu bezeichnen (siehe z. B. den Begriffsinhalt der statistische Stadtdefinition in Deutschland). Dagegen bezieht sich die extensionale Bedeutung auf den Begriffsumfang, d. h. die Menge aller Objekte oder Sachverhalte, die der Intention der Definition – dem Begriffsinhalt – entsprechen (z. B. Liste aller Städte Deutschlands).
Die Begriffsintention sollte in der empirischen Forschung klar umrissen sein, während die Begriffsextension zunächst durchaus unbestimmt sein kann und erst mit Hilfe von empirischen Untersuchungen ermittelt werden muß (Beispiel: Umfang technologieorientierter Unternehmen einer Region).

2. Nominaldefinitionen unterscheiden sich hinsichtlich der Art der zu erklärenden Begriffe. Handelt es sich bei dem Definiendum um einen Terminus mit direktem empirischen Bezug ( = direkter Beobachtungsbegriff), wie z. B. Alter, Geschlecht oder Beschäftigtenzahl, lassen sich diese Begriffe relativ einfach anhand der direkten Beobachtung abgrenzen. Anders sieht es bei indirekten Beobachtungstermini aus, die sich nur mit Hilfe von beobachtbaren Indikatoren erfassen lassen. So erschließt sich „Erreichbarkeit" nicht direkt aus der Beobachtung. Eine Nominaldefinition von „Erreichbarkeit" muß über einen meßbaren Indikator erfolgen, wie z. B. den Indikator „Zeit" (Fußweg in Minuten), oder über den Indikator „Entfernung" (Wegstrecke in km). Die Auswahl des Indikators oder der Indikatoren, mit deren Hilfe die Definition von indirekten Beobachtungsbegriffen erfolgt, muß hinreichend begründet und dokumentiert sein.

3. Nominaldefinitionen unterliegen nicht dem Beurteilungskriterium „Wahr/Falsch". Sie stellen lediglich Vereinbarungen dar, Sachverhalte oder Objekte unter bestimmten, festgelegten Bedingungen mit einem vereinbarten Begriff zu belegen. Es stellt sich in diesem Zusammenhang allerdings die Frage, ob eine ge-

wählte Definition in bezug auf den Untersuchungsrahmen zweckmäßig ist. Beispielsweise erscheint eine Definition von Mobilität = df.: „Wohnortverlagerung verbunden mit der Überschreitung einer kommunalen Grenze" für eine Untersuchung zur innerstädtischen Mobilität nicht angemessen, da die im Definiens festgelegte Eigenschaftskombination in bezug auf *eine* Kommune keine empirische Entsprechung finden kann. Es handelt sich um eine Leermenge; die extensionale Bedeutung der Definition ist gleich Null, mithin ist die gewählte Definition zwar nicht falsch, aber für die entsprechende Untersuchung unbrauchbar.

## 2. Hypothesen und erkenntnisleitende Fragestellungen

Der vorangegangene Arbeitsschritt der Problemstrukturierung und -präzisierung zielte darauf ab, das zunächst noch vage umrissene Problemfeld (Arbeitstitel) in eine konkrete Fragestellung zu überführen, die damit angesprochenen Dimensionen zu strukturieren und die relevanten Begriffe zu definieren. Das Vorliegen einer klar abgegrenzten Forschungsfrage reicht allerdings noch nicht aus, um ein konkretes Analyseverfahren abzuleiten. Zunächst ist es notwendig, die Forschungsfragestellung in empirisch überprüfbare Aussagen (Hypothesen) umzusetzen bzw. in einen Katalog erkenntnisleitender Fragen zu differenzieren.

Dabei sollen die vermuteten Beziehungen der Dimensionen einschließlich ihrer Unterdimensionen, die für die Forschungsfrage relevant sind, zum Ausdruck kommen. Je detaillierter die vorangegangene Strukturanalyse durchgeführt wurde, desto leichter fällt es, die relevanten Variablen (Dimensionen, Unterdimensionen) zu bestimmen und Aussagen über die erwarteten Beziehungsstrukturen zu treffen. Erst die exakt formulierten Hypothesen oder ein detaillierter Fragenkatalog geben Auskunft darüber, welche Sachverhalte im weiteren Verlauf der Untersuchung überprüft und daher erfaßt werden müssen. Hypothesen- bzw. Fragenkatalog stellen den Maßstab für Art und Umfang der empirischen Analyse dar, angefangen von der Auswahl des geeigneten Analyseverfahrens (Sekundäranalyse-Primärerhebung etc.) bis hin zur Bestimmung des Erhebungsumfangs im Falle einer Primärerhebung.

## 2.1 Hypothesen

### 2.1.1 Definition und Informationsgehalt

In Anlehnung an *J. Friedrichs* (1990, S.103) und *R. Johnston* (1994b, S. 267f) kann eine Hypothese definiert werden als eine Aussage über die Verteilung einer Menge von Objekten (z. B. Personen, Unternehmen, Verbände, Regionen, aber auch Sachverhalte oder Eigenschaften, wie z. B. Mobilität, Erreichbarkeit, Standortverlagerung, Kreativität) auf zwei oder mehr Variablen und deren Ausprägungen. Des weiteren ist entscheidend, daß es sich um eine generalisierende, verallgemeinernde Aussage handelt, die sich nicht nur auf eine Einzelerscheinung wie ein singuläres Ereignis, z. B. *eine* Unternehmensverlagerung, bezieht; d. h. die Zahl der Elemente in der Objektmenge muß größer als eins sein.

Die Hypothese drückt zunächst Mutmaßungen über die Art und Ausprägung von Zusammenhängen aus. Über Annahme oder Ablehnung entscheidet die anschließende empirische Überprüfung.

---

*Beispiel zur Konstruktion einer Hypothese*
a) Ergebnis der Strukturanalyse:

| Objekte: | Variablen: | Ausprägungen: |
|---|---|---|
| Industriebetriebe | a) Standort | – Zentrum |
| | | – Peripherie |
| | b) Produkte | – neu |
| | | – alt |

b) Hypothesenformulierung
Unter der Voraussetzung, daß alle in den Kategorien „Objekte", „Variablen" und „Ausprägungen" verwendeten Begriffe eindeutig definiert sind, könnte eine auf a) aufbauende Hypothese folgendermaßen lauten:
Der Standort von Industriebetrieben hängt vom Reifegrad der hergestellten Produkte ab: Betriebe mit neuen Produkten befinden sich im Zentrum, während die Standorte von Betrieben, die alte Produkte erzeugen, in der Peripherie liegen.

---

Der Informationsgehalt einer Hypothese hängt von verschiedenen Aspekten ab:
1. Zahl der Elemente in der Objektmenge
   Je umfassender die Objektmenge in der Hypothesenformulierung abgegrenzt wird, desto höher ist der Informationsgehalt der Aus-

sage. Beispielsweise nimmt der Geltungsbereich sukzessive ab, wenn sich eine Hypothese nicht auf „alle Industriebetriebe" bezieht, sondern nur auf „alle Industriebetriebe Deutschlands" oder auf „alle Maschinenbau-Industriebetriebe Deutschlands" oder auf „alle Maschinenbau-Industriebetriebe Deutschlands ab 50 Beschäftigten".

2. Zahl der Ausprägungen der Variablen
Je detaillierter und feinteiliger die Palette der Variablenausprägungen ausfällt, desto größer wird der Informationsgehalt der Hypothese: Im obigen Beispiel erhöht sich die Exaktheit der Aussage, wenn der Reifegrad der Produkte nicht nur in „alt-neu" unterteilt wird, sondern eine Gliederung entsprechend der Phasen der Produktlebenszyklus-Hypothese (Produkte in der Erfindungsphase – Einführungsphase – Wachstumsphase – Reifephase – Schrumpfungsphase) erfolgt oder wenn anhand eines Indexes „Reifegrad" jedem Produkt ein Zahlenwert zugewiesen wird.

3. Exaktheit
Exaktheit bezieht sich darauf, daß die Hypothese nicht nur den erwarteten Zusammenhang zwischen den Variablen angibt, sondern auch die Art der vermuteten Ausprägung der Beziehung benennt. Beispielsweise bietet die Hypothese „Der Standort von Industriebetrieben hängt vom Reifegrad der hergestellten Produkte ab" einen geringeren Aussagewert als die oben genannte Beispielhypothese, welche die Vermutung einschließt, in welcher Weise ein Zusammenhang zwischen Standort und Reifegrad der Produkte besteht, nämlich „daß sich Betriebe mit neuen Produkten im Zentrum befinden, während die Standorte von Betrieben, die alte Produkte erzeugen, in der Peripherie liegen".

4. Formulierung als universale, deterministische oder statistische Aussage
Der Geltungsbereich nimmt von universalen Hypothesen, die keine raumzeitlichen Einschränkungen aufweisen („alle Industriebetriebe"), über deterministische Aussagen, die innerhalb eines gewählten Raum- und/oder Zeitausschnitts für alle Elemente der Objektmenge Gültigkeit beanspruchen („alle Industriebetriebe Deutschlands von 1960 bis 1995") bis hin zu statistischen Aussagen, die innerhalb raumzeitlicher Begrenzungen nur für einen Teil der Merkmalsträger gelten sollen („der größte Teil der Industriebetriebe Deutschlands von 1960 bis 1995") ab. In der

empirischen Wirtschafts- und Sozialgeographie erlangen universale Aussagen allerdings wenig Bedeutung.

Je höher der Informationsgehalt einer Hypothese ausfällt, d. h. je mehr sie Allgemeingültigkeit beansprucht, desto größer ist die Zahl der Sätze/Ereignisse, die die vermutete Aussage widerlegen können. Die Härte der Testbedingungen, aber auch die Exaktheit der Schlußfolgerungen im Falle der Verifikation erhöhen sich daher mit zunehmendem Informationsgehalt der Hypothesen.

Andererseits gibt der Geltungsbereich der Hypothese nicht nur die Testsituation, sondern auch die Testmenge vor, anhand derer die Überprüfung stattfinden soll: z. B. alle Industriebetriebe, alle Industriebetriebe ab 50 Beschäftigten, alle technologieintensiven Industriebetriebe in Berlin etc. Je allgemeingültiger die zu überprüfende Aussage formuliert wird (z. B. alle Industriebetriebe), desto größer fällt die für die Prüfung zu Grunde zu legende Grundgesamtheit aus, und um so kosten- und zeitaufwendiger gestaltet sich die Auswahl einer möglichen Stichprobe.

Wenngleich – in Hinblick auf die Härte der Testsituation und die Exaktheit der Schlußfolgerungen für die Forschungsfragestellung – Hypothesen mit einem hohen Grad an Informationen bzw. Allgemeingültigkeit wünschenswert sind, erfordert der Einfluß der Hypothesenformulierung auf die Bestimmung der Grundgesamtheit/Stichprobe des Untersuchungsvorhabens ein – hinsichtlich Zeit- und Kostenrahmen – pragmatisches Vorgehen, d. h. eine Anpassung des Aussageraums der Hypothesen an das Machbare.

## *2.1.2 Hypothesenbildung und formal-logische Anforderungen*

Für die Erforschung wirtschafts- und sozialgeographischer Problemstellungen ist es von Vorteil, wenn sich die Forschungshypothesen aus bestehenden raumrelevanten Theorien ableiten (Deduktion) oder auf den Ergebnissen bereits durchgeführter, empirischer Untersuchungen zu ähnlichen Themenkomplexen aufbauen (Induktion). Diese Vorgehensweise fördert die zielgerichtete Wissenserweiterung: Bekanntes kann ergänzt, differenziert und modifiziert werden. Bei der Beschäftigung mit „neuen" Fragestellungen kommen allerdings auch Plausibilitätsüberlegungen (Konstruktionen) und ein Vorverständnis von Problemzusammenhängen bei der Aufstellung von Hypothesen zum Einsatz.

Die Art der Entstehung einer Hypothese – ob Deduktion, Induktion, Konstruktion oder Intuition – bleibt ohne Einfluß auf den empirisch-wissenschaftlichen Charakter der Hypothese, d. h. auf ihre Zweckmäßigkeit, dem wissenschaftlichen Fortgang zu dienen. Das Erreichen dieses Ziels hängt vielmehr davon ab, ob die Art der Hypothesenformulierung den formal-logischen Anforderungen an die allgemeine Hypothesenbildung entspricht.

Eine Aussage kann als Hypothese mit empirisch-wissenschaftlichem Charakter bezeichnet werden, wenn ihre Formulierung nachstehende Anforderungen erfüllt:

1. empirische Überprüfbarkeit
   Es muß möglich sein, die Hypothese an der Erfahrung zu testen, d. h. die verwendeten Begriffe müssen der erfahrbaren Realität entstammen (Gegenbeispiele: Textilraffinerie, Reifenweberei oder Halbleitermühle) und die beschriebenen Sachverhalte müssen dem Kriterium der Objektivität genügen; sie müssen intersubjektiv überprüfbar sein (Gegenbeispiel: das Leben nach dem Tod).
2. Widerspruchsfreiheit
   Jede Hypothese muß in sich logische Geschlossenheit aufweisen und darf in keinem Widerspruch zu den anderen Hypothesen der Untersuchung stehen, da sonst gegensätzliche Schlüsse möglich und daher jede nur erdenkliche Schlußfolgerung zugelassen wäre.

*Gegenbeispiel: Widersprüchlicher Hypothesenkatalog einer Untersuchung zur Standortpersistenz und Verflechtungsintensität*
1. Je näher Betriebe beieinander lokalisiert sind, desto intensiver sind ihre Verflechtungsbeziehungen.
2. Je länger Betriebe in einem Industriegebiet lokalisiert sind, desto geringer sind ihre Verflechtungsbeziehungen innerhalb des Gebiets.
3. Je älter ein Industriegebiet ist, desto höher ist seine Bebauungsdichte und damit die räumliche Nähe der dort ansässigen Betriebe.
4. In älteren Industriegebieten sind die Betriebe bereits sehr viel länger ansässig als in allen anderen neu erstellten Industriegebieten.

Die Kombination der Hypothesen eins und drei ergibt die Schlußfolgerung:

Nähe = intensive Verflechtungsbeziehungen
älteres Industriegebiet = Nähe
daraus folgt:
älteres Industriegebiet = intensive Verflechtungsbeziehungen
Die Kombination der Hypothesen zwei und vier käme allerdings zu der *gegenteiligen* Schlußfolgerung, nämlich:
längere Standortpersistenz = geringe Verflechtungsbeziehungen
älteres Industriegebiet = längere Standortpersistenz
daraus folgt:
älteres Industriegebiet = geringe Verflechtungsbeziehungen
In sich logisch geschlossen wäre der Hypothesenkatalog, wenn z. B. die zweite Hypothese in folgender Weise umformuliert würde: „Je länger Betriebe in einem Industriegebiet lokalisiert sind, desto intensiver sind ihre Verflechtungsbeziehungen innerhalb des Gebiets".

3. Widerlegbarkeit

Entsprechend dem Prinzip der Falsifikation des Kritischen Rationalismus muß eine Hypothese so formuliert sein, daß prinzipiell ihr Gegenteil beweisbar ist, damit es sich bei empirischen Untersuchungen auch tatsächlich um einen Test, eine Prüfung, handelt. Anderenfalls wäre eine Ablehnung gar nicht möglich, wie z. B. bei Tautologien und Existenzaussagen.

*Tautologien* sind analytisch wahre Aussagen, wie z. B. „Wenn die betriebswirtschaftlichen Kosten im Zentrum steigen, kommt es zu Betriebsverlagerungen, oder die Betriebe behalten ihren Standort bei".

*Existenzaussagen* sind Sätze mit: „Es gibt..." ohne raumzeitliche Einschränkungen, wie z. B. „es gibt Altindustriegebiete, in denen die Unternehmensgründungsrate höher ist als in Hochtechnologieregionen". Diese Aussage ist empirisch nicht widerlegbar, da niemals sämtliche Altindustriegebiete und Hochtechnologieregionen in Vergangenheit, Gegenwart und Zukunft überprüft werden können; aber ein einziger zutreffender Fall reicht aus, um die Hypothese als endgültig wahr und (allgemein) gültig zu bestätigen, obwohl sie u. U. wirklich nur für diesen einen Fall zutrifft.

Die folgende Formulierung genügt den gestellten Anforderungen an eine Hypothese: „In Altindustriegebieten ist die Unternehmensgründungsrate höher als in Hochtechnologieregionen". In diesem Fall reicht eine widersprechende Beobachtung aus, um die Aussage zu widerlegen (zu falsifizieren). Alle übereinstimmenden Fälle können die Hypothese bestätigen, aber niemals endgültig beweisen (verifizieren). Auf das mit dieser Vorgehensweise verbundene Problem, an „wahre" Aussagen zu gelangen, geht Kap. II. 2 ein.

*Fazit:* Hypothesenformulierungen können sowohl universalen als auch deterministischen oder statistischen Aussagen entsprechen, d. h. durchaus Einschränkungen hinsichtlich ihres Informationsgehalts aufweisen, müssen aber in jedem Fall den formal-logischen Anforderungen der „empirischen Überprüfbarkeit", der „Widerspruchsfreiheit" und der „Widerlegbarkeit" genügen.

## 2.2 Erkenntnisleitende Fragestellungen

Anstelle von Hypothesen können zunächst auch erkenntnisleitende Fragestellungen die zu untersuchenden Dimensionen aufzeigen. Auch Forschungsfragen stellen für eine Menge von Objekten eine Beziehung zwischen zwei oder mehr Variablen her, bringen allerdings – anders als die Hypothesen – noch keine Vermutung über die exakten Ausprägungen der Variablen zum Ausdruck. Erkenntnisleitende Fragen dienen daher weniger als Prüfkriterien oder als Testmaßstab, sondern sollen zu einem besseren Verständnis der Untersuchungsmaterie führen und die Forschenden schließlich in die Lage versetzen, exakt formulierte Hypothesen aufzustellen. Die formal-logischen Anforderungen an die Formulierung von Forschungsfragen fallen weniger streng aus als für die Aufstellung von Hypothesen: Lediglich die empirische Überprüfbarkeit muß gewährleistet sein.

Die Verwendung von erkenntnisleitenden Forschungsfragen bietet sich bei Problemstellungen an,
– die eine Vielzahl von Untersuchungsebenen (Dimensionen und Unterdimensionen) umfassen;
– die neue Forschungsfelder betreffen.

Der folgende Fragenkatalog gibt ein Beispiel, wie die Verwendung von erkenntnisleitenden Fragestellungen aussehen kann. Zielstellung der Untersuchung ist in diesem Fall die empirische Überprüfung regionalökonomischer Effekte von Wachstumszentren. Die Aufstellung benennt die anhand der vorausgegangenen Strukturanalyse als relevant identifizierten Analysevariablen sowie die dazugehörigen, für die weitere Untersuchung erkenntnisleitenden Forschungsfragestellungen (vgl *K. Wessel* 1991, S. 104f).

*Beispiel: Katalog erkenntnisleitender Fragestellungen zur empirischen Überprüfung von regionalökonomischen Effekten von Wachstumszentren*
- Standortentscheidung: Welche Standortfaktoren haben die Standortentscheidung für das Wachstumszentrum beeinflußt? Welchen Stellenwert erlangten dabei die für das Wachstumszentrum eingesetzten staatlichen Fördermaßnahmen?
- Standortzufriedenheit: Haben sich die an den Standort gestellten Erwartungen erfüllt? Welche Standortnachteile haben sich ergeben? Wie hoch ist die Standortpersistenz in Hinblick auf die langfristige Entwicklung des Zentrums?
- Innovationspotential: Wie hoch ist das Innovationspotential, gemessen an den Forschungs- und Entwicklungsaktivitäten der staatlich geförderten Betriebe? Wie ist die langfristige Anpassungsfähigkeit des Zentrums an den industriellen Strukturwandel einzuschätzen?
- Regionale Verflechtung: Bestehen zwischen den durch die staatliche Förderung angesiedelten Betrieben und der bereits bestehenden lokalen Wirtschaft Verflechtungen hinsichtlich des Inputs an Rohstoffen und Vorprodukten, hinsichtlich der unternehmensnahen Dienstleistungen bzw. der Outputgüter, so daß regionalökonomische Multiplikatoreffekte zu erwarten sind?
- Unternehmensinterne Verflechtung: Steht eine zu hohe Verflechtungsintensität mit Unternehmensteilen an anderen Standorten (Stammbetrieb, Zweigbetrieb) einer lokalen und regionalen Verflechtung im Wachstumszentrum entgegen?
- Regionale und sektorale Mobilität der Beschäftigten: Wird die Arbeitskräftenachfrage durch die staatlich geförderten Betriebsansiedlungen am regionalen Arbeitsmarkt gedeckt? Nehmen die Betriebsansiedlungen aus anderen Wirtschaftssektoren (wie z. B. der Landwirtschaft) freigesetzte Arbeitskräfte auf?
- Regionale Einkommensverwendung: Vorausgesetzt die staatliche Förderung bewirkt eine Steigerung des Arbeitsangebots, wird dann das zusätzlich entstehende Einkommen am Ort, d. h. im Wachstumszentrum, umgesetzt, so daß Entwicklungsimpulse für die konsumnahen Wirtschaftsbereiche zu erwarten sind?

## 3. Auswahl geeigneter Analyseverfahren – Methoden der Datengewinnung

Die bislang beschriebenen Untersuchungsschritte zielten darauf ab, ausgehend von einer noch vage formulierten Problemstellung, durch Problemstrukturierung und -präzisierung einen konkreten Ansatz für eine empirische Untersuchung zu entwickeln und durch Formulierung von Hypothesen oder erkenntnisleitender Forschungsfragen die Zielrichtung der Untersuchung festzulegen.

Die anschließend notwendige Überprüfung der Hypothesen bzw. die Beantwortung der Forschungsfragen erfordert eine entsprechende Datengrundlage. Für die Datengewinnung stehen verschiedene Wege offen:

- Zunächst ist zu überprüfen, ob die benötigten Informationen auch ohne eigene Erhebungen erschlossen werden können.
  Stehen entsprechende Karten bzw. gegebenenfalls auch Luftbilder zur Verfügung? Einen Überblick lieferbarer Kartenwerke gibt der GeoKatalog, herausgegeben und jährlich aktualisiert (Geo-Kartenbrief) vom Internationalen Landkartenhaus (1995; vgl. auch *R. Hantschel, E. Tharun* 1980, S.38ff).
  Besteht die Möglichkeit, das benötigte Datenmaterial sekundärstatistischen Quellen zu entnehmen, d. h. eine sekundärstatistische Analyse zur Hypothesenprüfung einzusetzen?
- Ist dies nicht oder nur zum Teil möglich, bleibt nur der Weg, die notwendigen Daten originär zu ermitteln, d. h. Primärerhebungen durchzuführen.

Die nachfolgenden Kapitel stellen die verschiedenen Methoden der Datengewinnung mit ihren jeweiligen Anwendungsbereichen, Vor- und Nachteilen in der Bewertung gegenüber alternativen Methoden vor und geben praktische Hinweise zur Durchführung der einzelnen Analysestrategien.

### 3.1 Sekundärstatistische Analyse

*3.1.1 Möglichkeiten und Grenzen der Anwendung*

Die sekundärstatistische Analyse stellt eine Methode der Datengewinnung dar, bei der bereits vorhandene Datensätze unabhängig

von dem ursprünglichen Zweck und Bezugsrahmen ihrer Datenerhebung ausgewertet werden. Anders als bei der Sekundäranalyse stehen der sekundärstatistischen Analyse allerdings in der Regel nicht die originalen Erhebungsdaten (Rohdaten) zur Verfügung, sondern lediglich die bereits in der einen oder anderen Form aggregierten Sekundärdaten. Es lassen sich zwei Arten der sekundärstatistischen Analyse unterscheiden:
– Analysen von empirischen Studien zur Wirtschafts- und Sozialgeographie.
Die Ergebnisse von im Rahmen regionalwissenschaftlicher Untersuchungen durchgeführter Erhebungen finden sich in der Regel – in Form von Sekundärdaten – gut dokumentiert in den entsprechenden Forschungsberichten und können für die Beantwortung thematisch ähnlicher Problemstellungen herangezogen werden.
– Analysen von statistischen Veröffentlichungen.
Eine Reihe von Institutionen – amtliche, halbamtliche und nichtamtliche – führt regelmäßig oder aperiodisch Erhebungen zu den verschiedensten Themenbereichen durch, die zwar in der Mehrzahl der Fälle nicht originär dem Ziel dienen, regionalwissenschaftliche Fragestellungen zu klären, die sich aber nichts desto trotz hierfür eignen. Einen Überblick über wichtige sekundärstatistische Quellen für die empirische Forschung in der Wirtschafts- und Sozialgeographie gibt die Tab. IV. 1.

Der Umfang und die Qualität des statistischen Materials, das für sekundärstatistische Analysen zur Verfügung steht, nimmt immer mehr zu. Einerseits erhöht sich die Zahl und die Aussagekraft der Erhebungen – u. a. durch die Erweiterung und die voranschreitende Differenzierung der statistischen Berichtssysteme auf nationaler, supranationaler und internationaler Ebene (vgl. *J. Chlumsky, R. Wiegert* 1993, *W. Radermacher* 1992, *Statistisches Bundesamt* 1988 und 1990, *E. Hölder* 1989, *K. P. Kistner, E. Südfeld* 1988, *R. Stäglin, E. Südfeld* 1988). Auf der anderen Seite eröffnen die Fortschritte auf dem Gebiet der EDV immer bessere Möglichkeiten, umfassende Datenarchivierungen (Datenbanken) anzulegen (vgl. Tab. IV. 1).
Angesichts der zunehmend günstigeren Voraussetzungen für die Durchführung sekundärstatistischer Analysen ist für jede empirische Untersuchung gewissenhaft zu prüfen, ob nicht auf eigene Erhebungen verzichtet werden kann bzw. diese nur auf die Untersu-

chungsbereiche einzuschränken sind, für die sekundärstatisches Material keine Aussagekraft besitzt. Um eine sachgerechte Entscheidung zu treffen, sind zunächst Vor- und Nachteile der sekundärstatistischen Analyse, d. h. ihr Anwendungsbereich, abzuklären.

Die Analyse von sekundärstatistischen Material bietet gegenüber der Primärerhebung erhebliche Vorteile:
– Kosten- und Zeitersparnis, da die eigene Datenerhebung, die Analyse möglicher Fehlerquellen sowie die EDV- gerechte Codierung, Eingabe und statistische Aufbereitung der Daten entfällt;
– die Durchführung von Quer- und Längsschnittanalysen ohne erheblichen Mehraufwand, wenn vergleichbare Sekundärdaten für unterschiedliche Zeitpunkte und/oder unterschiedliche Raumeinheiten vorliegen.

Querschnittanalysen beziehen sich dabei auf den Vergleich mehrerer räumlicher Einheiten zu einem Zeitpunkt – entweder innerhalb einer räumlichen Maßstabsebene, wie z. B. Städte- oder Ländervergleiche (horizontale Querschnittanalyse), oder mehrere Maßstabsebenen übergreifend, wie z. B. die Gegenüberstellung von Land, Region, Gemeinde und Ortsteil (vertikale Querschnittanalyse).

Längsschnittanalysen untersuchen Entwicklungsprozesse. Sie benötigen für eine Raumeinheit eine Zeitreihe von Daten, d. h. für diese Raumeinheit müssen vergleichbare Daten zu verschiedenen Zeitpunkten vorliegen.

Aufgrund der spezifischen Vorteile von sekundärstatistischen Analysen eignet sich dieses Analyseverfahren insbesondere für alle regionalwissenschaftlichen Problemstellungen, deren Klärung Daten über die sozioökonomische Raumstruktur und ihre Entwicklung, also interregionale und intertemporale Vergleiche, erfordert.

Die Anwendung sekundärstatistischer Analyseverfahren wird allerdings durch die Verfügbarkeit und die Qualität des Datenmaterials begrenzt:
1. Für bestimmte regionalwissenschaftliche Fragestellungen liegen keine Sekundärstatistiken vor.
   a) Die statistischen Berichtssysteme von Entwicklungsländern oder Systemtransformationsländern weisen häufig nur eine geringe Breiten- und Tiefengliederung auf, so daß zwar aktuelle Daten auf nationaler Ebene vorliegen, regionalisiertes Daten-

material allerdings fehlt. Eine Beurteilung der sozioökonomischen Raumstruktur und ihrer Entwicklung innerhalb dieser Länder – wie z. B. kleinräumige regionale Vergleiche, Analysen zu interregionalen Verflechtungen oder räumlichen Konzentrations- oder Dezentralisierungsprozessen – entziehen sich daher einer sekundärstatistischen Analyse.
b) Die amtliche und halbamtliche Statistik erfaßt überwiegend Quantitäten, d. h. den Umfang von Bestandsgrößen (z. B. Zahl der Zu- und Abwanderungen, Höhe der Investitionssumme, Zahl der Unternehmensgründungen und Insolvenzen) und ihre zahlenmäßige Veränderung im Zeitablauf (Zunahme oder Rückgang gegenüber dem Vorjahr). Sie spiegeln das Ergebnis vielfältiger Entscheidungsprozesse von regionalwirksam handelnden Akteuren wie Haushalte, Unternehmen und Entscheidungsträger und -trägerinnen aus Politik und Planung wider. Detaillierte Kenntnisse zu diesen raumwirksamen Entscheidungsprozessen liefern die Sekundärstatistiken in aller Regel nicht. So finden sich kaum Statistiken zu Handlungsmotiven (z. B. Motive für Migrationen, Betriebsneugründungen oder -verlagerungen), Situationswahrnehmung und -einschätzung ( z. B. Standortbewertungen) oder zu Handlungsalternativen (z. B. Standortpersistenz – Standortverlagerung; traditionelle Wirtschaftsförderung – innovationsorientierte Wirtschaftsförderung; innerstädtische City – Einkaufszentrum auf der grünen Wiese).
2. Es existieren zwar Sekundärstatistiken, aber die Zugangsbedingungen zu den Datenbeständen sind eingeschränkt.
a) Dieser Fall tritt häufiger in Entwicklungs- und Systemtransformationsländern auf, in denen der Datenpool, der aus Gründen der nationalen Sicherheit der Geheimhaltung unterliegt, sehr umfangreich sein kann.
b) In Industriestaaten schränken Datenschutzgesetzgebungen den Zugang zu sekundärstatistischem Datenmaterial ein, insbesondere dann, wenn es sich um sehr feinteilige Breiten- und/oder Tiefengliederungen handelt, die die Wahrscheinlichkeit erhöhen, anhand der Daten einzelne Merkmalsträger, wie z. B. Unternehmen, konkret zu identifizieren. Der Nachweis, das benötigte Datenmaterial ausschließlich für wissenschaftliche Zwecke und damit im Interesse der Allgemeinheit zu verwenden, kann eine Ausnahme von den ansonsten strikt einzuhaltenden Datenschutzregelungen bewirken. *R. Schnell* et al. (1993, S.269) weisen in diesem Zusammenhang darauf hin, daß der Zugang zu statisti-

schem Datenmaterial nicht selten vom Geschick der Forschenden abhängt, ihr Anliegen als sinnvoll und allgemein dienlich darzustellen. Abschließend sei noch darauf verwiesen, daß selbst dann, wenn nicht anonymisierte Daten für wissenschaftliche Analysen zur Verfügung gestellt werden, die Veröffentlichung der Untersuchungsergebnisse in einer Form erfolgen muß, die keinerlei Rückschluß auf Individuen (Unternehmen, Personen) zuläßt.
3. Es existieren Sekundärstatistiken, aber die abgebildeten Daten treffen nicht genau die in den Hypothesen oder Forschungsfragen benannten Variablen und Indikatoren.
In diesem Fall bleibt es der Entscheidung der Forschenden überlassen, die sekundärstatistische Analyse für die zu untersuchende Problemstellung als ungeeignet zurückzuweisen und auf eigene Erhebungen aufzubauen oder aber zu überprüfen, ob eine Modifikation der zu testenden Hypothesen bzw. der erkenntnisleitenden Forschungsfragen, d. h. ihre Anpassung an das zur Verfügung stehende statistische Material, ebenfalls eine sinnvolle Umsetzung der zu untersuchenden Problemstellung bietet.
4. Es existieren Sekundärstatistiken, die zwar die in den zu untersuchenden Hypothesen oder Forschungsfragen benannten Variablen und Indikatoren abbilden, allerdings nicht für die benötigten Untersuchungseinheiten vorliegen (z. B. Betriebe), sondern nur für eine höhere Aggregationsstufe (z. B. Gemeinden) zur Verfügung stehen.
Ein in diesem Zusammenhang bei sekundärstatistischen Analysen häufig auftretender Fehler ergibt sich daraus, daß von den aggregierten Sekundärdaten (Gemeindeebene) auf Zusammenhänge innerhalb der demgegenüber niedrigeren Aggregationsstufe (Betriebsebene) geschlossen wird. Diese Art der Schlußfolgerung kann zu Fehlinterpretationen führen. Das folgende Beispiel demonstriert die Unzulänglichkeiten des sogenannten „ökologischen Fehlschlusses".

*Beispiel:*
Ausgangspunkt soll die Hypothese sein: „Arbeitsintensiv arbeitende Betriebe werden stärker staatlich gefördert als kapital- und humankapitalintensiv arbeitende Betriebe."
Es liegen Sekundärstatistiken vor, die z. B. auf Gemeindeebene den Anteil der arbeitsintensiv produzierenden Betriebe und den Anteil der staatlich geförderten Betriebe angeben. Es läßt sich beispielsweise für die Gemeinden feststellen, daß mit stei-

gendem Anteil der arbeitsintensiv arbeitenden Betriebe auch der Anteil der geförderten Betriebe zunimmt. Eine zulässige Schlußfolgerung könnte lauten: „Je höher der Anteil der arbeitsintensiv arbeitenden Betriebe in einer Gemeinde, desto höher der Anteil der staatlich geförderten Betriebe".

Weitergehende Schlußfolgerungen, die sich auf die zu prüfende Hypothese beziehen, wie z. B. „arbeitsintensiv produzierende Betriebe werden in stärkerem Maße staatlich gefördert als nicht-arbeitsintensive Betriebe" sind dagegen nicht zulässig. Die Erhebungseinheit (Gemeinden) gibt Informationen über die für diese Schlußfolgerung gewählte Aussageeinheit (Betriebe) nur in aggregierter Form wieder. Das sekundärstatistische Datenmaterial für eine Beispielgemeinde A könnte folgendermaßen aussehen:

*Gemeinde A*

| Betriebe | gefördert | nicht gefördert | Summe |
|---|---|---|---|
| arbeitsintensiv | | | 60 |
| nicht-arbeitsintensiv | | | 40 |
| Summe | 60 | 40 | 100 |

Es sind lediglich die Randsummen der Verteilung bekannt. Über die Zellenbesetzung der aufgespannten Matrix, d. h. die betriebsspezifischen Angaben, wie z. B. wieviele arbeitsintensive Betriebe erhalten eine staatliche Förderung, gibt die Beispielstatistik keine Auskunft. Allein aus den Randsummen auf die Zellenbesetzung zu schließen, ist unmöglich, da sich selbst bei gegebenen Randsummen eine Vielzahl von Verteilungsmustern konstruieren ließe, die unterschiedliche Aussagen hinsichtlich Faktoreinsatz und Förderung der Betriebe repräsentieren können, wie z. B.:

*mögliche Variante $n_1$ für Gemeinde A:*

| Betriebe | gefördert | nicht gefördert | Summe |
|---|---|---|---|
| arbeitsintensiv | 20 | 40 | 60 |
| nicht-arbeitsintensiv | 40 | 0 | 40 |
| Summe | 60 | 40 | 100 |

Aussage: „Arbeitsintensive Betriebe erfahren eine geringere staatliche Förderung als nicht-arbeitsintensive"

*mögliche Variante n₂ für Gemeinde A:*

| Betriebe | gefördert | nicht gefördert | Summe |
|---|---|---|---|
| arbeitsintensiv | 40 | 20 | 60 |
| nicht-arbeitsintensiv | 20 | 20 | 40 |
| Summe | 60 | 40 | 100 |

Aussage: „Arbeitsintensive Betriebe werden stärker staatlich gefördert als nicht-arbeitsintensive."

Eine Prüfung der Ausgangshypothese ist demnach mit den auf Gemeindeebene aggregierten Sekundärstatistiken nicht möglich. Eigene Betriebsbefragungen wären in diesem Fall unumgänglich.

5. Es existieren Sekundärstatistiken, die aber nicht den wissenschaftlichen Anforderungen an die Qualität von statistischen Daten entsprechen.
   Zu den wichtigsten Qualitätskriterien zählen (vgl. *K. Löbbe* 1993, S.47):
   – Genauigkeit des Datenmaterials: Die statistisch erfaßten Strukturen und Entwicklungen sollten ein möglichst genaues Abbild der Realität widerspiegeln. Stichproben sind so zu wählen, daß sie ein verkleinertes Abbild der Grundgesamtheit darstellen.
   – Vollständigkeit des Datenmaterials: Alle für die statistische Darstellung von realen Strukturen und Entwicklungen notwendigen Sachverhalte sollten einbezogen werden.
   – Aktualität des Datenmaterials: Die Zeit zwischen Datenerhebung und Veröffentlichung der sekundärstatistischen Ergebnisse sollte so gering wie möglich sein.

Während in Entwicklungs- und Systemtransformationsländern eher Mängel bei der originären Datenerhebung, d. h. eine Verletzung des ersten Qualitätskriteriums, z. B. in Form von Fehlmeldungen oder Erfassungsfehlern, sekundärstatistische Analysen erschweren oder verhindern können, bezieht sich mangelnde Qualität statistischer Daten in Industrieländern häufig auf das dritte Qualitätskriterium, die Aktualität der Daten.

In der empirischen Forschung ist es eine bewährte Strategie, die Vorzüge sekundärstatistischer Analysen mit denen von Primärerhebungen zu kombinieren, um die jeweiligen Anwendungsgrenzen des einen Analyseverfahrens durch die Anwendungsvorteile des anderen Verfahrens auszugleichen. Zur Untersuchung von z. B. Suburbanisierungsprozessen bietet es sich an, die Struktur und Entwicklung der Suburbanisierung anhand sekundärstatistischer Daten z. B. aus der Bevölkerungs-, Wanderungs- und Arbeitsstättenstatistik abzubilden und für die Analyse von Ursachen und Wirkungen der Suburbanisierung eigene Erhebungen bei Unternehmen oder Haushalten durchzuführen.

*3.1.2 Quellen regionalwissenschaftlicher Sekundärstatistiken*

Um zu entscheiden, ob sich eine sekundärstatistische Analyse als Untersuchungsstrategie eignet, ist zunächst abzuklären, ob für die Bearbeitung der empirischen Fragestellung geeignete Sekundärstatistiken zur Verfügung stehen. Eine umfassende Recherche setzt die Kenntnis über relevante Quellen von Sekundärstatistiken voraus. Tab. IV.1 gibt eine Auswahl der für die Bearbeitung wirtschafts- und sozialgeographischer Fragestellungen bedeutenden Quellen von sekundärstatistischem Datenmaterial wieder.

Es bietet sich an, die Recherche mit der Durchsicht der Veröffentlichungsverzeichnisse von Herausgebern sekundärstatistischem Materials zu beginnen. So ist es in der amtlichen Statistik Deutschlands üblich, daß sowohl das Statistische Bundesamt als auch die Statistischen Landesämter jährlich einen aktualisierten Nachweis aller lieferbaren Statistiken herausgeben (vgl. Statistisches Bundesamt 1995a, Landesamt für Datenverarbeitung und Statistik Nordrhein-Westfalen 1995). Aber auch Bundesinstitutionen und Verbände, die halbamtliche Statistiken erstellen, verfügen häufig über Publikationen, die das Spektrum ihrer statistischen Berichtstätigkeit offenlegen (vgl. z. B. *H. G. von Rohr* 1994, S. 105; *H. P. Gatzweiler* 1984 und 1986).

Um Fehlinterpretationen im Umgang mit Sekundärstatistiken zu vermeiden, sind vorab einige grundlegende Informationen zur Entstehung und zum Informationsgehalt der zu verwendenden Statistiken abzuklären:

1. Handelt es sich bei den Daten um aktuelle Zählungsergebnisse oder lediglich um Fortschreibungen?
   Statistiken, die die Ergebnisse von Primärerhebungen, wie z. B. Volks-, Berufs- oder Arbeitsstättenzählungen, erfassen, geben ein

## Tab. IV. 1: Quellen regionalwissenschaftlicher Sekundärstatistiken

| Quellen | Auswahl von Statistiken |
|---|---|
| *Mondiale Maßstabsebene* | |
| Weltbank | Weltentwicklungsbericht, Social Indicators of Development, World Tables |
| Vereinte Nationen (UNO) einschl. Unterorganisationen | International Trade Statistics Yearbook, Industrial Statistics Yearbook, Demographic Yearbook; Datenbank UN-DEMOGRAPHICS |
| Organization for Economic Co-operation and Development (OECD) | Environmental Data Compendium |
| *Supranationale Maßstabsebene* | |
| Statistisches Amt der Europäischen Gemeinschaft | EUROSTAT - Jahrbücher, Datenbank REGIO |
| *Nationale, regionale, lokale Maßstabsebene (Deutschland)* | |
| *a) amtliche Statistik* | |
| Statistisches Bundesamt | Statistisches Jahrbuch der Bundesrepublik Deutschland, Fachserien, z. B. Fachserie 1: Bevölkerung und Erwerbstätige, Fachserie 2: Unternehmen und Arbeitsstätten, Fachserie 7: Außenhandel; Statistik des Auslandes, z. B. Länderberichte; Datenbank STATIS-BUND |
| Statistische Landesämter | Statistische Monatshefte und Statistische Jahrbücher der Bundesländer |

| Quellen | Auswahl von Statistiken |
|---|---|

*b) halbamtliche Statistik (Bundesinstitutionen, Verbände)*

| | |
|---|---|
| Deutsche Bundesbank | Monats- und Jahresberichte |
| Umweltbundesamt | Daten zur Umwelt (jährl.) |
| Bundesforschungsanstalt für Landeskunde und Raumordnung (BfLR) | Laufende Raumbeobachtung (alle 2 Jahre auf Gemeindeebene, Datenbank im Aufbau) |
| Deutscher Städtetag | Statistisches Jahrbuch Deutscher Gemeinden |
| Industrie- und Handelskammern | Jahresberichte |

*c) nichtamtliche Statistiken*

| | |
|---|---|
| Unternehmen wie z. B.: | |
| - Unternehmenszentralen, Banken | z. B. Geschäftsberichte, Betriebsstatistiken |
| - Bundesbahn, Busunternehmen | z. B. Passagieraufkommen |
| Forschungsinstitute wie z. B.: | |
| - Deutsches Institut für Wirtschaftsforschung (DIW) | Wochenberichte, Vierteljahresberichte |
| - Niedersächsisches Institut für Wirtschaftsforschung (NIW) | Regionalberichte |
| Markt- und Meinungsforschungsinstitute (z. B. Infas) | Umfrageergebnisse |

*d) unveröffentlichte Statistiken*

| | |
|---|---|
| Stadtverwaltungen, Baubehörden, kommunale und private Planungsämter | z. B. Planungsdaten zu Sanierungsgebieten, Pendlereinzugsbereichen, Daten zum Verkehrsaufkommen |
| kommunale Ordnungsämter | z. B. Daten über Bevölkerungsentwicklung und -struktur, Zu- und Fortzüge |
| Kurverwaltungen | z. B. Übernachtungszahlen, Bettenkapazitäten und Kapazitätsauslastungen |

genaueres Bild der Realität wieder als Statistiken, die auf Grundlage von Fortschreibungen berechnet wurden. Die für die Fortschreibung verwendete Methode, bisherige Trends für die gegenwärtige oder zukünftige Situation hochzurechnen, beinhaltet eine hohe Unsicherheit hinsichtlich der Wiedergabe realer Verhältnisse. Je länger die als Berechnungsbasis genommene Primärerhebung zurückliegt und/oder je dynamischer die Entwicklungsprozesse des zu untersuchenden Sachverhaltes ausfallen, desto größer ist die Wahrscheinlichkeit, daß Fortschreibungsdaten nicht die tatsächliche Verteilung oder Entwicklung repräsentieren.

2. Wie sind die abgebildeten Erhebungsmerkmale und Erhebungseinheiten definiert?

Sollen Sekundärstatistiken für intertemporale Vergleiche Verwendung finden, muß sichergestellt sein, daß zu allen Zeitpunkten die Abgrenzung von Erhebungseinheiten und -merkmalen identisch ausfällt. Ansonsten ist die Vergleichbarkeit nicht gewährleistet. Das wäre z. B. dann der Fall, wenn sich – aufgrund von zwischenzeitlich durchgeführten Gebietsreformen – die Gebietsgröße der Erhebungseinheit „Gemeinde" verändert hat oder aber wenn Erhebungsmerkmale, wie z. B. die „Systematik der Wirtschaftszweige", neu klassifiziert wurden (vgl. *R. Hantschel, E. Tharun* 1980, S.32).

Bei interregionalen Vergleichen läßt es sich häufig nicht vermeiden, unterschiedliche sekundärstatistische Quellen zu verwenden. In diesen Fällen ist zu überprüfen, ob die zu vergleichenden Erhebungsmerkmale dieselben Informationsinhalte abbilden. So wäre es nicht sinnvoll, Arbeitslosenzahlen international zu vergleichen, wenn die landesspezifischen Sekundärstatistiken Arbeitslosigkeit unterschiedlich definieren: Arbeitslosigkeit = „keine Erwerbstätigkeit" in Land A und Arbeitslosigkeit = „weniger als einen Tag in der Woche erwerbstätig" in Land B.

Die notwendigen Informationen zur Entstehung der Statistiken sowie zum Informationsgehalt bzw. zur Abgrenzung der Erhebungseinheiten und -merkmale finden sich in der Regel im Erläuterungsteil der statistischen Veröffentlichungen. Sofern es sich um nichtamtliche und/oder unveröffentlichte Statistiken handelt, müssen die näheren Umstände der Datenerhebung und -zusammenstellung gegebenenfalls bei den dafür Verantwortlichen erfragt werden.

## 3.2 Primärerhebungen

Befragungen und Beobachtungen stellen in den empirischen Regionalwissenschaften die am häufigsten angewandten Methoden der Primärerhebung dar.

### *3.2.1 Befragungen*

Es können verschiedene Befragungsarten unterschieden werden:
– Nach der Befragungssituation ergibt sich eine Unterteilung in mündliche und schriftliche Befragungen.
– Hinsichtlich des Grades der Standardisierung, d. h. inwieweit Frage- und Antwortformulierungen, die Fragenreihenfolge und das Verhalten der interviewenden Personen festgelegt sind, lassen sich voll-, teil- und nichtstandardisierte Befragungen unterscheiden.

Durch Kombination beider Kriterien – Befragungssituation und Grad der Standardisierung – entsteht eine Vielzahl von unterschiedlichen Befragungsformen (vgl. Abb. IV. 8).

Die nachfolgenden Kapitel beinhalten die Beschreibung einer Auswahl der für die Wirtschafts- und Sozialgeographie gängigen Befragungsformen, ihre Anwendungsvoraussetzungen und Vorgehensweisen. Diese Informationen sollen als Entscheidungsgrundlage für die Wahl einer auf die zu untersuchende Problemstellung bzw. die zu prüfenden Hypothesen abgestimmten Methode der Datengewinnung dienen.

Die nach der Entscheidung für eine Datenerhebungsmethode erforderlichen Grundkenntnisse zur Erstellung eines entsprechenden Erhebungsinstruments, wie z. B. Kenntnisse zur Formulierung von Fragen und Antwortvorgaben, zu Frageformen, zur unterschiedlichen Funktion von Fragen oder auch zur Fragenanordnung, werden im daran anschließenden Abschnitt IV. 4 „Operationalisierung" behandelt.

### *3.2.1.1 Schriftliche, vollstandardisierte Befragung*

Der schriftlichen, vollstandardisierten Befragung liegt ein Fragebogen als Erhebungsinstrument zugrunde, der die Fragenreihenfolge sowie die Formulierung der Fragen und Antwortvorgaben genau festgelegt. Egal wer oder wieviele Personen den Fragebogen erhalten, jede Person soll sich mit einem identischen Erhebungsinstrument auseinandersetzen (Standardisierung). Eine Anpassung der Befragung an die individuelle Situation der Befragten ist nicht möglich.

*Anwendungsvoraussetzungen*
Grundsätzlich gilt, daß mit mündlichen Befragungen umfangreichere Informationen – sowohl quantitativ als auch qualitativ – abgefragt werden können als mit schriftlichen Erhebungsinstrumenten. Allerdings erfordert die Durchführung von mündlichen Formen der Befragung einen höheren finanziellen, zeitlichen und organisatorischen Aufwand. Die Entscheidung für eine schriftliche Befragungsform empfiehlt sich daher erst, wenn die zu befragende Zielgruppe so umfangreich ist, daß eine mündliche Befragung aus Zeit- und Kostengründen nicht in Betracht kommt. Andererseits muß es sich um eine hinsichtlich der Problemstellung und/oder in bezug auf die Kommunikationsstandards homogene Zielgruppe handeln. Diese Voraussetzung erscheint notwendig, da ein und derselbe Fragebogen ohne zusätzliche Erläuterungen – was bei mündlichen Befragungen durch den Interviewer bzw. die Interviewerin möglich wäre – für alle Befragten in bezug auf Wortwahl, Frageformulierung, Interessen und vorausgesetzte Erfahrungen gleichermaßen verständlich sein muß. Anderenfalls kann es zu gravierenden Mißverständnissen kommen, die die Befragungsergebnisse unbrauchbar machen. Ist die Zusammensetzung der zu befragenden Zielgruppe hinsichtlich sozialer und verbaler Standards zu heterogen, müssen mündliche Befragungsformen zum Einsatz kommen. Um Zeit- und Kostenbudget nicht zu überlasten, muß dann gegebenenfalls eine Einschränkung der Problemstellung erfolgen.

Schriftliche und mündliche Befragungen unterscheiden sich in einer Reihe weiterer Merkmale, die für die Wahl der Erhebungsmethode relevant sein können. Diese lassen sich folgendermaßen zusammenfassen (vgl. auch *H. J. Richter* 1970, S.29f und *J. Friedrichs* 1990, S. 237):

Vorteile von schriftlichen gegenüber mündlichen Befragungen:
– Befragung einer großen Zahl räumlich dispers lokalisierter Probanden ohne großen Zeit- und Kostenaufwand;
– keine Einflußnahme auf das Antwortverhalten durch einen Interviewer bzw. Interviewerin;

| Grad der Standardisierung | Befragungssituation | |
|---|---|---|
| | schriftlich | mündlich |
| vollstandardisiert | postalische Befragung<br>Verteilung und Abholung durch Bearbeiter/in bzw.<br>Verteilung und Annahme durch "zentrale Anlaufstellen" der Zielgruppe<br>Befragung in der Gruppe | Einzelinterview (einschl. Telefoninterview und Spontaninterview<br>Gruppeninterview |
| teilstandardisiert | Expertenbefragung | Leitfadengespräch (auch Intensiv- oder Tiefeninterview genannt)<br>Gruppeninterview |
| nichtstandardisiert | informelle Umfrage unter Experten | Experteninterview<br>narrative, situations-flexible Interview<br>Gruppendiskussion |

Abb. IV.8 Formen der Befragung
Quelle verändert nach K. *Wessel* (1987, S.22)

- stärkeres Durchdenken der Fragen und Antworten, da sich die Befragten so viel Zeit nehmen können, wie sie brauchen. Eine Ausnahme bilden schriftliche Gruppenbefragungen, da hier ein psychologischer Druck bestehen kann, sich dem Tempo der Gruppe anzupassen;
- größere Anonymität der Befragungssituation kann zu ehrlicheren Antworten führen.

Nachteile von schriftlichen gegenüber mündlichen Befragungen:
- niedrigere Rücklaufquote, da die Möglichkeit der Motivierung durch den Interviewer/die Interviewerin fehlt;
- unkontrollierbare Befragungssituation, da mögliche Einflüsse Dritter bei der Beantwortung nicht auszuschließen sind;
- fehlende Möglichkeit, Fragen zu erläutern oder sich zu vergewissern, daß die Fragen im Sinne der Forschenden verstanden wurden, was z. B. bei der mündlichen Befragung durch den Interviewer oder die Interviewerin erfolgen kann;
- Unkenntnis über die Art der Ausfälle, da unklar bleibt, ob der Fragebogen den Adressaten oder die Adressatin gar nicht erst erreicht hat, der Fragebogen zwar angekommen ist, aber nicht ausgefüllt wurde oder aber Beförderungsfehler bei der Rücksendung auftraten.


*Vorgehensweise*
Das Erhebungsinstrument
Da bei einer schriftlichen Befragung kaum Möglichkeiten bestehen, Hilfestellung für die Beantwortung der Fragen zu leisten, muß besonderer Wert darauf gelegt werden, daß sich der Fragebogen aus präzise, kurz und leicht verständlich formulierten Fragen zusammensetzt. Komplexe Fragen, wie z. B. Verhaltens-, Meinungs- und Einstellungsfragen, in offener Form gestellt, d. h. ohne Antwortvorgaben – die Befragten müssen ihre Antworten selber formulieren – eignen sich nicht für die schriftliche, vollstandardisierte Befragung. Auch komplizierte oder mehrfach hintereinander geschaltete Filterfragen, die einen Teil der Befragtengruppe herausfiltert, um diesen zusätzliche Fragen vorzulegen, während alle anderen den Fragenblock überspringen sollen, können – selbst bei guter graphischer Anordnung im Erhebungsinstrument – Verwirrung auslösen und zur Erhöhung der Ausfallquote (Anteil der nichtausgefüllten Fragebogen) beitragen.

Der Fragebogen einer schriftlichen, vollstandardisierten Befragung eignet sich insbesondere zur Erfassung objektiver Sachverhalte. Es kommen überwiegend geschlossene Fragestellungen zum Einsatz, d. h. die Antworten sind von den Befragten nicht selbst zu formulieren, sondern es wird ihnen ein Katalog von Antwortvorgaben vorgelegt, aus dem sie eine oder mehrere zutreffende Antworten auswählen. Obwohl die geschlossene Frageform für die schriftliche, vollstandardisierte Befragung die beste Eignung aufweist, sollte das Erhebungsinstrument trotzdem auch offene Fragen enthalten. Sie können sowohl dazu dienen, die nach einer Reihe von geschlossenen Fragen auftretende Ermüdung der Befragten zu verringern, als auch das Interesse der Forschenden an den Befragten zu signalisieren. Indem die Befragten die Möglichkeit erhalten, ausführlich ihre Meinung zum Ausdruck zu bringen, fühlen sie sich ernst genommen und sind eher bereit, den Fragebogen bis zum Ende auszufüllen.

Wieviele Fragen eine schriftliche, vollstandardisierte Befragung umfassen darf, läßt sich pauschal nicht beantworten. Grundsätzlich gilt, daß mit zunehmender Länge des Fragebogens die Antwortbereitschaft der Befragten abnimmt. Einfluß auf die Antwortbereitschaft nimmt aber nicht nur die objektive Länge des Fragebogens, sondern auch die von den Befragten empfundene Belastung durch das Ausfüllen des Fragebogens:

– Eine positive Einstellung der Befragten gegenüber dem Untersuchungsanliegen erhöht die Akzeptanz, so daß der Fragebogen durchaus umfangreicher ausfallen kann, ohne zu einer Verweigerungshaltung zu führen. Informationen über die durchzuführende Erhebung – z. B. durch ein Begleitschreiben zum Fragebogen (siehe unten) – helfen, die Zielgruppe auf die Befragung positiv einzustimmen und sind daher sehr sorgfältig abzufassen.
– Eine ansprechende Fragebogengestaltung kann entscheidend dazu beitragen, den Befragten die zeitliche Belastung vergessen zu lassen. Das Layout des Fragebogens sollte auf die Zielgruppe der Erhebung abgestellt sein: Farbwahl des Papiers, Schrifttypen, graphische Darstellung. Um den Befragten die Beantwortung so leicht wie möglich zu machen, sollte der Fragebogen übersichtlich gestaltet sein: lesbare Schriftgröße, großzügige Platznutzung, genügend Freiraum für offene Antworten, eindeutige Hinweise, in welchen Fällen welche Fragen zu überspringen sind. Von Codierungshinweisen innerhalb des Fragebogens ist abzuraten: sie erleichtern zwar die an die Erhebung anschließende

EDV-technische Datenaufbereitung, können aber die Befragten auch verwirren und abschrecken.

Das Begleitschreiben
Dem Fragebogen sollte unbedingt ein Anschreiben, das über die Umfrage informiert, beigelegt werden. Der Begleitbrief muß im wesentlichen folgende Punkte beinhalten (vgl. auch Musteranschreiben in Abb. IV. 9):

1. Nennung der für die Befragung Verantwortlichen: ggf. Institution, Name des Bearbeiters/der Bearbeiterin sowie vollständige Adresse einschließlich Telefonnummer für eventuelle Rückfragen.
Es wirkt sich förderlich auf die Antwortbereitschaft aus, wenn im Begleitschreiben die Unterstützung der Befragung durch eine Institution zum Ausdruck gebracht wird, die von den Befragten anerkannt ist und der sie eine positive Einstellung entgegenbringen.
So kann es etwa bei Betriebsbefragungen durchaus von Vorteil sein – im Sinne einer Erhöhung der Rücklaufquote –, mit den Industrie- und Handelskammern zusammenzuarbeiten. Allerdings muß vorab sichergestellt sein, daß die im allgemeinen positive Assoziation auch für die Betriebe des Befragungsgebietes zum Zeitpunkt der Befragung zutrifft. Sollten aufgrund von lokalen Besonderheiten Unstimmigkeiten zwischen den Betrieben und der zuständigen Industrie- und Handelskammer herrschen (z. B. aufgrund gerade erfolgter Beitragserhöhungen), kann sich die Nennung der Industrie- und Handelskammer als Mitorganisatorin sogar eher nachteilig auswirken.
2. Anrede der Befragten: Falls bekannt, sollte die Anrede namentlich erfolgen, da die persönliche Ansprache die Aufmerksamkeit gegenüber der Befragung erhöht. Ansonsten ist eine allgemeine Form der Anrede, wie z. B. „Sehr geehrte Damen und Herren", zu wählen. Wenn sich die Befragung an einen spezifizierten und sprachlich faßbaren Personenkreis wendet, sollte dies in der Ansprache zum Ausdruck kommen (z. B. „Sehr geehrter Kunde, sehr geehrte Kundin des Einkaufszentrums XY" für eine Kundenbefragung in einem Einkaufszentrum).
3. Nennung des Themas der Umfrage;
4. Hinweise auf die Relevanz und den praktischen Nutzen der Untersuchung: Welchen Zweck verfolgt die Untersuchung?

Landeshauptstadt Hannover　　　　　Deutsche Bundesbahn
Stadtplanungsamt　　　　　　　　　Bundesbahndirektion Hannover
Friedrichswall 4　　　　　　　　　　Postfach 180
3000 Hannover 1　　　　　　　　　　3000 Hannover 1


[*Adresse*]

Hannover, im Februar 1992

Betr.: **Bestandserfassung im Bereich des Südbahnhofs**

Sehr geehrte Damen und Herren,

die Landeshauptstadt Hannover beabsichtigt, für den Bereich des Südbahnhofs Konzepte einer zukünftigen Nutzung zu erarbeiten. Dabei sollen die bestehenden Strukturen sowie die Entwicklungsperspektiven und Wünsche vorhandener Betriebe besonders Berücksichtigung finden. Eine Aufnahme der aktuellen Situation der im Bereich des Südbahnhofs angesiedelten Betriebe soll die Grundlage für zukünftige Planungen bieten.

Die Landeshauptstadt Hannover und die Deutsche Bundesbahn haben deshalb die Abteilung Wirtschaftsgeographie beauftragt, Befragungen zur Erfassung von Merkmalen, Perspektiven und Wünsche vorhandener Betriebe durchzuführen. Wir bitten Sie, die Untersuchung durch das Ausfüllen des beigefügten Fragebogens zu unterstützen. Nur wenn sich alle Betriebe beteiligen, können zuverlässige Grundlagen für die Planung erarbeitet werden.

Ihre Angaben werden absolut vertraulich behandelt; es werden keine Einzelangaben veröffentlicht oder weitergegeben. Die Daten bilden die Grundlage zur Ableitung statistisch zusammengefaßter Ergebnisse, die keine Rückschlüsse auf einzelne Betriebe zulassen.

Bitte senden Sie den bearbeiteten Fragebogen in dem beiliegenden Freiumschlag bis zum **31. Januar 1992** an die Abteilung Wirtschaftsgeographie der Universität Hannover, Schneiderberg 50, 3000 Hannover 1 zurück. Für Rückfragen stehen Ihnen folgende Ansprechpartner gerne zur Verfügung:

　Universität Hannover, Abt. Wirtschaftsgeographie, PD Dr. Kulke, Tel: 762-4491
　Landeshauptstadt Hannover, Stadtplanungsamt, Herr Leukefeld, Tel: 168-4875
　Bundesbahndirektion Hannover, Abt. Immobilien, Herr Hinz, Tel: 128-4314

Wir möchten uns im voraus für Ihre Mitarbeit herzlich bedanken.

Mit freundlichen Grüßen

　Der Oberstadtdirektor　　　　　　　　　Bundesbahndirektion Hannover
　im Auftrage


Abb. IV. 9 Beispiel eines Begleitbriefs
Quelle: nach *E. Kulke* 1992d

Sofern es einen direkten Zusammenhang zwischen dem Thema der Umfrage, der Verwertung der Befragungsergebnisse und den Interessen der Befragten gibt, sollte eine Problemsituation, die den Befragten direkt betrifft, aufgegriffen und mit dem Hinweis verbunden werden, daß die Beteiligung an der Umfrage mithelfen kann, die Problemsituation zu beseitigen. Beispielsweise kann bei einer Untersuchung zur Wohnumfeldverbesserung (Gebäude- und Hinterhofsanierungen, Verkehrsberuhigung) im Begleitschreiben darauf hingewiesen werden, daß die Untersuchungsergebnisse dazu beitragen sollen, bestehende Fehlentwicklungen zu erkennen und zu beseitigen.
5. Formulierung eines Antwortappells: Die Hervorhebung der Bedeutung von jedem einzelnen, individuell ausgefüllten Fragebogen für das Gelingen der Untersuchung.
6. Zusicherung von Anonymität;
7. Erklärung, wie die Forschenden gerade an die Adresse des Befragten bzw. der Befragten gekommen sind.
8. Hinweis zur Rückgabe des ausgefüllten Fragebogens:
   - Bei Postversand: Nennung eines Rücksendetermins und der Rücksendeanschrift. Letzteres kann entfallen, wenn ein adressierter – und möglichst auch frankierter – Umschlag für die Rücksendung dem Fragebogen und Begleitschreiben beigelegt wird. Bei größeren Befragungen kann es allerdings kostengünstiger sein, wenn der Rückumschlag den Aufdruck „Gebühr bezahlt Empfänger" erhält. Zwar fallen die Stückkosten höher aus, da für die unfrei zurückgesandten Briefe mehr als für normale Briefe berechnet wird – jedoch beschränken sich die Kosten auf den tatsächlichen Rücklauf.
   - In allen anderen Fällen: Nennung, wann und wo die ausgefüllten Fragebogen abgeholt werden bzw. bis wann sie wo zurückgegeben werden können.
9. Anreiz für die Rücksendung: In den wenigsten Fällen reicht das Forschungsbudget aus, die Bereitschaft zur Beantwortung und Rücksendung eines Fragebogens durch die Teilnahme an einer Verlosung zu erhöhen. Vielfach läßt sich eine solche Vorgehensweise auch nicht mit der beabsichtigten Seriosität eines Forschungsprojekts in Einklang bringen. Um trotzdem einen gewissen Anreiz zur Mitarbeit zu bieten, empfiehlt es sich, den Befragten im Begleitschreiben anzubieten, sie nach Abschluß der Untersuchung – auf Wunsch – über die Ergebnisse zu informieren. Eine entsprechende Abfrage könnte dann am Ende des

Fragebogens erfolgen. Da bei Interesse, die Angabe der Adresse erforderlich ist, sollte an dieser Stelle ein nochmaliger Hinweis auf die anonyme Auswertung der Daten nicht fehlen.
10. Dank für die Mitarbeit;
11. Unterschrift von den für die Umfrage Verantwortlichen.

Der Begleitbrief sollte die beschriebenen Aspekte in klaren und präzisen Formulierungen wiedergeben, allerdings ohne zu sehr ins Detail zu gehen. Je detaillierter die Darstellung der Informationen ausfällt, um so eher finden die Befragten konkrete Ansatzpunkte, der Aufforderung zur Beteiligung an der Befragung zu widersprechen. Die Abfassung des Begleitschreibens stellt eine Gratwanderung zwischen „soviel Informationen wie nötig" und „so wenig Informationen wie möglich" dar.

Ebenso wie der Fragebogen sollte der Begleitbrief nicht zu umfangreich ausfallen. Er sollte eine DIN-A4-Seite nicht überschreiten.

Um zu verhindern, daß Begleitschreiben und Fragebogen getrennt werden – was nach Öffnen der Briefsendung schnell passieren kann, wenn der Fragebogen, wie in der Regel der Fall, nicht gleich ausgefüllt wird – empfiehlt es sich, einen DIN-A3-Bogen, auf DIN-A4-Format gefaltet, zu verwenden. Es stehen dann vier, miteinander verbundene DIN-A4-Seiten zur Verfügung, von denen die erste das Anschreiben beinhalten kann.

Zeitpunkt und zeitlicher Verlauf der Erhebung
Untersuchungen haben gezeigt, daß bei Haushaltsbefragungen die meisten Fragebogen am Wochenende ausgefüllt werden. Für Haushaltsbefragungen läßt sich daher eine höhere Rücklaufquote erzielen, wenn der Versand der Erhebungsunterlagen donnerstags oder freitags erfolgt. Im Rahmen von Betriebsbefragungen ist dagegen ein größerer Rücklauf zu erwarten, wenn der Fragebogen die Adressaten eher in der ersten Wochenhälfte erreicht.

Zwischen Versand der Fragebogen und angegebenen Rücksendetermin sollten in der Regel möglichst nicht mehr als zwei Wochen liegen. Die Erfahrung zeigt, daß wenn in den ersten beiden Wochen keine Reaktion erfolgte, die Befragten dann entweder nicht gewillt sind, an der Befragung teilzunehmen – auch ein längerer Zeitraum für die Beantwortung würde sie nicht umstimmen –, oder aber die Befragung in Vergessenheit geraten ist bzw. die Erhebungsunterlagen nicht mehr auffindbar sind. Um Ausfälle durch die beiden zuletzt genannten Fälle zu reduzieren, hat es sich bewährt, nach Ablauf der ersten Woche ein freundliches Erinnerungsschreiben zu verschicken. Sollte trotz dieses Erinnerungsschreibens die Rücklaufquote noch nicht zufriedenstellend ausfallen, sollte eine zweite Erinnerung, der ein weiterer Fragebogen beigefügt ist, erfolgen. Um den Anspruch der Anonymität zu gewährleisten, sollte beiden Schreiben jedoch nicht der Hinweis fehlen, daß die Erinnerungsschreiben an alle Befragten verschickt wurden und sie ausschließlich für jene Probanden gelten, die ihren Fragebogen noch nicht zurückgesandt haben, während alle anderen das Schreiben als gegenstandslos betrachten können.

Vorbereitung der Erhebungssituation
Die Teilnahmebereitschaft an einer Umfrage erhöht sich, wenn die zu befragenden Personen – auch aus verschiedenen Quellen – von der bevorstehenden Erhebung bereits gehört oder gelesen haben. Es empfiehlt sich daher, soweit es im Rahmen der geplanten Untersuchung sinnvoll und durchführbar ist, die Befragung vorher anzukündigen, wie z. B. durch:
– Direktes Anschreiben der Befragten 2 bis 3 Tage vor Versand der Erhebungsunterlagen. Der Inhalt der Vorankündigung sollte die im Begleitschreiben genannten Aspekte umfassen, aber nicht identisch formuliert sein.
– Mitteilungen an die Medien (z. B. Presse, Verbandsorgane). Der Sinn dieser Vorgehensweise liegt darin, Interesse für die bevorstehende Untersuchung zu wecken. Der Beitrag sollte daher möglichst mit einem aktuellen Aufhänger oder Anknüpfungspunkt – gegebenenfalls mit regionalem Bezug – einleiten, um die Leser und Leserinnen nicht nur persönlich anzusprechen, sondern sie auch neugierig zu machen und damit ihre Bereitschaft zur Teilnahme an der Befragung zu erhöhen.
Ansonsten gilt auch für Medienmitteilungen, daß die im Begleitschreiben enthaltenen Grundinformationen nicht fehlen dürfen.

Versandart
Um den zu befragenden Personen den Fragebogen zuzustellen, stehen grundsätzlich drei Möglichkeiten zur Verfügung:
1. Postversand: Voraussetzung für das Versenden der Fragebogen per Post ist das Vorhandensein einer aktuellen Adressenliste. Bei Haushaltsbefragungen kann das Einwohnermeldeamt weiterhelfen. Allerdings ist die Zusammenstellung einer Adressenliste

durch das Einwohnermeldeamt kosten- sowie zeitaufwendig und setzt voraus, daß eine Unbedenklichkeitsbescheinigung hinsichtlich der Beachtung der geltenden Datenschutzgesetze erwirkt wird. Die Beantragung der Genehmigung muß bei einer dem Einwohnermeldeamt übergeordneten Behörde erfolgen. Aus dem Antrag sollte ersichtlich sein, daß die Durchführung des Forschungsprojekts öffentlichem Interesse entspricht, daß die vom Einwohnermeldeamt zur Verfügung gestellten Daten ausschließlich für wissenschaftliche Zwecke und nur im Rahmen einer benannten Untersuchung Verwendung finden und daß die veröffentlichten Forschungsergebnisse keinen Rückschluß auf einzelne Personen zulassen.

Als Alternative zum Einwohnermeldeamt als Quelle für die Anschriftenliste ist zu prüfen, ob eine Zusammenstellung der Adressen auch anhand von Telefonbüchern erfolgen kann. Voraussetzung hierfür ist ein hoher Versorgungsgrad der Bevölkerung mit Telefonanschlüssen, da sonst die Nichtberücksichtigung einer spezifischen Merkmalsgruppe – Haushalte ohne Telefon finden sich tendenziell eher in ländlichen Räumen und/oder gehören niedrigen Einkommensgruppen an (Ausnahme: Systemtransformationsländer einschließlich des Territoriums der ehemaligen DDR) – zu einer systematischen Verzerrung der Untersuchungsergebnisse führt. Für Gebiete, in denen über 95% aller Haushalte über einen Telefonanschluß verfügen, wie z. B. in der alten Bundesrepublik, in der die Anschlußdichte 1994 je nach Haushaltstyp zwischen 95,4% und 99,8% lag (Statistisches Bundesamt 1995b, S. 543f), ergeben sich kaum Verzerrungseffekte, wenn Telefonbücher bzw. Telefonverzeichnisse auf CD-ROM (auch für Deutschland erhältlich) als Quelle für Adressenzusammenstellungen zum Einsatz kommen.

Um geeignetes Adressenmaterial für Betriebsbefragungen zusammenzustellen, kann es hilfreich sein, eine Datenbankrecherche im Firmen-Informations-System (FIS) der Industrie- und Handelskammern durchführen zu lassen. Das System ermöglicht eine Adressenzusammenstellung nach verschiedenen Suchkriterien, wie z. B. Betriebsgröße nach Beschäftigten oder Umsatzzahlen, Branchenzugehörigkeit oder Exporttätigkeit. Allerdings ist die Durchführung einer FIS-Recherche in der Regel kostenpflichtig.

Ebenso möglich ist die Beschaffung von Adressen über Branchenbücher (wie z. B. Wer liefert was (1994), Seibt-Industrie-

katalog (1995)) oder über Mitgliederverzeichnisse von Industrie- und Handelsverbänden (wie beispielsweise vom Verband Deutscher Maschinen- und Anlagenbauer (VDMA) (1991) oder vom Zentralverband Elektrotechnik- und Elektronikindustrie (ZVEI) (1994)), die teilweise auch bereits auf CD-ROM vorliegen. Allerdings gewährleisten diese Quellen keine Vollständigkeit und die Aktualität des Adreßmaterials ist vorab zu überprüfen. Einen guten Überblick über die bestehende Verbandsstruktur – z. T. auch über regionale Zusammenschlüsse –, Verbandsadressen und Veröffentlichungsorgane gibt der „Hoppenstedt" (1995) – ein Nachschlagewerk, das jährlich mit einer Neuauflage erscheint.
2. Verteilung und Abholung durch die Bearbeiter bzw. Bearbeiterinnen: Steht das Adressenmaterial der zu befragenden Zielgruppe nicht zur Verfügung, können die Fragebogen mittels Hauswurfsendungen verteilt und anschließend von den Befragten per Post zurückgesandt werden.
3. Verteilung und Rücknahme durch „zentrale Anlaufstellen" der Zielgruppe: Der mit der Verteilung und Abholung der Fragebogen verbundene Personalaufwand läßt sich vermeiden, wenn sogenannte „zentrale Anlaufstellen" der Zielgruppe ausfindig gemacht werden können, wo die Probanden den Fragebogen erhalten und die ausgefüllten Unterlagen auch wieder abgeben können.
Beispiel (vgl. *J. Baldermann* 1976): Bei Untersuchungen zum Wanderungsverhalten wurden in Zusammenarbeit mit den Einwohnermeldeämtern ( = zentrale Anlaufstelle der Zielgruppe) die Fragebogen von den Behördenmitarbeitern und -mitarbeiterinnen an alle Personen, die sich an- oder abmeldeten, mit der Bitte überreicht, sie an Ort und Stelle auszufüllen und in die bereitstehenden Urnen (Anonymität!) zu werfen.

Die Erfahrungen zeigen, daß Erhebungen über den postalischen Weg gegenüber Hauswurfsendungen, insbesondere denen, die vorsehen, daß die ausgefüllten Unterlagen auch wieder abgeholt werden, einen höheren Rücklauf verzeichnen. Mit dem Postversand verbindet die Mehrzahl der Befragten offensichtlich einen höheren Grad an Anonymität. Für die Vorgehensweise „Verteilung und Rücknahme durch zentrale Anlaufstellen" konnte bislang im Vergleich zum Postversand noch keine signifikant geringere Teilnahmebereitschaft festgestellt werden.

### Pretest

Ist die Erhebung erst einmal durchgeführt, besteht kaum mehr die Möglichkeit, Konzeptionsfehler, die die Brauchbarkeit der Untersuchungsergebnisse beeinträchtigen können, zu korregieren. Daher sind sowohl der Fragebogen als auch das Begleitschreiben und die Vorankündigung hinsichtlich ihrer Verständlichkeit vor der Durchführung der Erhebung durch ausgewählte Testpersonen zu prüfen.

Auftretende Mängel, wie z. B. ungeschickte oder unklare Formulierungen im Begleitbrief, mißverständliche oder aufgrund der Länge und/oder komplizierten Formulierung ermüdende Fragestellungen, unklare Antwortvorgaben, Unübersichtlichkeit von Filterführungen oder zuviele Fragen sowie auch ein ungünstiger Erhebungszeitpunkt, können an dieser Stelle noch mit geringem Aufwand behoben werden (vgl. auch *C. J. Dixon, B. Leach* 1979, S. 46f). Der Pretest kann seine Funktion allerdings nur dann erfüllen, wenn er unter ähnlich realistischen Bedingungen wie die eigentliche Erhebung durchgeführt wird. Die Auswahl der Testpersonen muß aus der zu befragenden Zielgruppe erfolgen; es genügt nicht, den Fragebogen – wie häufig der Einfachheit halber praktiziert – im Bekanntenkreis testen zu lassen. Der Umfang des Pretests sollte in etwa einem Prozent der angestrebten Stichprobengröße entsprechen.

Als Grundlage des Pretests findet ausschließlich das von den Forschenden vollständig ausgearbeitete Erhebungsinstrument Verwendung. Für die Testpersonen ist es unzumutbar, vorläufige „Arbeitsversionen" einzusetzen, in der Hoffnung, daß die Probanden bei der Lösung bestehender Unklarheiten auf Seiten der Forschenden, beispielsweise hinsichtlich der Auswahl der Fragentypen, der Frageformulierung oder der zu verwendenden Antwortkategorien, Hilfestellung leisten.

Nur die wenigsten der zu prüfenden Aspekte lassen sich direkt aus den beantworteten Pretest-Fragebogen bewerten. Allerdings liefern sie erste Hinweise auf Korrekturbedarf. Beispielsweise sollte bei einer Häufung von Antwortverweigerungen bei einer Frage, nochmals ihre Notwendigkeit für die Untersuchung überprüft und sie gegebenenfalls weggelassen oder aber neuformuliert werden; die Konzentration der Antworten auf die Extrema einer vorgegebenen Skala bei Intensitätsfragen kann darauf hinweisen, daß die Skalenwerte mögliche Abstufungen für den Untersuchungszweck nicht genau genug erfassen und daher neu zu definieren sind.

Um eine umfassende Bewertung der Pretest-Ergebnisse vorzunehmen, läßt es sich in der Regel allerdings nicht vermeiden, die Testpersonen hinsichtlich *ihrer* Einschätzung der Verständlichkeit des Fragebogens zu interviewen. Führt der Pretest zu einer grundlegenden Überarbeitung des Erhebungsinstruments, ist die Brauchbarkeit des veränderten Fragebogens durch einen weiteren Pretest zu überprüfen.

### 3.2.1.2 Schriftliche, teil- und nichtstandardisierte Befragung

Neben der schriftlichen, vollstandardisierten Befragung gibt es die teilstandardisierte Befragungsform (Expertenbefragung) und die nichtstandardisierte Befragung (informelle Umfrage unter Experten) (vgl. auch Abb. IV.8). Beide Befragungstypen zeichnen sich durch einen zunehmenden Anteil an offenen Fragen aus und eignen sich daher, bisher noch unbekannte Problemzusammenhänge zu klären und zu strukturieren.

Die Vorgehensweise unterscheidet sich nicht grundsätzlich von den für die schriftliche, vollstandardisierte Befragung beschriebenen Untersuchungsschritten. Hinsichtlich der Anwendung ist allerdings zu beachten, daß teil- oder nichtstandardisierte Befragungen gegenüber standardisierten Erhebungen aufgrund der erweiterten Frage- und Antwortmöglichkeiten zahlreichere und detailliertere Informationen ermöglichen – wenngleich sich mit der Durchführung in der Regel ein höherer Zeit-, Kosten- und organisatorischer Aufwand verbindet.

### 3.2.1.3 Mündliche, vollstandardisierte Befragung

Beim Interview treten Forschende und Befragte entweder direkt oder über einen Interviewer/eine Interviewerin in Kontakt. Inwieweit die mündliche Befragung einer alltäglichen Gesprächssituation ähnelt, hängt vom Grad der Strukturierung (Festlegung der Themen- und Fragenanordnung sowie der Frageformulierung) und vom Grad der Standardisierung (Festlegung von Anwortvorgaben) des Erhebungsinstruments ab (vgl. Abb. IV. 8): das Leitfadengespräch, auch Intensiv- oder Tiefeninterview genannt, und das Expertengespräch überlassen – einem Alltagsgespräch nicht unähnlich – sowohl den interviewenden Personen als auch den Befragten einen großen Bewegungsspielraum, während das Interview im engeren Sinne eine vollstrukturierte und vollstandardisierte Befragung meint.

*Anwendungsvoraussetzungen*
Das Interview bietet gegenüber der schriftlichen, vollstandardisierten Befragung den entscheidenden Vorteil, daß auch sogenannte „schwierige Fragen", wie z. B. Verhaltens- und Meinungsfragen in offener Form, d. h. ohne Antwortvorgaben, oder auch mehrfach hintereinander geschaltete Filterfragen (vgl. Kap. IV.4.3) gestellt werden können. In diesen Fällen kann der Interviewer/die Interviewerin die Aufgabe übernehmen, Erläuterungen zu geben bzw. sich zu vergewissern, daß die Fragen im Sinne der Forschenden verstanden wurden. Allerdings erfordert die Durchführung von Interviews einen erheblichen Aufwand an Zeit, Kosten und Organisation für z. B. die Terminabsprache mit den Probanden, die Schulung und gegebenenfalls Bezahlung der Interviewer/Interviewerinnen oder der Fahrkosten für möglicherweise lange Anfahrtswege zu den zu interviewenden Personen.

Bei der Abwägung zwischen Interview und schriftlicher, vollstandardisierter Befragung sollten auch folgende Aspekte Berücksichtigung finden (vgl. auch *H. J. Richter*, S.30f sowie *J. Friedrichs* 1990, S. 207ff):
– Umfang der Befragung
  Interviews bieten die Möglichkeit, ein umfangreicheres Erhebungsinstrument zu verwenden, da die Interviewer und Interviewerinnen die Befragten zur Beantwortung der Fragen und zum „Weitermachen" motivieren können;
– Ausfälle
  Während bei schriftlichen Befragungen der Grund für die Nicht-Teilnahme an der Umfrage unklar bleibt, liefern mündliche Befragungen genauere Kenntnisse über die Art der Ausfälle: Liegt beispielsweise kein Rücklauf vor, weil die Zielperson nicht erreicht wurde – aufgrund einer fehlerhaften Adresse oder weil sie zum verabredeten Zeitpunkt nicht angetroffen wurde – oder handelt es sich um einen „echten Ausfall", d. h. die Zielperson hat die Teilnahme an der Befragung verweigert?
– „Richtige" Antworten
  Die mangelnde Anonymität durch die persönliche Befragungssituation erhöht bei Interviews die Gefahr von Antwortverzerrungen.
– Kontrollierbarkeit der Befragungssituation
  Auch bei mündlichen Befragungen bleibt die Befragungssituation unkontrollierbar. Zwar kann die Befragungsatmosphäre, u. a. die Anwesenheit Dritter, erfaßt werden, zusätzlich übt aber der Interviewer/die Interviewerin bewußt und/oder unbewußt Einfluß

auf das Antwortverhalten der Befragten aus, z. B. über den äußeren Eindruck, über das Sprachverhalten, über nonverbale Artikulationen („mhm") sowie über Mimik und Gestik (vgl. Abb. IV.10).

Auch Nachlässigkeiten der Interviewer/Interviewerinnen sind nicht auszuschließen, die sich in einer selektiven Auswahl der protokollierten Antworten äußern können: Sobald ein bestimmtes Stichwort fällt, das bei vorherigen Interviews öfter mit ein und demselben Kontext verbunden wurde, ist die Gefahr groß, daß die Aufmerksamkeit nachläßt und eine automatische Zuordnung der Antwort in den bereits bekannten Kontext erfolgt, auch wenn das nicht der Aussageintention der befragten Person entspricht.

*Vorgehensweise*
Das Erhebungsinstrument
Dem Interview liegt ein Erhebungsbogen zugrunde, der die Themen- und Fragenfolge, die Frageformulierung sowie zum größten Teil auch die Antwortmöglichkeiten (geschlossene Fragen) festlegt. Er ähnelt einem standardisierten Fragebogen einer schriftlichen Erhebung, bietet ihm gegenüber aber den Vorteil, daß er über das Abfragen objektiver Sachverhalte hinausgehende „komplexe Fragen" beinhalten kann.

Anstelle des bei der schriftlichen, standardisierten Befragung verwendeten Begleitbriefs tritt eine sogenannte „Vorstellungsformel", mit der der Interviewer bzw. die Interviewerin die Befragten in die Gesprächssituation einführt. Sie setzt sich im wesentlichen aus denselben Inhalten zusammen wie das Begleitschreiben.

An den graphischen Aufbau des Fragebogens sind erhöhte Ansprüche zu stellen. Das Layout muß vor allem folgenden Anforderungen genügen:
1. Übersichtlichkeit für den Interviewer bzw. die Interviewerin, d. h. es muß möglich sein, schnell zu erkennen, welche Frage als nächste zu stellen ist bzw. welche Fragen zu überspringen sind (Filterführung; vgl. auch Kap. IV.4.3), ob die Antwortalternativen vorzulesen oder in Form einer Liste vorzulegen sind, ob es die Möglichkeit für Mehrfachnennungen gibt, d. h. auf eine Frage mehrere Antwortnennungen erlaubt sind.
Wichtig erscheint in diesem Zusammenhang auch, daß eine eindeutige, auf Anhieb erkennbare Unterscheidung zwischen zu stellenden Fragen, zu sprechendem Text – wie Einführung,

## 3. Analyseverfahren – Datengewinnung

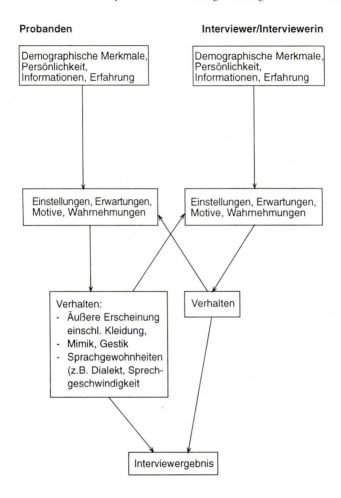

Abb. IV.10  Das Interview als interdependente Interaktion
Quelle: verändert und ergänzt nach *J. Friedrich* (1990, S.218)

Themenüberleitungen, Definitionen und Erläuterungen – sowie Anweisungen an den Interviewer bzw. die Interviewerin stattfindet, so daß keine Zeitverzögerungen auftreten, die die Gesprächssituation stören könnten.
2. Eindeutigkeit der Antwortmarkierungen bei geschlossenen Fragen und ausreichend Freiraum zum Eintragen der von den Befragten selbst zu formulierenden Antworten bei offenen Fragestellungen.
3. Leichte Übertragbarkeit der Antworten in codierte Werte für die EDV-gestützte Datenverarbeitung. Eine große Zeitersparnis ergibt sich, wenn bereits während des Interviews die Antworten auf die geschlossenen Fragen in der später für die Datenverarbeitung zu verwendenden codierten Form protokolliert werden.

Ein Muster für einen Interview-Fragebogen, der den genannten Anforderungen genügt, zeigt Abb. IV. 11:
In der ersten Spalte steht die Frage, durchlaufend numeriert. Um die Codierung zu erleichtern, erhalten auch Unterfragen eine eigene Nummer.
Alle Anweisungen für den Interviewer bzw. die Interviewerin, die sich auf eine Frage beziehen (Hinweise auf Antwortlisten, Definitionen, Erläuterungen), finden sich nachgestellt und in Versalien gedruckt.
In der nächsten Spalte befinden sich die Antwortvorgaben, an die sich eine Spalte mit der Variablennummer sowie der Codierung der Variablenausprägungen (Antwortvorgaben) anschließt. Zur Erleichterung der EDV-technischen Datenerfassung kringelt der Interviewer/die Interviewerin die entsprechende Codeziffer der gegebenen Antwort ein. Die daran anschließende, letzte Spalte enthält die Filterführung: Die dort angegebene Ziffer gibt an, mit welcher Frage das Interview – in Abhängigkeit von der gegebenen Antwort – fortzusetzen ist.
Einleitungs- und Überleitungstext heben sich besonders hervor, wenn sie im Fettdruck, die gesamte Seitenbreite nutzend, über alle Spalten abgedruckt sind.

Zur besseren Kontrolle und Einordnung der Interviewergebnisse sollte jeder Interview-Fragebogen mit einigen Angaben zur durchgeführten Befragung abschließen:
– Name des Interviewers bzw. der Interviewerin;
– Tag des Interviews;

- Länge des Interviews: Es empfiehlt sich, nicht nur die Länge in Minuten, sondern die Uhrzeit von Beginn und Ende des Interviews (von ... bis ... Uhrzeit) zu erfassen. Wenn es sich um Spontaninterviews handelt (z. B. Passantenbefragungen von nur kurzer Dauer) ist zumindest die volle Stunde, in der die Interviews erfolgen, festzuhalten.
- Anwesenheit Dritter, um einen möglichen Einfluß auf das Antwortverhalten kenntlich zu machen.
- Ort der Befragung, sofern nicht einheitlich (z. B. Arbeitsplatz, Wohnung oder Ausgang X, Y oder Z eines Einkaufszentrums) sowie
- bei Außerhaus-Befragungen – in der Regel Spontanbefragungen – die Witterungsverhältnisse. Z. B. kann eine niedrige Teilnahmebereitschaft daran liegen, daß es an dem Befragungstag regnerisch und stürmisch war.

Die Länge des Interviews hängt von der Problemstellung, dem zur Verfügung stehenden Zeit- und Kostenrahmen, der Zahl der durchzuführenden Interviews, der Zahl der Interviewer und Interviewerinnen sowie der zu befragenden Zielgruppe ab. Während einige Autoren eine Zeitbegrenzung des Interviews von 30 bis 60 Minuten vorsehen (vgl. *R. Schnell* et al 1993, S.356 und *J. Friedrichs* 1990, S. 214), schätzen *F. J. Fowler* (1984, S. 105) und *E. K. Scheuch* (1973, S. 93) aufgrund ihrer Forschungspraxis auch Beantwortungszeiträume bis zu 1,5 Stunden als nicht problematisch ein. Auch hier gilt – wie bei der schriftlichen, standardisierten Befragung: je interessanter sich das Interview für die Befragten gestaltet, desto weniger nehmen sie die objektive Dauer der Befragung wahr und desto länger hält die Antwortbereitschaft vor. Während bei der schriftlichen, standardisierten Befragung die Motivierung zur Beantwortung ausschließlich durch das Begleitschreiben und das Erhebungsinstrument erfolgt, kann beim Interview ein erheblicher Teil der Motivationsförderung – individuell auf die Befragten abgestellt – vom Interviewer bzw. von der Interviewerin übernommen werden.

Schulung der Interviewer und Interviewerinnen
Bei der mündlichen Befragung übernimmt der Interviewer/die Intervierin die Aufgabe, die Verbindung zwischen den Forschenden und ihren Interessen auf der einen und den zu Befragenden und ihrer Alltagswelt auf der anderen Seite herzustellen. Eine sorgfältige

# IV. Erstellung eines Untersuchungsplans

| Frage | Antwort | Code | Filter |
|---|---|---|---|

**Nachdem ich Sie zu den Faktoren befragt habe, die für die Standortentscheidung ausschlaggebend waren, geht es nun darum, wie Sie den Standort Ihres Betriebes heute einschätzen.**

25. Bitte nennen Sie die beiden
    wichtigsten Vorteile des
    jetzigen Standortes:

    1..............................
    ..................................
    ..................................
    2..............................
    ..................................
    ..................................

26. Welches sind die Nachteile dieses Standortes?

    Bitte bewerten Sie die nachfolgenden Standortfaktoren für Ihren Standort anhand einer Skala (*Skala vorlegen*) von „sehr nachteilig", „nachteilig" bis „weniger nachteilig".
    Falls für einen Standortfaktor die Klassifizierung als Nachteil nicht zutrifft, sagen Sie es mir bitte. Er muß dann nicht in die Skala eingeordnet werden. (*Liste der zu bewertenden Standortfaktoren vorlegen*)

---

| | | |
|---|---|---|
| - Mangel an ausgebildeten Arbeitskräften | sehr nachteilig | 3 |
| | nachteilig | 2 |
| | weniger nachteilig | 1 |
| | nicht nachteilig | 0 |
| - zu hohe Löhne | sehr nachteilig | 3 |
| | nachteilig | 2 |
| | weniger nachteilig | 1 |
| | nicht nachteilig | 0 |
| - Mangel an nicht-qualifizierten Arbeitskräften | sehr nachteilig | 3 |
| | nachteilig | 2 |
| | weniger nachteilig | 1 |
| | nicht nachteilig | 0 |

(hier: nur Auszug aus der Liste möglicher Standortfaktoren)

| Frage | Antwort | Code | Filter |
|---|---|---|---|
| 27. Wie zufrieden sind Sie mit diesem Standort? | sehr zufrieden<br>zufrieden<br>unzufrieden | 1<br>2<br>3 | |

**Wie sehen die Zukunftspläne für diesen Betrieb aus?**

| | | | |
|---|---|---|---|
| 28. Wollen Sie diesen Standort unverändert beibehalten? | Ja<br>Nein | 1→<br>2 | Fr.32 |
| 29. Wie sehen Ihre Pläne aus? | Expansion am Ort<br>Standortverlagerung<br>Schließung<br>Sonstiges:................<br>...................................... | 1→<br>2<br>3→<br><br>→ | Fr.31<br><br>Fr.31<br><br>Fr.31 |
| 30. Wohin soll die Standortverlegung erfolgen? Bitte nennen Sie das Bundesland und die Stadt bzw. den Kreis. | Bundesland:...............<br>Stadt/Kreis:............... | | |
| 31. Welches ist der wichtigste Grund für Ihre Entscheidung? | ......................................<br>......................................<br>......................................<br>...................................... | | |

Abb. IV. 11 Muster für das Layout eines Interview-Fragebogens: Auszug aus einem Erhebungsbogen für eine Betriebsbefragung
Quelle: verändert nach *K: Wessel 1991, S. 176f*

Vorbereitung der Interviewer und Interviewerinnen auf ihre Aufgabe ist daher zwingend notwendig. Die Schulung sollte in jedem Fall folgende Bereiche beinhalten (vgl. auch *R. Schnell* et al 1993, S. 357f und *J. Friedrichs* 1990, S. 214):

1. Erläuterung des Forschungsvorhabens von der Fragestellung über die Zielsetzung bis hin zur Vorgehensweise in allgemein verständlicher Form;
2. Vorstellung des Erhebungsinstruments:
   a) inhaltlich, d. h. Erklärung der einzelnen Themenblöcke sowie einzelner Fragestellungen, Antwortvorgaben und möglicher Definitionen;
   b) formal, d. h. Erklärung, wie der Fragebogen auszufüllen ist: wo und wie ausgewählte Antwortvorgaben zu markieren sind, wie frei formulierte Antworten protokolliert werden, wie die Filterführung gekennzeichnet ist.
3. Hinweise zur ersten Kontaktaufnahme mit den zu Befragenden;
4. Trainieren des nach erfolgreicher Kontaktaufnahme erforderlichen „Einleitungstextes", der die Vorstellung des Interviewers/der Interviewerin sowie die auftraggebende Institution, das Thema der Untersuchung sowie den Zweck der Umfrage enthalten sollte, wobei darauf zu achten ist, den Bezug zu den Befragten deutlich herauszustellen;
5. Erläuterung und Einübung von Verhaltensregeln während der Gesprächssituation, insbesondere auch hinsichtlich des nonverbalen Verhaltens.

Die Fachliteratur unterscheidet in Abhängigkeit von der Art der Gesprächsführung drei Interviewtypen: das weiche, das neutrale und das harte Interview (vgl. *P. Atteslander* 1995, S. 164ff). Die Anwendung der von *E.* und *N. Maccoby* (1974) formulierten, abgeschwächten Form eines neutralen Interviews scheint sich in der empirischen Forschungspraxis durchzusetzen (vgl. *P. Atteslander* 1995, S. 166f und *R. Schnell* et al 1993, S. 331).

Demnach sollte sich „der Interviewer bis zu einem gewissen Grade zurückhalten...; er sollte einen seriösen Eindruck machen und deutlich werden lassen, daß er das Interview ernst nimmt. Gleichzeitig sollte er keinen zu steifen Eindruck machen: es ist von größter Wichtigkeit für den Interviewer, ein echtes Interesse an dem zu zeigen, was der Befragte sagt. In seinen Reaktionen muß sich der Interviewer in engen Grenzen halten – es ist sogar ein Grundprinzip jeder Befragung, daß der Interviewer versuchen muß, seine eigene Einstellung zum Untersuchungsgegenstand zu

verbergen. Er darf auch kein Befremden oder Mißbilligung über irgend etwas zeigen, was der Befragte sagt, und auch nicht enthusiastisch nicken, wenn der Befragte die eigenen Ansichten des Interviewers zum Ausdruck bringt. Wenn dieser jedoch sogar dann völlig unempfindlich und neutral bleibt, wenn der Befragte ihn offensichtlich herausfordern will, so wird die natürliche Gesprächsatmosphäre des Interviews zerstört werden und der Kontakt wird darunter leiden. Es hat sich als ein wirksamer Kompromiß herausgestellt, daß der Interviewer eine Haltung freundlichen Gewährenlassens annimmt. Er lacht über die Witze des Befragten, er macht Ausrufe, wenn der Befragte etwas sagt, das offensichtlich Erstaunen erregen soll..., macht unterstützende Bemerkungen.... Er vermeidet jedoch gewissenhaft eine direkte Zustimmung oder Ablehnung der Einstellung des Befragten...." (*E. Maccoby/N. Maccoby* 1974, S.63).
Zu den nonverbalen Verhaltensweisen während des Interviews gehört auch das Schweigen, das häufig wenig Beachtung findet, aber durchaus geeignet ist, die Befragungsatmosphäre positiv zu beeinflußen: „So sollte der Interviewer vor allem in der Lage sein, dem Befragten zuzuhören, d. h. diesen weder bei seiner Antwort zu unterbrechen, noch ihm durch irgendwelche Gesten Ungeduld anzuzeigen" (*P. Atteslander/M. Kopp* 1995, S. 169).
Selbstverständlich sollte der Hinweis auf eine der zu befragenden Zielgruppe angemessene Bekleidung und ein entsprechendes Auftreten nicht fehlen.
6. Organisatorische Hinweise
   – zum Befragungszeitraum und zum Abgabetermin für die Interviewergebnisse;
   – zur Zahl der pro Interviewer bzw. Interviewerin durchzuführenden Befragungen. Es sollten möglichst nicht mehr als 10 Interviews von einer Person durchgeführt werden, da sich sonst die Gewöhnungs- und Lerneffekte bei den Interviewern und Interviewerinnen nachteilig auf die Befragungsergebnisse auswirken.
   – zur Häufigkeit von Wiederholungsbesuchen, wenn niemand angetroffen wurde (in der Regel nicht mehr als zwei);
   – zum Verfahren, wann und wie Ausfälle durch andere Zielpersonen/Adressen zu ersetzen sind;
   – zu Adressen bzw. Telefonnummern für eventuelle Rückfragen der Interviewer/Interviewerinnen oder der Probanden.

Vorbereitung der Erhebung
Für jede Befragung – so auch für das Interview – gilt, daß sich die Teilnahmebereitschaft der Zielgruppe erhöht, wenn sie bereits vorab über die bevorstehende Umfrage informiert wurde. Dies kann in erster Linie über direktes Anschreiben der zu befragenden Personen erfolgen (zur Gestaltung des Inhalts siehe Kap. IV. 3.2.1.1).

Eine direkte Kontaktaufnahme vor der eigentlichen Befragung läßt sich bei der Durchführung von Interviews in der Regel nicht vermeiden, da mit den Probanden für sie günstige Gesprächstermine vereinbart werden müssen. Die vorherige Terminabsprache ist um so wichtiger, je zeitaufwendiger sich das geplante Interview gestaltet. Für Haushaltsbefragungen gilt, daß die günstigste Interviewzeit zwischen 17.30 Uhr und Beginn des Fernseh-Hauptabendprogramms gegen 19.00 Uhr liegt. An Wochenenden besteht nur eine geringe Bereitschaft an einer Befragung teilzunehmen (vgl. *M. Anders* 1985, S.75f).

Pretest
Genau wie bei der schriftlichen, standardisierten Befragung sollte auch beim Interview der Fragebogen vor der eigentlichen Erhebung getestet werden. Es empfiehlt sich, den Pretest unter „Ernstbedingungen" durchzuführen, also nicht Freunde oder Kollegen als Testpersonen auszuwählen, sondern Personen aus der zu befragenden Zielgruppe. Die Prüfung bezieht sich sowohl auf das Erhebungsinstrument, den Erhebungszeitpunkt und -ort (siehe Kap. IV.3.2.1.1) als auch auf das Verhalten der Interviewer/Interviewerinnen. Ein Besuch oder Anruf bei den Befragten im Anschluß an das Interview kann Aufschluß über den Eindruck geben, den der Interviewer/die Interviewerin vermittelte und gegebenenfalls helfen, auftretende Unsicherheiten oder Fehler noch vor Durchführung der Umfrage zu beheben.

*3.2.1.4 Sonderform der mündlichen, vollstandardisierten Befragung: Spontaninterviews (Außerhaus-Befragung und Telefoninterview)*

Außerhaus-Befragung
Die Bezeichnung Spontaninterview meint in der Regel Außerhaus-Befragungen, bei denen die Probanden von Interviewern und Interviewerinnen spontan zur Teilnahme an der Umfrage aufgefordert werden.

> *Wirtschafts- und sozialgeographische Anwendungsbeispiele für Spontaninterviews*
> – Befragungen von Besuchern und Besucherinnen von Einkaufszentren (Erfassung des Einzugsbereichs und der Akzeptanz des Standortes im Vergleich zu anderen Standortgemeinschaften);
> – Umfragen bei Besuchern und Besucherinnen von Großveranstaltungen wie Messen, Ausstellungen o. ä. zur Bewertung von regionalökonomischen Effekten (Ausgaben in der Region für Übernachtung, Verpflegung, Teilnahme an kulturellen Ereignissen usw.);
> – Interviews mit Touristen/Touristinnen zur Einschätzung der Attraktivität des Urlaubsortes.

Da für die Probanden die Befragung überraschend kommt, empfiehlt es sich, erstens überwiegend objektive Sachverhalte abzufragen, d. h. auf schwierige Fragen wie Verhaltens- oder Meinungsfragen zu verzichten, und zweitens den Fragebogen soweit einzuschränken, daß das Interview in maximal ca. 10 Minuten durchzuführen ist.

Der Text, mit dem die Probanden angesprochen und zur Teilnahme an der Umfrage gewonnen werden sollen, darf nur wenige Sätze umfassen. Sie müssen in prägnanter Form das Thema der Befragung, die für die Umfrage Verantwortlichen, die Frage nach der Bereitschaft zur Teilnahme sowie den Hinweis auf die geringe Zeitbeanspruchung für das Interview beinhalten.

Eine große Bedeutung bei Spontaninterviews erlangen Zeitpunkt und Ort der Befragung, da sie die Auswahl potentieller Probanden maßgeblich beeinflußen und unter Umständen zu einer Verzerrung der Untersuchungsergebnisse führen können. Bei Konsumentenbefragungen ergeben sich z. B. unterschiedliche Befragungsergebnissen, wenn „Samstags-Interviews" mit „Wochentag-Interviews" oder „Vormittag-Interviews" mit „Kurz vor Feierabend-Interviews" verglichen werden. Die Unterschiede ergeben sich daraus, daß zu den angegebenen Zeiten jeweils soziodemographisch unterschiedlich zusammengesetzte Konsumentengruppen dominieren. Die Durchführung der Befragung nur zu einem Zeitpunkt spiegelt lediglich die Meinung und das Verhalten der zu diesem Zeitpunkt vorherrschenden Käuferschicht wieder. Um die Einseitigkeit der Erhebungsergebnisse zu vermeiden, sollten in diesem Fall mehrere

Befragungszeiträume an unterschiedlichen Tagen und zu unterschiedlichen Zeiten festgelegt werden.

Genauso wie der Zeitpunkt kann auch der Standort der Interviewer und Interviewerinnen Einfluß auf die Umfrageergebnisse nehmen. So wäre es z. B. denkbar, daß eine Befragung von Messebesuchern und -besucherinnen, die nur an einem Messeeingang – z. B. dem Zugang, der der U-Bahn Station am nächsten liegt – durchgeführt wird, signifikant andere Ergebnisse erzielt als eine Umfrage, bei der die Interviewer und Interviewerinnen die Probanden am Übergang von den Parkplätzen zum Messegelände befragen. Dies ist um so wahrscheinlicher, je mehr sich die Gruppe der „Nutzer öffentlicher Verkehrsmittel" von der Gruppe der „Nutzer privater Verkehrsmittel" in bezug auf den Untersuchungsgegenstand – in obigem Beispiel z. B. die Ausgabengewohnheiten – unterschiedlich verhalten.

Vor der Durchführung einer Spontanbefragung steht daher die Überlegung, ob es Hinweise darauf gibt, daß die Modalitäten der Befragung zu einer selektiven Auswahl der Probanden führen können. Gegebenenfalls kann ein entsprechender Befragungsplan – verschiedene Befragungszeiträume und/oder Befragungsstandorte – einer Verzerrung der Umfrageresultate entgegenwirken.

Telefoninterview
Zu den Spontaninterviews zählt neben der Außerhaus-Befragung auch das Telefoninterview, das als Erhebungsmethode bei kommerziellen Markt- und Meinungsforschungsinstituten seit den 80er Jahren immer größere Bedeutung erlangt. Generelle Voraussetzung für die Durchführung von Telefoninterviews stellt eine hohe Telefonanschlußdichte im Untersuchungsraum dar. Mit einem Versorgungsgrad von über 95% aller Haushalte erreichen die meisten Industrieländer – mit Ausnahme der ehemaligen DDR, in der der Versorgunggrad 1994 je nach Haushaltstyp zwischen 67,1% und 78,7% lag (Statistisches Bundesamt 1995b, S. 543f) – eine Telefondeckung, bei der Verzerrungseffekte bei den Ergebnissen von Telefoninterviews – verursacht durch die Vernachlässigung von Haushalten ohne Telefonanschluß – nicht zu erwarten sind.

Die Vorteile des Telefoninterviews liegen in einer erhöhten Erreichbarkeit der Zielpersonen, der Möglichkeit, die erhobenen Daten mit Hilfe von Computerprogrammen zur Fragebogensteuerung und Antworteingabe ( = Computer Assisted Telephone Interview (CATI) – Systemen) in kürzester Zeit für die Auswertung aufzubereiten (vgl. *S. Krämer, S. Strambach* 1991) sowie in der relativ problemlosen und zügigen Beschaffung von Ersatznummern im Falle von Interviewverweigerungen oder der Nichterreichbarkeit der Zielperson. Gegenüber mündlichen „face to face" Befragungen ergibt sich darüber hinaus in der Regel ein geringerer Kostenaufwand, insbesondere wenn es sich um Ortsgespräche handelt und das Interview nicht allzu lange dauert. Die Kosteneinsparungen resultieren aus dem Wegfall der Anfahrten zu den Zielpersonen sowie dem effektiveren Einsatz der Mitarbeiter und Mitarbeiterinnen: In der Regel reicht im Vergleich zur „face to face" Befragung eine geringere Anzahl an Interviewern und Interviewerinnen aus, da Wartezeiten zwischen den Interviews oder Leerzeiten, verursacht durch kurzfristige Terminverschiebungen, wegfallen. Diese Zeiten können bei Telefon-Umfragen zur Kontaktaufnahme mit weiteren Zielpersonen, Terminvereinbarungen und gegebenenfalls bereits für neue Interviews genutzt werden (vgl. z. B. auch *J. H. Frey* 1989, S.41ff, *S. Krämer, S. Strambach* 1991).

Aus der besonderen Befragungssituation, die sich beim Telefoninterview aus der Beschränkung auf verbal-akustische Kommunikation ergibt, leiten sich einige Nachteile dieser Erhebungsmethode ab *(vgl. P. Atteslander, M. Kopp* 1995, S. 172, *P. Atteslander* 1995, S. 169):

1. Ähnlich wie bei der schriftlichen Befragung kann die Identität oder die Kompetenz der antwortenden Person nicht immer vollständig geklärt werden. Dies kann bei Betriebsbefragungen von entscheidener Bedeutung sein. Auch die Situation, in der sich die Befragten zum Zeitpunkt des Interviews befinden, bleibt den Interviewern und Interviewerinnen zumeist verborgen;
2. Da die Möglichkeit entfällt, zur Fragenbeantwortung visuelle Hilfen z. B. in Form von Karten oder Listen zu geben, muß das Erhebungsinstrument überwiegend auf das Abfragen von objektiven Sachverhalten, die Verwendung von einfachen Frageformen und nur jeweils wenigen Antwortalternativen beschränkt bleiben; so läßt sich z. B. feststellen, daß die Neigung, der ersten oder auch der letzten Antwortvorgabe einer Frage zuzustimmen, bei Telefoninterviews besonders häufig auftritt. Je größer die Zahl der genannten Antwortalternativen, desto ausgeprägter fällt der sogenannte „Response Order Effekt" ins Gewicht, da es für die Befragten zunehmend schwieriger wird, sich alle Antwortkategorien zu merken.

Die daraus resultierende Beschränkung auf nur wenige Antwortvorgaben kann aber z. T. durch die Verwendung der „Zwei-Stufen-Fragetechnik" aufgehoben werden (vgl. *R. Schnell* et al 1993, S. 383 und 385): Zumindest für jene Fragen, die ein eindeutiges Gegensatzpaar als Antwortkategorien zulassen („stimme zu/lehne ab" oder „zufrieden/unzufrieden") können in einem zweiten Schritt, mit Hilfe von jeweils einer Folgefrage, die Intensität der Zustimmung/Ablehnung oder Zufriedenheit/Unzufriedenheit erfaßt werden. So kann sich nach der Angabe „zufrieden" auf die Hauptfrage, eine Folgefrage auf den Grad der Zufriedenheit beziehen, wie beispielsweise „vollkommen zufrieden", „überwiegend zufrieden", „einigermaßen zufrieden". Diese Vorgehensweise, den zu erfragenden Sachverhalt in zwei oder auch mehr Fragen aufzusplitten, konfrontiert die Befragten mit so wenig Antwortkategorien pro Frage wie möglich, ohne jedoch darauf zu verzichten, detaillierte Informationen von den Probanden zu erhalten.

Hinsichtlich der Frage, wie lang ein Telefoninterview sein darf, existieren recht konträre Auffassungen. Während z. B. *J. Friedrichs* (1993, S.215) nur kurze Befragungszeiten – vergleichbar denen der Außerhaus-Befragungen – empfiehlt, berichten *T. F. Rogers* (1976, S. 61), *E. Brückner* (1985, S.69) und *J. H. Frey* (1989, S. 67) von der problemlosen Durchführung von Telefoninterviews, die bis zu 60 Minuten – in Extremfällen sogar bis zu 75 Minuten – dauerten. Allerdings gilt – wie für alle Befragungsarten – auch für Telefoninterviews, daß nicht in erster Linie der objektive Umfang des Erhebungsbogens, sondern das subjektive Interesse und die Motivation der Befragten ausschlaggebend sind für die Teilnahmebereitschaft und das Durchhaltevermögen bis zum erfolgreichen Abschluß des Interviews.

Der Einleitungstext, der darauf abzielt, das Interesse der Zielpersonen und ihre Bereitschaft zur Teilnahme an der Umfrage zu wecken, sollte ähnlich kurz und prägnant strukturiert sein wie die Einführungsformel zur ersten Kontaktaufnahme bei Außerhaus-Befragungen. Neben Namensnennung des Interviewers bzw. der Interviewerin, Zuordnung zur auftraggebenden Institution und Thema der Untersuchung sollte der Anfangstext die voraussichtliche Interviewlänge, das Auswahlverfahren, das zur Bestimmung der Telefonnummer der Zielperson führte, und die Zusicherung der Anonymität sowie die Frage nach der Bereitschaft zur Teilnahme an der Umfrage enthalten.

Auch bei Telefoninterviews zeigt es sich, daß die Zahl der Verweigerungen abnimmt, wenn die Probanden bereits im Vorfeld der Befragung von der Untersuchung gehört haben. So empfiehlt es sich, vor dem eigentlichen Befragungstermin Ankündigungsbriefe zu versenden oder in einer ersten telefonischen Kontaktaufnahme die Probanden auf die spätere Durchführung der Interviews vorzubereiten. Diese zwar kostenaufwendigere Vorgehensweise verleiht der Umfrage eine größere Seriosität und verhilft den Interviewern und Interviewerinnen zu einem einfacheren Gesprächseinstieg.

Im Rahmen von wirtschafts- und sozialgeographischen Forschungsprojekten finden Telefoninterviews als Methode zur Datenerhebung bislang noch kaum Beachtung, obwohl sie für Haushaltsbefragungen durchaus sinnvolle und erfolgversprechende Anwendungsmöglichkeiten bieten.

*Wirtschafts- und sozialgeographische Anwendungsbeispiele für Telefoninterviews*
– Umfragen zur Veränderung der soziodemographischen Struktur einzelner Wohnquartiere;
– Haushaltsbefragungen in Sanierungsgebieten zur Akzeptanz von und Zufriedenheit mit durchgeführten Modernisierungs- und Verkehrsberuhigungsmaßnahmen.

Für Betriebsbefragungen weisen Telefoninterviews allerdings weniger Eignung auf, da in Betrieben in der Regel eine große Reserviertheit besteht, über betriebliche Interna telefonische Angaben zu machen. Selbst die vorherige Ankündigung hilft häufig nicht, die Vorbehalte gegenüber einer telefonischen Betriebsbefragung auszuräumen: Oftmals sieht die Firmenpolitik grundsätzlich vor, Informationen über innerbetriebliche Angelegenheiten nicht per Telefon weiterzugeben (vgl. *S. Krämer, S. Strambach* 1991, S.125).

Neben den Schwierigkeiten, die Zielpersonen für eine telefonische Betriebsbefragung zu gewinnen, bestehen bei der Datenerhebungsmethode per Telefon nicht unerhebliche Bedenken hinsichtlich der Validität der Befragungsergebnisse:
– Die Position und der Aufgabenbereich des Interviewpartners bzw. der Interviewpartnerin im Betrieb bleibt häufig unklar bzw. kann kaum überprüft werden. Es stellt sich – mehr noch als bei face to face-Befragungen – die Frage, ob die auskunftgebende Person grundsätzlich über die notwendigen Sachkenntnisse verfügt, um kompetent anworten zu können.

– Die telefonische Befragung verführt eher dazu – um den Anschein der Kompetenz zu wahren –, Fragen auch dann zu beantworten, wenn die genauen Angaben den Befragten in dem Moment gar nicht vorliegen. Während bei schriftlichen Befragungen, aber auch bei face to face-Interviews genügend Zeit bleibt, die eine oder andere Information z. B. in den Akten nachzuschlagen oder nebenher recherchieren zu lassen, entfallen diese Möglichkeiten bei der telefonischen Befragung und können so zu ungenauen oder sogar falschen Untersuchungsergebnissen führen.

*3.2.1.5 Mündliche, teil- und nichtstandardisierte Befragung*

Mit abnehmendem Grad der Standardisierung nähert sich das Interview einer alltäglichen Gesprächssituation. Zwar sind die Themenschwerpunkte vorgegeben, jedoch bleibt die Anordnung der Themenbereiche im Interview, die Reihenfolge der einzelnen Fragen und weitgehend auch die Fragenformulierung den Interviewern und Interviewerinnen überlassen. Sie können daher ihre Vorgehensweise der jeweiligen Gesprächssituation flexibel anpassen.

Teilstandardisierte Interviews orientieren sich an einem grob strukturierten Ablaufschema, einem sogenannten Leitfaden (Leitfadengespräch oder auch Intensiv- bzw. Tiefeninterview). Dieser beinhaltet alle anzusprechenden Themenbereiche, geordnet in der Reihenfolge, die der Vorstellung eines idealtypischen Gesprächsablaufs entspricht (vgl. Abb.IV.12). Für jeden Themenblock erfolgt eine Aufstellung der im Interview anzusprechenden Teilbereiche, ebenfalls in der für die Gesprächsführung optimalen Rangfolge angeordnet. Bei weniger erfahrenen oder mit der Themenstellung der Untersuchung noch nicht sehr vertrauten Interviewern und Interviewerinnen sollte der Leitfaden auch die Fragenformulierungen enthalten (vgl. z. B. ausführlichen Gesprächsleitfaden zur kommunalen Wirtschaftsförderung bei *A. Imhoff-Daniel* 1994, S. 192-202). Allerdings versteht sich der Leitfaden auch dann eher als grober Orientierungsrahmen für den Interviewverlauf, von dem jeder Zeit abgewichen werden kann, wenn die Gesprächssituation es erfordert.

Es ist sicherzustellen, daß alle für die Untersuchung unbedingt erforderlichen Themen- bzw. Fragenkomplexe im Verlauf des Interviews angesprochen werden. Gegebenenfalls muß im Leitfaden eine unterschiedliche Kennzeichnung von Schlüsselthemen bzw.

## I. Zur Einordnung des Unternehmens
- Produktprogramm und Produktionsverfahren
- Konkurrenzsituation
- Entwicklungsperspektiven im überregionalen, europäischen und im internationalen Wettbewerb

## II. Bewertung des Standortes in der Region
- Kriterien der Standortentscheidung
- Veränderung der Standortnachfrage im Zuge der Entwicklung des Unternehmens
- Verbesserungsvorschläge
- Verlagerungs- oder Teilauslagerungsabsichten
- Allgemeine Einschätzung der Stärken und Schwächen der Region aus unternehmerischer Sicht

## III. Beschäftigung und Arbeitsmarkt
- Beschäftigungsstrukturen im Unternehmen
- Tendenzen des zukünftigen Qualifikationsbedarfs
- Beurteilung des Arbeitskräftepotentials in der Region
- Anforderungen und Probleme im Bereich Aus- und Weiterbildung

## IV. Regionale und überregionale Güter- und Dienstleistungsverflechtungen des Unternehmens
- Kooperationsansätze mit anderen Unternehmen in der Region
- Zusammenarbeit mit sonstigen Trägern öffentlicher und privater Dienstleistungen
- „Versorgungslücken" z. B. im Hinblick auf spezialisierte Dienstleistungen oder fehlende industrielle Zulieferer in der Region

## V. Technologischer Entwicklungsstand
- Forschungs- und Entwicklungsaktivitäten
- Innovationspotential
- Technologietransfer

## VI. Kritische Würdigung regionaler Wirtschaftsförderung
- Bedeutung von Maßnahmen der Wirtschaftsförderung
- Anregungen zur Verbesserung des Förderinstrumentariums

Abb. IV.12 Beispiel eines Gesprächsleitfadens für Betriebsbefragungen im Rahmen von Regionalgutachten
Quelle: *B. Gehrke* 1990, S. 89 f

-fragen einerseits, die in jedem Fall Gegenstand des Interviews sein sollten, und Eventualthemen bzw. -fragen andererseits, die nur bei entsprechendem Gesprächsverlauf aufzugreifen sind, erfolgen.

Die Protokollierung eines weniger standardisierten Interviews kann durch eine Mitschrift, ein möglichst gleich nach Beendigung der Befragung anzufertigendes Gedächtnisprotokoll oder durch eine Tonbandaufnahme erfolgen. Der Einsatz eines Tonbandes erweist sich bei freien Gesprächsführungen als besonders hilfreich, auch wenn sich der Auswertungsaufwand (Anfertigung von Tonbandabschriften) erhöht:
- Der Interviewer bzw. die Interviewerin kann sich voll und ganz auf die Gesprächsführung konzentrieren. Bei Mitschriften besteht die Gefahr, daß entweder der „natürliche" Gesprächsfluß unterbrochen wird oder aber wesentliche Antwortsequenzen verloren gehen könnten. Letzteres trifft insbesondere auch für Gedächtnisprotokolle zu.
- Die selektive Wahrnehmung von Befragtenbeiträgen – d. h. eine unbewußte Ausblendung von Informationen, die häufig bei Mitschriften oder Gedächtnisprotokollen auftritt – wird weitgehend ausgeschlossen.

Selbstverständlich muß das Einverständnis der Probanden zur Aufnahme des Interviews vorab eingeholt werden. Die Ablehnungsquote der Befragten in bezug auf Tonbandmitschnitte fällt inzwischen weit geringer aus als noch vor einigen Jahren. Außerdem zeigt sich, daß das Aufnahmegerät in der Regel von den Interviewpartnern und -partnerinnen – nach einer kurzen Eingewöhnungsphase – kaum noch Beachtung findet. Ein störender Einfluß auf den Gesprächsverlauf kann daher weitgehend ausgeschlossen werden.

Der Anwendungsbereich mündlicher, teilstandardisierter Befragungsformen erstreckt sich auf:
1. die Anfangsphase empirischer Forschungsprozesse, d. h. die Exploration noch wenig bekannter Problemzusammenhänge. Sie können dazu dienen, noch unbekannte Forschungsfelder zu strukturieren und darauf aufbauend erste Hypothesen zur weiteren empirischen Überprüfung abzuleiten.
2. die Vertiefung von Untersuchungsergebnissen, die aus standardisierten Befragungsverfahren resultieren. Ziel der zusätzlichen Leitfadengespräche kann es sein, sowohl einzelne Themenaspek-

te intensiver zu durchleuchten als auch genauere Kenntnisse über einzelne Teilgruppen aus der Gesamtheit aller Probanden zu erhalten, die selbst bei großen Stichproben nur in kleiner Zahl auftreten.
3. die Befragung von heterogenen Zielgruppen, bei denen eine flexible Anpassung der Gesprächsführung an die individuellen Eigenheiten der Erhebungseinheiten (Haushalte, Unternehmen) unverzichtbar ist.
Dies gilt häufig für Betriebsbefragungen, insbesondere wenn sich die Zielgruppe aus Betrieben unterschiedlicher Größe, Branche, Technologie- und/oder Absatzorientierung zusammensetzt. Standardisierte Befragungsverfahren, die z. B. sowohl das kleine, nur für den lokalen Markt tätige Fensterbauunternehmen als auch den international operierenden Fahrzeughersteller mit ein und demselben Erhebungsbogen konfrontieren, führen schnell zu Irritationen, Motivationsverlust und Ablehnung der Befragung. So läßt es sich bei einer standardisierten Erhebung kaum – bzw. nur mit erheblichem Aufwand an ermüdenden Filterfragen – vermeiden, daß auch der lokale Fensterbauer pauschal nach möglichen Zweigbetrieben im Ausland, dem Anteil von Forschungs- und Entwicklungsaufwendungen am Gesamtumsatz oder dem Exportumfang befragt wird (vgl. *B. Gehrke* 1990, S. 86), während die Interviewer und Interviewerinnen in einem Leitfadengespräch die Befragungsinhalte den jeweiligen Betriebsverhältnissen anpassen können.
4. die Durchführung qualitativer Forschungsstrategien (vgl. Kap. II.4. sowie *S. Lamnek* 1993b, S.35-124; *S. Aufenanger* 1991; *M. Meuser, U. Nagel* 1991; *R. Girtler* 1984, S.149-173).

Gegenüber der mündlichen, vollstandardisierten Befragung erfordert die Durchführung von Leitfadengesprächen in jedem Untersuchungsabschnitt – angefangen von der Vorbereitungs- über die Durchführungs- bis hin zur Datenauswertungsphase – einen erheblich höheren finanziellen, zeitlichen und organisatorischen Aufwand:
– Intensive Schulung der Interviewer und Interviewerinnen
  Mit abnehmender Standardisierung der Befragung steigen die Anforderungen an die Interviewer und Interviewerinnen. Wesentliche Grundlage einer weitgehend freien Gesprächsführung stellen fundierte Kenntnisse über Problemstellung und Zielsetzung der Untersuchung dar.

– Erhöhter Zeitaufwand pro Interview
 Die Länge eines Leitfadengesprächs läßt sich nicht so genau abschätzen wie bei einem standardisierten Interview, da es bei der freien Gesprächsführung durchaus möglich und erwünscht ist, vom Kernthema abzuschweifen und erst über „Umwege" zum Leitfaden zurückzukehren.
– Erhöhter Zeitaufwand für die Auswertung
 Da es sich bei den Primärergebnissen von Leitfadengesprächen um frei formulierte Antworten handelt, muß nach Abschluß der Erhebungsphase eine unter Umständen aufwendige Systematisierung und Klassifizierung der Antworten erfolgen, um eine Vergleichbarkeit der Interviewergebnisse zu erreichen.

Neben einem erhöhten Kosten-, Zeit- und Organisationsaufwand ergeben sich aus der Konzeption des Leitfadengesprächs gegenüber dem standardisierten Interview weitere Nachteile (vgl. *R. Schnell* et al 1993, S.392):
– stärkerer Einfluß des Interviewers/der Interviewerin auf die Erhebunssituation;
– stärkere Abhängigkeit der Datenqualität von der Kompetenz der Interviewer/Interviewerinnen sowie vom sprachlichen Ausdrucksvermögen der Befragten;
– hohe Anforderungen an die Bereitschaft der Probanden zur Mitarbeit (Länge des Interviews, freie Formulierung der Antworten bzw. (Diskussions-) Beiträge).

Hinsichtlich der Vorbereitung der Erhebung, d. h. Vorabinformation der Zielgruppe und Durchführung eines Pretests zur Prüfung der Eignung sowohl des Leitfadens als auch der Interviewer und Interviewerinnen, gelten für teilstandardisierte Befragungen die gleichen Anforderungen wie für vollstandardisierte Interviews.

Bei nichtstandardisierten Befragungsformen, wie z. B. dem Experteninterview, dem narrativen, situationsflexiblen Interview oder der Gruppendiskussion (vgl. Abb. IV.8), entfällt selbst der Leitfaden – Kennzeichen der teilstandardisierten Befragungsverfahren. Das Erhebungsinstrument beschränkt sich lediglich auf einen Katalog anzusprechender Themen. So legten beispielsweise *B. Aigner, M. Miosga* (1994, S.54) in ihrer Untersuchung zu deutschen Großstadtregionen den Experteninterviews mit regionalen Akteuren folgenden Katalog von Themenschwerpunkten zu Grunde:

1. Mit welchen neuen Herausforderungen sieht sich die Region konfrontiert?
2. Welches sind gegenwärtig die drängendsten Probleme in der Region?
3. Welchen Anforderungen muß eine Lösung dieser Probleme genügen?
4. Welche unterschiedlichen Interessenlagen können bei den regionalen Akteuren festgestellt werden?
5. Wie wird die gegenwärtige stadtregionale Kooperation bewertet?
6. Welche Anforderungen müssen an ein Instrumentarium stadtregionaler Steuerung gestellt werden?
7. Welche neuen Ansätze gibt es in der Region und wie werden diese eingeschätzt?

Es gibt keine Vorstrukturierung hinsichtlich der Themen- und Fragenanordnung oder Fragenformulierung. Mehr noch als beim Leitfadengespräch übernimmt der Interviewer/die Interviewerin eine eher passive Rolle und überläßt den Gesprächsverlauf weitgehend den Befragten.

Der Einsatz von nichtstandardisierten Interviewtechniken bietet sich in der wirtschafts- und sozialgeographischen Forschung insbesondere in Form der Experteninterviews an: Entweder um qualitative Forschungsstrategien durchzuführen oder um im Rahmen von quantitativen Ansätzen neue Problemzusammenhänge zu strukturieren und Kenntnisse über Teilbereiche bekannter Problemzusammenhänge zu vertiefen (Fallstudien), aber auch um im Rahmen einer Voruntersuchung Erkenntnisse über noch zu befragende Zielgruppen zu gewinnen. So bietet es sich beispielsweise an, vor einer Befragung von öffentlich geförderten Unternehmen Experteninterviews mit Wirtschaftsförderern zur Struktur und zum Verhalten der Unternehmen, die an dem zu untersuchenden Förderprogramm teilnehmen, durchzuführen.

### 3.2.2 Beobachtung

#### 3.2.2.1 Abgrenzung und Anwendungsbereich

Die Beobachtung als wissenschaftliche Methode der Datengewinnung verfügt in der Geographie über eine weitreichende Tradition, die bis zu den Reisebeschreibungen der Entdeckungsreisenden der vergangenen Jahrhunderte zurückreicht. Während diese allerdings noch mehr den alltäglichen Techniken zur Informationsgewinnung glichen, nahm mehr und mehr die Erkenntnis zu, daß *wissenschaftliche Beobachtung* nicht nur aus der wahllosen Ansammlung von Daten besteht, sondern zielgerichtet und systematisch erfolgen muß (vgl. *A. Penck* 1906, S. 39f., *F. J. W. Bader* 1975, S. 2ff).

Ein wissenschaftliches Beobachtungsverfahren unterscheidet sich nach *M. Jahoda, M. Deutsch, S. W. Cook* von der Alltagsbeobachtung, indem es „....a) einem bestimmten Forschungszweck dient, b) systematisch geplant und nicht dem Zufall überlassen wird, c) systematisch aufgezeichnet und auf allgemeinere Urteile bezogen wird, nicht aber eine Sammlung von Merkwürdigkeiten darstellt und d) wiederholten Prüfungen und Kontrollen hinsichtlich der Gültigkeit, Zuverlässigkeit und Genauigkeit unterworfen wird..." (1972, S. 77).

Die Erhebungsmethode der wissenschaftlichen Beobachtung findet nicht nur in der Wirtschafts- und Sozialgeographie, sondern auch in anderen Fachrichtungen der Humanwissenschaften, z. B. in der Soziologie und Psychologie, häufig Verwendung. Anders als bei den Befragungstechniken unterscheidet sich die Art der Beobachtung bei den räumlichen und den nicht-räumlichen Fachrichtungen der Humanwissenschaften erheblich.

In den nicht-räumlich arbeitenden Sozialwissenschaften dient die Beobachtung in erster Linie zur Erfassung von Struktur, Ablauf und Bedeutung von Interaktionen zwischen Menschen, wie z. B. bei der Beobachtung des Verhaltens von spielenden Kindern, von Schülern und Schülerinnen bei unterschiedlichen Lehrern und Lehrerinnen, von Deutschen gegenüber Ausländern und Ausländerinnen oder von Managern und Managerinnen gegenüber ihren Mitarbeitern bzw. Mitarbeiterinnen. Als Indikatoren zur Verhaltenscharakterisierung werden u. a. die Häufigkeit und die Art der verbalen Aktivitäten, Gestik, Mimik und die Art der Körperbewegung der Untersuchungspersonen herangezogen. Nach Beobachtungssituation und Verhalten der beobachtenden Person lassen sich verschiedene Beobachtungsarten abgrenzen (vgl. *R. Schnell* et al 1993, S. 395ff und *J. Friedrichs* 1990, S. 272f):

– direkte – indirekte Beobachtung: Während sich *direkte* Beobachtungen auf die Verhaltensweisen selbst beziehen, stehen bei *indirekten* Beobachtungen eher die Auswirkungen oder der Ausdruck von Verhaltensweisen im Mittelpunkt (z. B. die

Untersuchung rassischer Vorurteile anhand von Graffitis in oder an Gebäuden, vgl. *R. Schnell* et al 1993, S.418);
- offene – verdeckte Beobachtung: Wissen die beobachteten Personen davon, daß sie beobachtet werden, handelt es sich um eine *offene* Beobachtung; in allen anderen Fällen, in denen den Zielpersonen die Beobachtung nicht bewußt ist, liegt eine *verdeckte* Beobachtung vor;
- teilnehmende – nicht teilnehmende Beobachtung: Im Gegensatz zur *teilnehmenden* Beobachtung, bei der die beobachtende Person an der zu beobachtenden Interaktion selber aktiv teilnimmt, zeichnet der Beobachter bzw. die Beobachterin bei der *nicht teilnehmenden* Beobachtung die ablaufenden Handlungen lediglich auf, möglichst ohne sie zu beeinflußen;
- strukturierte – unstrukturierte Beobachtung: Der *strukturierten* Beobachtung liegt ein detailliertes Erhebungsschema zugrunde, das eine systematische Erfassung vorab ausgewählter Beobachtungsinhalte ermöglicht, während sich die Inhalte der *unstrukturierten* Beobachtung aus dem spontanen Interesse des Beobachters bzw. der Beobachterin in der jeweiligen Erhebungssituation ergeben;
- natürliche – künstliche Beobachtung: *Künstliche* Beobachtungen unterscheiden sich von *natürlichen* Beobachtungsformen dadurch, daß die Erhebungssituation unter teilweise standardisierten Laborbedingungen geschaffen wird, d. h. – einem Experiment gleich – bestimmte Rahmenbedingungen der zu beobachtenden Interaktionen vorgegeben sind.

Die beschriebenen Beobachtungsarten lassen sich zu einer Vielzahl von Beobachtungstypen kombinieren, wie z. B. dem „direkten, offenen, teilnehmenden, unstrukturierten und künstlichen" Beobachtungstyp, und erlauben daher eine flexible Anpassung des Beobachtungsverfahrens an die jeweiligen Untersuchungsobjekte und das Forschungsziel.

In der Wirtschafts- und Sozialgeographie richtet sich der Einsatz von Beobachtungsverfahren zur Datengewinnung in erster Linie auf die Erfassung von räumlichen Auswirkungen menschlicher Verhaltensweisen, insbesondere im Rahmen von Forschungsvorhaben auf der lokalen oder kleinräumigen Maßstabsebene. Hauptanwendungsbereiche innerhalb der Wirtschafts- und Sozialgeographie liegen im Bereich der Stadtforschung, der Agrar-, Verkehrs-, Dienst-

leistungs- und Einzelhandelsgeographie. Beobachtungsverfahren erlangen beispielsweise Bedeutung bei der Durchführung von:
- Strukturanalysen zur kleinräumigen Verkehrssituation (Indikatoren der Beobachtung: z. B. fließender und ruhender Verkehr);
- Strukturanalysen zur Bausubstanz (Indikatoren der Beobachtung: z. B. Gebäudealter, Geschoßzahl und -höhe, Gebäudetyp, Baustil, Sanierungsmerkmale);
- Strukturanalysen zur wirtschaftlichen Flächen- bzw. Gebäudenutzung und/oder -funktion (Indikatoren der Beobachtung: z. B. Art der agrarischen Nutzung, Nutzungsintensität, Fruchtfolge; Flächennutzungsarten innerhalb von Siedlungen, wie z. B. Wohnen, Industrie oder Dienstleistungen; Nutzungsarten von Gebäuden bzw. einzelnen Etagen);
- Strukturanalysen zur Angebotsbewertung von Geschäftszentren (Indikatoren der Beobachtung: z. B. Angebotsbreite, -tiefe und -qualität und/oder Preisniveau).

Die für die nicht-räumlichen Humanwissenschaften genannte Vielzahl an Beobachtungstypen erlangt für die Bearbeitung von empirischen Fragestellungen in der Wirtschafts- und Sozialgeographie kaum Bedeutung. Die für die wirtschafts- und sozialgeographisch relevanten Anwendungsbeispiele durchzuführenden Beobachtungsverfahren konzentrieren sich in der Regel auf *Zählungen und Kartierungen*, deren Konzeption – hinsichtlich der oben genannten Beobachtungstypen – überwiegend lediglich zwei Kategorien repräsentiert:
- die direkte, offene, nicht teilnehmende, strukturierte und natürliche Beobachtung oder
- die indirekte, offene, nicht teilnehmende, strukturierte und natürliche Beobachtung.

Die Aussagekraft der Beobachtungsformen „Zählung" und „Kartierung" beschränkt sich in erster Linie auf die Wiedergabe der im Moment der Beobachtung vorherrschenden Strukturen. Eine solche Momentaufnahme läßt allenfalls indirekt den Schluß auf Strukturveränderungen zu, wie z. B. dann, wenn landwirtschaftliche Gebäude zum Beobachtungszeitpunkt nicht mehr für den Zweck genutzt werden, für den sie ursprünglich erbaut wurden.

Eignen sich die Beobachtungsinhalte nicht für eine indirekte Schlußfolgerung auf Entwicklungsprozesse, können Aussagen über mögliche Strukturveränderungen mit Hilfe von Beobachtungsverfahren nur gewonnen werden, indem eine Wiederholung des Beobachtungsvorgangs zu verschiedenen Zeitpunkten und ein Vergleich der jeweiligen Strukturergebnisse stattfindet. Allerdings führt ein derartiger Vergleich im Falle eines Strukturwandels lediglich zur Beschreibung seiner physiognomisch sichtbaren Auswirkungen, wie z. B. zu der Feststellung: „Der Anteil der Billiganbieter im Citybereich nimmt zu". Eine Erklärung der Entwicklungsprozesse kann diese Vorgehensweise nicht liefern. Der Einsatz von Beobachtungsverfahren zur Datengewinnung sollte daher auf die Durchführung von Strukturanalysen beschränkt bleiben und nur in Ausnahmefällen – wenn z. B. kein für Zeitreihenuntersuchungen geeignetes statistisches Material vorliegt – auch zur Analyse von Entwicklungsprozessen herangezogen werden. Häufig bietet es sich in diesen Fällen an, die Beobachtung durch Befragungen zu Ursachen und Wirkungen der Veränderungsprozesse zu ergänzen.

### 3.2.2.2 Vorgehensweise

Die Anwendung von Beobachtungsverfahren setzt eine genaue Bestimmung der Beobachtungsinhalte und eine eindeutige Strukturierung des Beobachtungsvorgangs voraus.

Die Festlegung der zu beobachtenden Sachverhalte leitet sich – ebenso wie die Befragungsinhalte bei den Befragungsmethoden – aus den zu prüfenden Hypothesen bzw. den erkenntnisleitenden Forschungsfragen der Untersuchung ab. Vergleichbar mit dem Fragebogen oder dem Leitfaden bei Befragungen dient bei der Beobachtung ein sogenanntes Kategorieschema als Erhebungsinstrument, um die ausgewählten Beobachtungsinhalte aufzuzeichnen. Mit Hilfe des Kategorieschemas muß jeder Beobachter/jede Beobachterin in der Lage sein, über ein und denselben Sachverhalt gleichlautende, widerspruchsfreie und vollständige Berichte anzufertigen. Die Ansprüche an Fragebogen und Leitfaden hinsichtlich Übersichtlichkeit, Eindeutigkeit und Verständlichkeit gelten für die Konzeption eines Kategorieschemas in gleicher Weise. Um sicherzustellen, daß die geplante Beobachtung tatsächlich die von den Forschenden ausgewählten Inhalte erfaßt, zählen – genau wie bei den Befragungsmethoden – auch die Durchführung eines Pretests, d. h. die Prüfung des Erhebungsinstruments vor dem eigentlichen Einsatz, sowie eine intensive Schulung der Personen, die die Erhebung durchführen sollen, zu den methodischen Anforderungen von Beobachtungsverfahren.

Die Strukturierung des Beobachtungsvorgangs leitet sich aus dem räumlichen und zeitlichen Bezugsrahmen der Erhebung ab, d. h. der Festlegung des oder der Beobachtungsorte, der Beobachtungszeit bzw. der Beobachtungsintervalle. Auch hier gilt, daß die Brauchbarkeit des gewählten Beobachtungsdesigns hinsichtlich der Untersuchungszielsetzung vorab – im Rahmen des Pretests – überprüft werden sollte.

Da Beobachtungsverfahren in der Wirtschafts- und Sozialgeographie für ganz unterschiedliche Fragestellungen Verwendung finden – von Verkehrszählungen, Kartierungen von wirtschaftlichen Nutzungen bis hin zur detaillierten Erfassung von Angebotsstrukturen im Einzelhandelsbereich – variieren die Beobachtungsinhalte und daher auch der Aufbau von Kategorieschemata erheblich. Aufgrund der Vielfalt können an dieser Stelle nicht alle Varianten vorgestellt werden. Es erfolgt eine Beschränkung auf die im Rahmen von wirtschafts- und sozialgeographischen Forschungsvorhaben häufig erfaßten Beobachtungsinhalte, eine stichwortartige Skizzierung der Vorgehensweise sowie die Vorstellung jeweils exemplarisch ausgewählter Kategorieschemata.

*Verkehrszählungen: Erhebung des fließenden Verkehrs*
a) Festlegung des Beobachtungsgegenstands (Kraftfahrzeugverkehr) nach der Quantität, z. B.:
   – Erfassung der Fahrzeuge für die gesamte Straße;
   – Erfassung der Fahrzeuge für je eine Fahrtrichtung.
b) Festlegung des Beobachtungsgegenstandes nach der Qualität der zu beobachtenden Inhalte, z. B.:
   – Unterscheidung nach Fahrzeugarten, wie z. B. Motorräder, Pkw, Busse oder Lkw;
   – Unterscheidung nach Herkunft der Fahrzeuge anhand der Nummernschilder.
c) Bestimmung der Zählstandorte an strategisch wichtigen Punkten, wie z. B. an Straßenkreuzungen und -einmündungen auf beiden Straßenseiten.
d) Bestimmung der Beobachtungszeitpunkte und der Zählintervalle in Abhängigkeit vom Untersuchungsziel (vgl. *R Hantschel, E. Tharun* 1980, S. 46):
   – Beispielsweise erfordert die Erfassung von tageszeitlich bedingten Schwankungen oder möglichen Schwankungen im Wochenverlauf Zählungen, die ohne Unterbrechungen über

den ganzen Tag bzw. die ganze Woche laufen, und an mehreren Tagen bzw. über mehrere Wochen wiederholt werden müssen, um Zufallsergebnisse auszuschließen.
– Ist die Art der Wochen- bzw. Tagesschwankungen bereits bekannt, nicht aber ihr Ausmaß, reichen Zählungen an bestimmten Wochentagen bzw. zu bestimmten Tageszeiten aus. Die Auswahl der Zählzeitpunkte und die Beobachtungsdauer ist inhaltlich zu begründen.
e) Erstellung eines Zählformulars (vgl. Abb. IV. 13), auf dem die festgelegten Beobachtungskriterien wie Qualität der Beobachtungsinhalte, Quantität des Beobachtungsgegenstands, Zählstandort, Zeitpunkt der Beobachtung (Tag und Uhrzeit) sowie Zählintervalle erfaßt werden. Es empfiehlt sich, zusätzlich eine Kategorie für „sonstige Bemerkungen" einzuführen, in der die Beobachter und Beobachterinnen alles eintragen können, was die Erhebungssituation möglicherweise beeinflussen könnte, wie Wetter, Umleitungen oder Baustellen.

*Verkehrszählung: Erhebung des ruhenden Verkehrs*
a) Festlegung des Beobachtungsgegenstands (Kraftfahrzeuge) nach der Quantität: in der Regel absolut für die gesamte Straße;
b) Festlegung des Beobachtungsgegenstandes nach der Qualität der zu beobachtenden Inhalte, z. B.:
– Unterscheidung nach Funktion des ruhenden Verkehrs, wie z. B. Zulieferung, Auslieferung, andere Servicedienste (z. B. Reparaturhandwerk), Arztfahrzeuge, Behindertenfahrzeuge, Taxen, Einsatzfahrzeuge der Polizei oder Feuerwehr, Postwagen, private Kurierdienste;
– Unterscheidung nach Fahrzeugarten wie z. B. Pkw, Lieferwagen, Lkw;
– Erfassung der Verweildauer.
Zur weiteren Vorgehensweise vergl. die Punkte c) bis e) zur Erhebung des fließenden Verkehrs sowie *M. Pfander* (1995).

*Erhebung von Gebäudenutzungen*
a) Festlegung des Beobachtungsgegenstands (Nutzungsart) nach der Quantität, z. B.:
– Baublock- und Gitternetzanalysen (vgl. *P. Hagget* 1973);
– Gebäude;
– Gebäudestockwerke.

| VERKEHRSUNTERSUCHUNG: | | | | | | | | |
|---|---|---|---|---|---|---|---|---|
| LAGE DER ZÄHLSTELLE: .......... ZÄHLSTELLEN-NR.: .......... | | | | | | | | |
| FAHRTRICHTUNG VON: .......... BLATT Nr.: .......... | | | | | | | | |
| DATUM: .......... WETTER: .......... ZÄHLER/ZÄHLERIN: .......... | | | | | | | | |

| Zeit-intervall | R | MOP | KR | PKW | BUS | LKW | LZ | SFZ | BEMERK. |
|---|---|---|---|---|---|---|---|---|---|
| | | | | Dieses Zählformular ist nur ein Muster! Die Aufteilung und Zusammenfassung nach Kraftfahrzeugarten muß dem Zweck der jeweiligen Erhebung angepaßt werden. | | | | | |

Abb. IV.13: Muster eines Zählformulars für eine Verkehrsuntersuchung – Beispiel einer Erhebung des periodischen Kraftverkehrs
Quelle: *J. C. Tesdorpf* 1974, S. 50

b) Festlegung des Beobachtungsgegenstands nach der Qualität der zu beobachtenden Inhalte. Aus der Vielfalt der – in Abhängigkeit von der Fragestellung – aufzustellenden Gliederungsmöglichkeiten, lassen sich drei grundlegende Einteilungsarten zur Erfassung von Gebäudenutzungen unterscheiden:
1. Gliederung nach der vom Statistischen Bundesamt vorgegebenen Systematik der Wirtschaftszweige (vgl. Statistisches Bundesamt 1995b, S.130). Allerdings stellt ein auf der Systematik der Wirtschaftszweige aufbauendes Kategorieschema die Beobachter und Beobachterinnen häufig vor das Problem, daß bestimmte Betriebe/Einrichtungen nicht allein durch Beobachtung einzuordnen sind:
   – So zählen z. B. Krankenhäuser oder Schulen je nach Trägerschaft zu unterschiedlichen Kategorien: Tritt eine Gemeinde als Trägerin auf, fällt die Einrichtung in die Kategorie „Gebietskörperschaften", bei kirchlicher Trägerschaft erfolgt eine Einordnung unter „Organisationen ohne Erwerbscharakter", während im Falle eines privatwirtschaftlichen Unternehmens als Träger die entsprechende Einrichtung zur Kategorie „Dienstleistungen von Unternehmen und freien Berufen" zu rechnen ist. Nur selten läßt sich die Trägerschaft anhand von Beobachtungen bestimmen; in Ausnahmefällen können Hinweistafeln an den Gebäuden Aufschluß geben.
   – Eine eindeutige Zuordnung von Betrieben, die verschiedene Wirtschaftstätigkeiten vereinen, kann oft erst durch Kenntnis der Umsatzstrukturen erfolgen: Eine Konditorei kann z. B. – aufgrund der Herstellung von Backwaren aus Vorprodukten – sowohl zum „Produzierenden Gewerbe", als auch – durch den Verkauf der Backwaren – zum „Einzelhandel" oder aber auch zum „Dienstleistungssektor" zählen, wenn sich an die Konditorei ein Café anschließt. Der Schwerpunkt der Wirtschaftstätigkeit und damit eine eindeutige Klassifizierung läßt sich alleine anhand der Beobachtung nicht bestimmen.
2. Gliederung nach der Bedeutung der Waren und der Dienstleistungen für die Versorgung der Bevölkerung. *Waren* lassen sich anhand der Fristigkeit des Bedarfs in drei Gruppen unterscheiden:
   – Waren des kurzfristigen (täglichen) Bedarfs, wie z. B. Grundnahrungsmittel, Waschmittel, Tabakwaren oder Zeitschriften;

Abb. IV.14 Nutzungserhebung – Beispiel einer einfachen Gliederung nach Nutzungsgruppen
Quelle: *B. Aust 1970*, Legende der Kartenbeilage Nr. 3

- Waren des mittelfristigen (einfachen, periodischen) Bedarfs, wie z. B. Textilien und Bekleidung, Schuhe, Haushaltswaren, Unterhaltungselektronik oder Bücher;
- Waren des langfristigen (gehobenen, spezialisierten) Bedarfs, wie z. B. Möbel und Einrichtungsgegenstände, Lederwaren und Pelze, Fahrzeuge, große Elektro- und Haushaltsgeräte, Antiquitäten oder Schmuck.

*Dienstleistungen* lassen sich aufgrund ihres Spezialisierungsgrades unterteilen in:
- einfache Dienstleistungen, angeboten von z. B. Kneipen, Friseuren, Reparaturhandwerkern und -handwerkerinnen oder Allgemeinmedizinern und -medizinerinnen;
- mittlere Dienstleistungen, angeboten von z. B. Diskotheken, Massagesalons, Steuerberatungen oder Facharztpraxen;
- gehobene bis hochqualifizierte Dienstleistungen, angeboten von z. B. Spielbanken, Krankengymnastikpraxen, Firmenverwaltungen oder hochspezialisierten Fachärzten.

Auch dieses Gliederungsprinzip weist Schwächen hinsichtlich der Eindeutigkeit auf: Sowohl die Zuordnung einzelner Produkte oder Dienstleistungen als auch die exakte Einordnung von Betrieben, die in der Regel mehrere – auch unterschiedlich fristige – Waren oder Dienstleistungen verschiedener Spezialisierungsgrade anbieten, in jeweils eine der drei aufgeführten Kategorien bleibt selbst bei Verwendung detaillierter Zuordnungsschlüssel häufig der Willkür der Beobachter und Beobachterinnen überlassen.

3. Gliederung nach Nutzungsgruppen. Dieser Gliederungstyp stellt eine Synthese aus den beiden zuvor vorgestellten Gliederungsmöglichkeiten dar. Es findet eine Unterteilung sowohl nach Branchen als auch nach der Fristigkeit bzw. nach dem Spezialisierungsgrad statt. Die Differenziertheit des Gliederungssystems hängt von der zu untersuchenden Fragestellung bzw. von der zu erwartenden Nutzungs- und Funktionsvielfalt im Untersuchungsraum ab. So kommt eine Nutzungserhebung, die das Kerngebiet eines innerstädtischen Sekundärzentrums in seiner Funktion als Einkaufsgebiet zum Gegenstand hat, mit einer erheblich geringeren Anzahl von Kategorien aus (vgl. Abb. IV.14) als eine Nutzungserhebung in einem mittelstädtischen Oberzentrum mit dem Ziel, die Standortentwicklung des tertiären und quartären Sektors zu untersuchen (vgl. Abb. IV. 15a und b).

| Dienstleistungsbedarfs-gruppen u.-branchen |

**VIII Weitere private Dienstleistungen**

Gesundheitswesen
170 Kassenärztliche Vereinigung
171 Praktischer Arzt
172 Zahnarzt
173 Facharzt
174 Medizinisches Fachinstitut, Klinik, Krankenanstalt
175 Naturheilverfahren, Heilpraktiker
176 Krankengymnastik (ohne Masseur)
177 Zahntechniker, zahntechnisches Labor
178 Tierarzt
179 Sonstige Dienstleistungen des Gesundheitswesens
180 Psychologe, Psychotherapeut
181 Therapeutische Praxis
182 Logopädie

Rechtswesen
190 Rechtsanwalt
191 Notar
192 Rechtsanwalt und Notar
193 Gerichtsvollzieher

Wirtschaftswesen
200 Wirtschaftsprüfung, -beratung (ggf. einschließlich Steuerberatung)
201 Steuerberatung (nur), Steuerberatung und Rechtsbeistand
202 Immobilien, Vermögensverwaltung, Finanzierungen (einschließlich Makler, auch Treuhand, Hausverwaltung)
203 Kreditbüros
204 Unternehmensberatung
205 Job-/Wirtschaftsberatung

Technische Büros
210 Ingenieur- und Architektenbüros
211 Patentanwalt
212 Computer (Hard- u. Software)
213 Sonstige technische Büros

Medien- und Informationsbereich
220 Design, Grafik
221 Werbeagenturen
222 Filmgesellschaften, -verleih
223 Verlage
224 Dolmetscher, Übersetzungsbüros
225 Nachrichtenagenturen, Informationsverkauf
226 Zeitungs-/Zeitschriftenredaktion, Zeitungsgeschäftsstelle
227 Kunstberatung/-vermittlung

Sonstige Dienstleistungen
230 Dedektei (ggf. mit Bewachung)
231 Arbeitsvermittlung, Zeitpersonalbüros (-vermittlung)
232 Restgruppen gehobener Dienstleistungen (u. a. Mietberatung, Bau- und Umweltberatung)

**IX Serviceleistungen u. Dienstleistungen des Handwerks**

Dienstleistungen des Handwerks
240 Friseur
241 Reparaturhandwerke (Schneider, Kürschner, Schuhmacher, Kunststopferei etc.)
242 Modeschneider
243 Fotostudio
244 Wohnungsbezogene Reparaturhandwerker (Installateure, Polsterer...)
245 sonstige Dienstleistungen des Handwerks (z. B. Sattlerei, Handweberei, Galvanische Werkstatt und Metallschleiferei)

Legende:

░░░ gehobene bis hochqualifizierte Dienstleistungen

Abb. IV.15a: Nutzungserhebung: Beispiel einer komplexen Gliederung nach Nutzungsgruppen im Bereich Dienstleistungen (Auszug)
Quelle: auf der Grundlage von *H. Heineberg, H. U. Tappe* 1994, S. 223

| *Einzelhandelsbedarfs-gruppen u. -branchen* | | |
|---|---|---|

- **6 Unterhaltungsbedarf**
- 250 Unterhaltungstechnik, allgemein
- 251 Radio- und Fernsehgeräte
- 252 photographische und optische Artikel
- 253 Lautsprecher, spezial
- 254 Unterhaltungsmedien, allgemein
- 255 Schallplatte, Cassette, CD
- 256 Videofilmverkauf
- 260 Musikalien, allgemein
- 261 Musikinstrumente, allgemein
- 262 Musiknoten
- 263 Instrumente elektronisch
- 264 Instrumente, speziell (Orgel z. B.)
- 270 Spielwaren, allgemein
- 271 Modellbau
- 272 alte Spielwaren
- 280 zoologische Artikel
- 281 Tiergeschäfte
- 282 nur Tierfutter
- 283 Pferde-/Reitsportbedarf
- 290 Sportartikel
- 291 Campingbedarf
- 292 Laufsport
- 293 Wintersport
- 294 Surf- u. Skatesport
- 295 Billard, Dartsbedarf
- 296 Bergsteigerausrüstung (Bergsport)
- 297 Anglerbedarf
- 298 Spielwaren und Sportartikel (auch sog. Warenhaus Spielwaren u. Sport)
- 300 Briefmarken, Münzen
- 310 Sonstiger Unterhaltungsbedarf

- **7 Arbeits- und Betriebsmittelbedarf**
- 330 Büromaschinen und gehobene Büroausstattung
- 331 nur gehobene Büroausstattung
- 332 hochwertige Apparate anderer Branchen
- 333 Computer
- 334 nur Software
- 340 Waffen
- 341 Metallwaren, Werkzeuge, Handwerkerbedarf
- 342 Stahlwaren und Waffen
- 350 Papier und Schreibwaren (überwiegend gewerblich orientiert
- 351 Zeichen- und Malbedarf
- 352 Künstlerbedarf
- 353 Sonstiger Arbeits- u. Betriebsmittelbedarf

- **8 Wohnungseinrichtungsbedarf**
- 360 Möbel, allgemein
- 361 Mitnahmemöbel
- 362 Möbelsonderanfertigungsverkauf
- 363 Küchenmöbel
- 364 nur skandinavische Möbel
- 365 Designermöbel
- 366 Möbel/Trödel/2. Hand
- 370 Gardinen
- 371 Teppiche
- 372 Bettwaren
- 373 Artikel zur Wohnungsrenovierung, allgemein
- 374 Teppichboden
- 375 Farben
- 376 Bodenbelag
- 377 Lampen
- 378 Bauelemente, z. B. Fenster, Türen etc.

- **9 Fahrzeuge**
- 400 Automobile
- 401 Neufahrzeuge und Ersatzteile
- 402 Neufahrzeuge und Werkstatt
- 403 Automobilzubehör
- 404 Gebrauchtfahrzeuge
- 405 Gebrauchtfahrzeuge und Schrottplatz
- 410 Motorräder
- 420 Fahrräder, allgemein
- 421 Spezialräder
- 430 Tankstelle

Legende:

▨ Waren des langfristigen, gehobenen Bedarfs

Abb. IV.15b: Nutzungserhebung: Beispiel einer komplexen Gliederung nach Nutzungsgruppen im Bereich Einzelhandel (Auszug)
Quelle: auf der Grundlage von *H. Heineberg, H. U. Tappe* 1994, S. 222

c) Erstellung eines Erhebungsinstruments, mit dem die festgelegten Nutzungsarten sowohl gebäudescharf als auch geschoßweise erfaßt werden können. In dem in Abb. IV. 16 dargestellten Mustererhebungsbogen repräsentiert jedes Kästchen ein Stockwerk. Die Einstufung einer Etage in eine Nutzungsgruppe des verwendeten Gliederungsschemas läßt sich in dem entsprechenden Kästchen kennzeichnen. Hierfür kann entweder ein Zahlenschlüssel (siehe Abb. IV. 15a und b), ein Buchstaben- oder Farbcode bzw. eine Kombination verschiedener Codes Verwendung finden. Für Codekombinationen bietet es sich beispielsweise an, die Nutzungsobergruppen mittels eines Farbcodes darzustellen, einen Zahlenschlüssel für die Untergruppen vorzusehen sowie eine Schraffur für gehobene Dienstleistungen und Waren des langfristigen Bedarfs einzusetzen. Bei verschiedenen Nutzungen innerhalb einer Etage ist das Kästchen entsprechend der geschätzten Flächenanteile der einzelnen Nutzungsarten aufzuteilen. Die Verwendung von Zahlencodes zur Kennzeichnung der kleinsten erfaßten Einheiten empfiehlt sich, wenn die Erhebungsergebnisse EDV-technisch erfaßt (Datenbanken) und aufbereitet (Kartenerstellung, z. B. mit CAD-Systemen) werden sollen (vgl. *H. Heineberg, H.-U. Tappe* 1994)

---

*Beispiel einer Erhebung zur Gebäudenutzung: Erfassung der Angebotsstrukturen im Einzelhandel*
a) Festlegung des Beobachtungsgegenstands (Einzelhandel) nach der Quantität: in der Regel Betriebe;
b) Festlegung des Beobachtungsgegenstandes nach der Qualität der zu beobachtenden Inhalte, wie z. B. (vgl. *E. Kulke* 1993, S. 20):
  – *Betriebsformen*, unterteilt im Food-Bereich nach Bedienungsladen, Selbstbedienungsladen, Supermarkt und Verbrauchermarkt und untergliedert im Non-food-Bereich nach Warenhaus, Fachgeschäft, Spezialgeschäft und Fachmarkt sowie ergänzt um Sonderbetriebsformen, wie Kioske, Tankstellenshops, Gemischtwarenläden, Ladenhandwerk (Bäcker, Schlachter) oder Handwerk mit Verkauf (Installateur, Maler).
  – *Verkaufsfläche*
  – *Angebotsbereiche* aufgeschlüsselt nach der Fristigkeit der angebotenen Waren, der Einordnung der Betriebe in die amtliche Wirtschaftssystematik oder kombinierten Kategorieschemata (vgl. Abb. IV. 15a und b).

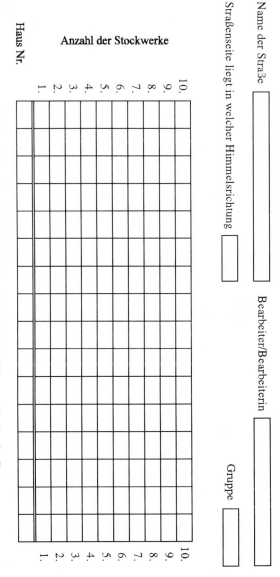

Abb. IV.16 Muster eines Formulars zur Erhebung der Bausubstanz und/oder wirtschaftlichen Nutzung von Gebäuden
Quelle: *J. C. Tesdorpf* 1974, S. 56

- *Angebotsstruktur* ermittelt durch Bewertung von Angebotsbreite, -tiefe und -qualität, Preisniveau, Übersichtlichkeit und Gestaltung des Angebots.
c) Erstellung eines Erfassungsbogens pro Erhebungseinheit (vgl. Abb. IV. 17), auf dem die festgelegten Beobachtungskriterien wie Quantität und Qualität der Beobachtungsinhalte sowie Standort und gegebenenfalls Bezeichnung des beobachteten Betriebs aufzunehmen sind.
d) Bestimmung von Hilfsindikatoren (und Schwellenwerten) zur objektiven Bewertung der Angebotsstruktur, wie beispielsweise innerhalb des Food-Bereichs die Festlegung der „Anzahl der Sektsorten" als Indikator zur Einschätzung der Angebotstiefe oder des „Preises für eine 1l Flasche CocaCola" als einheitlicher Maßstab zur Bewertung des Preisniveaus

## 3.3 Methoden-Mix

In der Forschungspraxis zeigt sich häufig, daß die sachgerechte Bearbeitung von empirischen Fragestellungen die Kombination von verschiedenen Methoden der Datengewinnung (Record-linkage) und/oder von mehreren, zwar identisch konzipierten, aber zu unterschiedlichen Zeitpunkten (Längsschnittanalyse) oder in verschiedenen Untersuchungsräumen (Querschnittanalyse) durchgeführten Erhebungen erfordert.

### *3.3.1 Record-linkage*

Die Verknüpfung unterschiedlicher Methoden zur Datenerhebung innerhalb eines Forschungsprojekts ermöglicht eine tiefere Durchdringung des Forschungsgegenstandes. Zu den häufig verwendeten Methodenkombinationen zählen:
- Sekundärstatistische Analysen und Befragungen
  Um etwa Migrationsprozesse zu untersuchen, bietet es sich an, die Quantität der Wanderungsbewegungen anhand von Sekundärstatistiken zu analysieren und durch Befragungen der mobilen Haushalte hinsichtlich der qualitativen Aspekte der Wanderungsprozesse (Motive, Alternativen) zu vertiefen.

| | |
|---|---|
| Kartierung Nr. ...<br>Standort:<br>Ortsteil ................ | |
| Straße und Nr.: ................ Kennziffer: ..... | ⌣ ⌣ |
| Bezeichnung: .................... | |
| Einzelhandelsbetriebe:<br>-**Betriebsform:**<br>*Lebensmittel EH*: Bedienungsladen (11), SB-Laden (12), Supermarkt (13), Verbrauchermarkt (14)<br>*Non-food-EH*: Warenhaus/Kaufhaus (21), Fachgeschäfte (22), Spezialgeschäft (23), Fachmarkt (24)<br>*Sonderformen*: Kiosk (31), Tankstellenshop (32), Gemischtwarenladen (33), Ladenhandwerk (34), Handwerk mit Verkauf (35) | ⌣ |
| -**Angebotsbereich:**<br>*Kurzfristiger Bedarf*: Nahrungsmittel/Getränke (11), Tabakwaren/Zeitschriften (12), Pharmazeutische/kosmetische Artikel (13), Blumen/Zooartikel (14)<br>*Mittelfristiger Bedarf*: Textilien/Bekleidung (21), Schuhe (22), Haushaltswaren/Heimwerkerbedarf (23), Radio/TV/Unterhaltungselektronik (24), Photoartikel (25), Bücher/Bürobedarf (26)<br>*Langfristiger Bedarf*: Möbel/Einrichtungsgegenstände (31), Lederwaren/Pelze (32), Uhren/Schmuck (33), Fahrzeuge/KFZ-Zubehör/Fahrräder (34), Büro-/Nähmaschinen (35), Sportgeräte/-artikel (36), Antiquitäten/Kunsthandel (37), Optiker/Hörgeräte/Sanitätshäuser (38)<br>*Waren verschiedener Art:* (41) | Angebots- Anteil an<br>bereich: der Verkaufsfläche in %:<br><br>⌣ ⌣ ⌣ ⌣ ⌣<br>⌣ ⌣ ⌣ ⌣ ⌣<br>⌣ ⌣ ⌣ ⌣ ⌣<br>⌣ ⌣ ⌣ ⌣ ⌣ |
| -**Angebotsbewertung:** | |

|  | | 1 | 2 | 3 | | |
|---|---|---|---|---|---|---|
| Angebotsbreite | breit | | | | schmal | ⌣ |
| Angebotstiefe | tief | | | | flach | ⌣ |
| Qualität des Angebotes | hoch | | | | gering | ⌣ |
| Preisniveau | niedrig | | | | hoch | ⌣ |
| Übersichtlichkeit | gut | | | | schlecht | ⌣ |
| Gestaltung des Angebots | aufwendig | | | | einfach | ⌣ |

| | |
|---|---|
| -**Betriebsgröße:**<br>Verkaufsfläche in qm......... | ⌣ ⌣ ⌣ |

Abb. IV.17 Muster eines Erhebungsbogens zur Erfassung der Angebotsstrukturen im Einzelhandel
Quelle: *E. Kulke* 1993, S. 20

- Sekundärstatistische Analysen und unterschiedliche Formen der Befragung
  Es ist durchaus üblich, zur Abschätzung des ökonomischen Potentials einer Region neben der Auswertung von regionalen Struktur- und Entwicklungsdaten aus sekundärstatistischen Quellen ergänzende Betriebsbefragungen in Form von Leitfadengesprächen, aber auch vertiefende Expertengespräche mit regionalen Akteuren wie Wirtschaftsförderern, Industrie- und Handelskammern oder Verbänden durchzuführen.
  Die Kombination unterschiedlicher Befragungsmethoden bezieht sich dagegen nicht auf einzelne Erhebungen. Diese sollten zur Wahrung einer annähernd identischen Befragungssituation und damit zur Gewährleistung der Vergleichbarkeit der Befragungsergebnisse in der Regel nur mittels *einer* Methode durchgeführt werden. So können z. B. die Ergebnisse einer Betriebsbefragung, die zum Teil telefonisch und zum Teil mit face-to-face Interviews durchgeführt wurden, aufgrund der unterschiedlichen Befragungssituationen Verzerrungen aufweisen. Eine entsprechende Untersuchungskonzeption, die z. B. den Betrieben die Wahl der für sie günstigsten Befragungsmethode überläßt, kann erst dann ohne Bedenken zum Einsatz kommen, wenn in einer Voruntersuchung nachgewiesen werden kann, daß keine Abweichungen im Antwortverhalten in Abhängigkeit von der Befragungsmethode auftreten.
- Beobachtungen und Befragungen
  Beispielsweise läßt sich die regionale Versorgungssituation im Einzelhandelsbereich anhand von Beobachtungen zur Angebotsstruktur erfassen und um Haushaltsbefragungen zur Einschätzung aus Sicht der Nachfrageseite ergänzen.

Nicht immer handelt es sich bei der Strategie des Record-linkage um Verbindungen verschiedener Datenerhebungsmethoden. Auch die Verwendung unterschiedlicher Datensätze, die mit ein und derselben Methode erfaßt wurden, fällt unter den Begriff „Record-linkage" (vgl. *R. Schnell* et al 1993, S. 269). Diese Form der Verknüpfung bietet sich insbesondere bei sekundärstatistischen Daten an. Bei Regionalanalysen ist es z. B. gängige Praxis, regionale Struktur- und Entwicklungsdaten zur Wirtschaft, Bevölkerung und Infrastruktur aus verschiedenen Statistiken – auch aus unterschiedlichen Datenquellen – miteinander zu kombinieren. Dieses Vorgehen setzt allerdings voraus, daß den unterschiedlichen Datensätzen räumlich identische Erhebungseinheiten zu Grunde liegen.

## 3.3.2 Quer- und Längsschnittanalysen (einschl. Panel-Studien)

Querschnittanalysen zielen auf einen Strukturvergleich verschiedener Regionen oder Standorte ab. Um eine Vergleichbarkeit zu gewährleisten, müssen die zu untersuchenden Forschungsinhalte in allen Vergleichsregionen/-standorten zum selben Zeitpunkt bzw. innerhalb desselben Zeitraums erhoben werden. Die Konzeption der Querschnittanalyse kann gleichermaßen auf sekundärstatistischem Datenmaterial aufbauen, wie z. B. bei Ländervergleichen, oder auf Daten aus Primärerhebungen beruhen, wie z. B. beim Vergleich von Angebotsstrukturen verschiedener Geschäftszentren.

Längsschnittanalysen untersuchen einen Forschungsinhalt zu verschiedenen Zeitpunkten. Im Gegensatz zu Querschnittanalysen, die Strukturbilder wiedergeben (Strukturanalyse), zeichnet die Längsschnittanalyse Entwicklungsverläufe nach (Prozeßanalyse) – beispielsweise die Entwicklung regionaler Disparitäten innerhalb der EU. Längsschnitt-Untersuchungen arbeiten in der Regel mit sekundärstatistischen Daten. Allein der finanzielle und zeitliche Aufwand für Mehrfachbefragungen – möglicherweise in mehrjährigen Intervallen – schließt die Erhebung primärstatistischer Daten weitgehend aus bzw. schränkt den Anwenderkreis auf finanzstarke Institutionen ein.

Primärstatistische Längsschnitt-Studien unterteilen sich nach dem methodischen Vorgehen in:
– Folgestudien, bei denen mit dem gleichen Erhebungsinstrument äquivalente Stichproben der gleichen Grundgesamtheit zu verschiedenen Zeitpunkten berücksichtigt werden. Während Umfang und Struktur der Stichprobe bei jedem Befragungsvorgang identisch bleiben, erfolgt die Wahl der zu befragenden Personen/Betriebe zufällig, d. h. ein und dieselbe Person oder ein und derselbe Betrieb kann mehrfach befragt werden, muß es aber nicht.
– Panel-Studien, bei denen mit dem gleichen Erhebungsinstrument dieselben Personen oder Institutionen zu verschiedenen Zeitpunkten befragt werden.

Panel-Untersuchungen bieten gegenüber Folgestudien den Vorteil, daß sie nicht nur allgemeine Trends erkennen lassen, sondern Veränderungen der einzelnen Erhebungseinheiten (z. B. Betriebe), die Richtung ihrer Veränderungen sowie die Ursachen oder Bedingungen der Veränderung widerspiegeln und damit den Entwicklungsprozeß erfassen können.

Zur Illustration (vgl. auch *G. Schaber* 1990, S. 2f sowie *S. Allegrezza* 1990, S.12): Eine Folgestudie mit vier Erhebungen in Fünf-Jahres-Abständen zeigt, daß der Prozentsatz innovationsorientierter Unternehmen jedes Mal bei etwa 5% liegt. Dieses Ergebnis läßt lediglich die Schlußfolgerung zu, daß für den Untersuchungszeitraum der Anteil innovierender Unternehmen konstant geblieben ist. Häufig erfolgt aber die Unterstellung, daß es sich bei den 5% in allen vier Erhebungen um ein und dieselben Unternehmen handelt, was zu der Annahme veranlassen kann, daß sich ein „harter Kern" innovationsfreudiger Betriebe herausbildet.

Tatsächlich kann erst eine Panel-Studie zeigen, wie sich die Gruppe der innovationsorientierten Unternehmen zu jedem Erhebungszeitpunkt zusammensetzt. Es wäre denkbar, daß eine hohe Fluktuation besteht, d. h. ein erheblicher Teil der Unternehmen innerhalb der Referenzperiode in die Gruppe der innovationsorientierten Betriebe eintritt und auch wieder austritt. Der Prozentsatz der Betriebe, die zu allen Erhebungszeitpunkten zu den innovierenden Unternehmen zählen, läge dann niedriger als 5%.

Bei der Durchführung von Panel-Verfahren ist allerdings aufgrund der Konzeption, über einen längeren Zeitraum immer wieder dieselben Personen, Haushalte oder Institutionen zu befragen, mit folgenden Problemen zu rechnen (vgl. *J. Friedrichs* 1990, S.369):

- Panel-Mortalität: Der Stichprobenbestand der ersten Befragungswelle nimmt in den darauffolgenden Erhebungen mehr und mehr ab. Gründe für die Panel-Mortalität, d. h. den Ausfall von Beobachtungseinheiten über die Zeit, können sich ergeben durch abnehmende Teilnahmebereitschaft bei Mehrfachbefragungen, durch Nichterreichbarkeit von Zielpersonen (Umzug, Krankheit usw.) oder bei Betriebsbefragungen auch durch Firmenschließungen.

  Mit zunehmender Zahl der Ausfälle nimmt die Repräsentativität der Gesamtergebnisse ab, zumal die Ausfälle häufig nicht zufällig, sondern systematisch verteilt sind. So stellte beispielsweise *S. Allegrezza* im Rahmen eines Betriebspanels fest, daß sich die Ausfälle überwiegend aus der Gruppe der sehr kleinen Betriebe des Einzelhandels und der Dienstleistungen rekrutierten (1990, S.16).

- Die Aussagentiefe von Panel-Studien hängt davon ab, daß die Antworten den einzelnen Erhebungseinheiten zuzuordnen sind. Die Befragungen können daher nicht anonym erfolgen. Selbst wenn zugesichert wird, daß die endgültigen Forschungsergebnisse keinen Rückschluß auf einzelne Erhebungseinheiten zulassen, fällt die Teilnahmebereitschaft in der Regel geringer aus als bei Umfragen, die von vornherein die Anonymität der Befragten gewährleisten, d. h. weder nach Namen noch Adressen fragen.

## 4. Operationalisierung

Das vorangegangene Kapitel IV. 3 faßt die allgemeinen Anwendungsvoraussetzungen und die grundsätzlichen Charakteristika der verschiedenen Erhebungsmethoden zusammen und bietet die Grundlage, um für eine zu untersuchende Problemstellung eine geignete Methode der Primärerhebung zu bestimmen. Die Entscheidung für eine Erhebungsmethode zieht die Erstellung eines entsprechenden Erhebungsinstruments (Fragebogen, Kategorienschema) nach sich. Dieser Arbeitsschritt erfordert die *Operationalisierung* oder *Übersetzung* der für die Untersuchung relevanten Variablen in empirisch erfaßbare Sachverhalte (vgl. Abb. IV. 18). Ausgangspunkt der Operationalisierung stellen die aufgestellten Hypothesen dar. In einem ersten Schritt erfolgt eine Verknüpfung der in den Hypothesen enthaltenen Variablen mit empirisch erfaßbaren Indikatoren. Daran schließt sich die Übersetzung der Indikatoren in Meßwerte an, was die Aufstellung von Meßanweisungen erfordert: Wie sind die Indikatoren zu messen und die Meßergebnisse zu protokollieren?

### 4.1 Variablen und Indikatoren

*Variablen* stellen Merkmals- bzw. Eigenschaftsdimension dar, die mit einem Begriff bezeichnet werden und mehrere Ausprägungen annehmen können. Variablen lassen sich unterscheiden in solche mit direktem empirischen Bezug (*manifeste Variablen*) – wie „Alter", „Geschlecht" – und in Variablen, die sich nicht direkt beobachten lassen (*latente Variablen*) – wie beispielsweise „Erreichbarkeit" oder „Entwicklungsstand".

Eine empirische Erfassung latenter Variablen setzt die Bestimmung von Indikatoren voraus, die den mit dem Begriff gemeinten Sachverhalt repräsentieren und gleichzeitig einen direkten empiri-

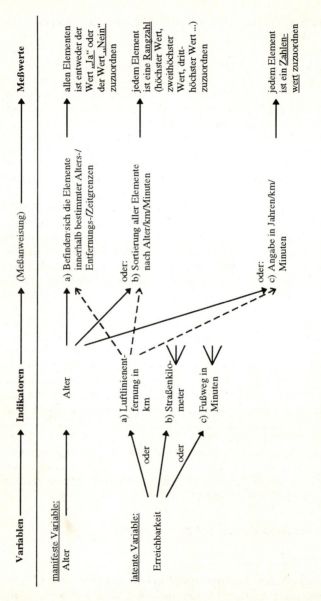

Abb.IV.18 Operationalisierung – Beispiele der Transformation von Variablen in Indikatoren und Meßwerte

schen Bezug aufweisen. Indikatoren stellen demnach manifeste Variablen dar.

Bei der Bestimmung von Indikatoren für latente Variablen kann die im Rahmen der Problemstrukturierung und -präzisierung durchgeführte Strukturanalyse hilfreich sein. Die Zerlegung der Variablen in ihre horizontalen und vertikalen Bestandteile gibt Aufschluß über potentielle Indikatoren, wenn der Strukturierungsprozeß auch die eindimensionale Ebene – die Bestimmung empirisch erfaßbarer Sachverhalte (manifeste Variablen) – umfaßt. Aus dem Pool von eindimensionalen Sachverhalten kann eine Auswahl von Indikatoren für Variablen der übergeordneten Aggregationsstufen erfolgen. Ein zentrales Problem dieses Operationalisierungsschritts besteht darin, die getroffene Auswahl zu begründen, d. h. nachzuweisen, daß die empirischen Sachverhalte, die durch die Indikatoren erfaßt werden, einen Rückschluß auf die latenten Variablen zulassen.

Bei der Transformation von latenten Variablen besteht sowohl die Möglichkeit, nur *einen* Indikator zu verwenden als auch eine Kombination von mehreren Indikatoren einzusetzen. Die latente Variable „Erreichbarkeit" läßt sich in Form *eines* Indikators abbilden, wobei – je nach Untersuchungszusammenhang – verschiedene Varianten in Frage kommen, beispielsweise „Luftlinienentfernung in km", „Straßenkilometer" oder „Fußweg in Minuten" (vgl. Abb. IV. 18). Bei komplexeren Merkmalsdimensionen, wie dem „Entwicklungsstand eines Landes", werden in der Regel mehrere Indikatoren zur Operationalisierung verwendet. Für das angegebene Beispiel könnte sich eine Indikatorenkombination beispielsweise zusammensetzen aus dem Pro-Kopf-Einkommen, der Lebenserwartung bei der Geburt, der Analphabetenquote und weiteren sozioökonomischen und ökologischen Indikatoren. Für die Datenanalyse stellt sich in diesen Fällen das Problem, mit welcher Gewichtung jeder der Indikatoren in die Bestimmung der Variable eingehen soll. Hierfür finden Verfahren zur Indexbildung und Methoden der multivariaten Statistik, wie beispielsweise die Faktorenanalyse oder die Cluster-Analyse Verwendung (vgl. hierzu *G. Bahrenberg, E. Giese, J. Nipper* 1992).

## 4.2 Transformation von Indikatoren in Meßwerte

### *4.2.1 Messen*

Der zweite Schritt der Operationalisierung sieht vor, den Indikatoren, also den empirischen Sachverhalten, Zahlen (Meßwerte) zuzu-

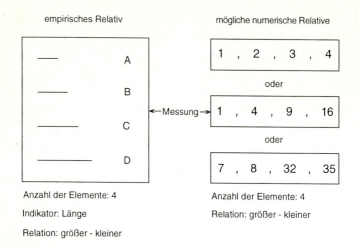

Abb. IV.19    Empirisches und numerisches Relativ
Quelle: *K.Heidenreich* (1995, S.343)

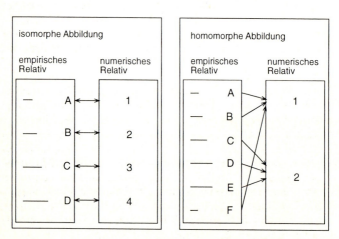

Abb. IV.20    Isomorphe und homomorphe Abbildungen

ordnen. Der Vorgang des *Messens* setzt voraus, daß eine Zuordnungsvorschrift (Meßanweisung) existiert, die angibt, auf welche Weise die Indikatorausprägungen mit dem Zahlensystem zu verknüpfen sind. Das Ziel der Meßanweisung besteht darin, die Relationen zwischen den Indikatorausprägungen strukturgetreu auf eine Zahlenmenge abzubilden. Die Menge der Indikatorausprägungen wird als *empirisches Relativ* bezeichnet, während die Menge der zugeordneten Zahlen ein *numerisches Relativ* bildet (vgl. Abb. IV. 19).

Bei der Art der Abbildung des empirischen Relativs in das numerische Relativ lassen sich zwei Formen unterscheiden (vgl. Abb. IV. 20):
– Isomorphe Abbildung
Die Elemente des numerischen Relativs sind nur jeweils *einem* Element aus dem empirischen Relativ zugeordnet. Die Menge des empirischen Relativs enthält also keine Elemente mit gleicher Indikatorausprägung. Eine isomorphe Abbildung läßt eine „umgekehrt eindeutige Zuordnung" zu: Jedes Element des empirischen Relativs ist exakt mit *einem* Element des numerischen Relativs verknüpft. Und auch umgekehrt gilt: Anhand des Meßwertes läßt sich eindeutig das dazugehörige Element aus dem empirischen Relativ identifizieren. Isomorphe Abbildungen lassen sich allerdings bei Messungen innerhalb der Wirtschafts- und Sozialgeographie nur selten verwirklichen, so daß in der Regel die zweite, weniger streng formulierte Zuordnungsform – die homomorphe Abbildung – Verwendung findet.
– Homomorphe Abbildung
Jedes Element eines numerischen Relativs kann mit mehreren Elementen aus dem empirischen Relativ verknüpft werden. Homomorphe Abbildungen lassen sowohl Ranggleichheit innerhalb des empirischen Relativs – identische Indikatorausprägung bei mehreren Elementen – als auch die Zusammenfassung mehrerer Elemente – auch ungleicher Ausprägung – zu einer Klasse zu. Allerdings ermöglicht diese Abbildungsform eine eindeutige Zuordnung nur noch in einer Richtung: vom empirischen zum numerischen Relativ. Die Bedingung, jedem Element des empirischen Relativs exakt *einen* Meßwert zuzuordnen, stellt eine Minimalforderung für alle empirischen Messungen dar.

*4.2.2 Meßskalen*

Die Forderung, durch den Meßvorgang eine homomorphe Abbildung zu erzeugen, bestimmt noch nicht, wie die Messung durchzu-

führen ist und welche Meßwerte Verwendung finden. Am Beispiel des Indikators „Alter" läßt sich dieser Zusammenhang demonstrieren (vgl. Abb. IV. 18):
- Lautet die Meßanweisung „Für jedes Element des empirischen Relativs ist zu messen, ob es innerhalb der Altersgrenze von 14 Jahren bis 18 Jahren liegt" besteht das numerische Relativ aus zwei Meßwerten: ja – nein.
- Zielt die Messung darauf ab, „alle Elemente des empirischen Relativs nach dem Alter zu sortieren", setzt sich das numerische Relativ aus Rangzahlen zusammen.
- Die Zuordnungsregel „Für alle Elemente des empirischen Relativs die Altersangabe in Jahren zu messen" erfordert die Verwendung des Systems der natürlichen Zahlen (plus Null) zur Bestimmung der Meßwerte.

Alle Meßanweisungen genügen dem Kriterium der homomorphen Abbildung, jedoch erzeugen sie unterschiedliche numerische Relative. Jedes der im Beispiel genannten numerischen Relative repräsentiert eine spezifische Meßskala. Im allgemeinen lassen sich vier, hierarchisch angeordnete Typen von Skalen unterscheiden (vgl. *R. Schnell* et al 1993, S. 148ff und *J. Friedrichs* 1990, S. 98):
- Nominalskala
  Die Meßwerte schließen sich logisch aus. Das Kriterium der Messung ist die Unterscheidung der Elemente.
  Beispiel: Ja – Nein; Männlich – Weiblich; Selbständige – Beamte – Angestellte – Arbeiter.
- Ordinalskala
  Die Meßwerte schließen sich logisch aus und bilden darüber hinaus eine Rangordnung.
  Beispiele: sehr zufrieden – zufrieden – nicht zufrieden; wichtig – weniger wichtig – unwichtig.
- Intervallskala
  Über die Merkmale der Ordinalskala hinaus gilt, daß die Abstände zwischen den Meßwerten gleichgroße Intervalle bilden (Äquidistanz).
  Beispiele: Temperaturmessungen in Grad Celsius oder Fahrenheit.
- Ratio- oder Verhältnisskala
  Neben den Eigenschaften Unterscheidung, Rangordnung und Äquidistanz erhält der Wert „Null" als Anfangspunkt der Skala einen empirischen Sinn. Die Zuweisung der Null bedeutet, daß

bei dem entsprechenden Element der Indikator nicht vorhanden – gleich Null – ist. Daraus folgt, daß sich jeder Wert durch ein Vielfaches eines beliebigen anderen Wertes der Skala ausdrücken läßt (Verhältnisskala).
Beispiele: Temperaturmessungen in Kelvin, Alter, Länge, Einkommen, Preise.

Das Meßniveau bestimmt, in welchem Umfang Aussagen über die Elemente des empirischen Relativs getroffen werden können: Das niedrigste Niveau, die Nominalskala, erlaubt lediglich Aussagen über die Gleichheit bzw. Verschiedenheit der Elemente, während das höchste Meßniveau, die Ratioskala, sowohl Aussagen zur Gleichheit und Verschiedenheit als auch zur Rangordnung, zur Äquidistanz und zu den Verhältnissen der Elemente untereinander zuläßt.

Die unterschiedliche Aussagekraft der verschiedenen Skalentypen nimmt Einfluß auf die bei der Datenauswertung anzuwendenden statistischen Verfahren. So lassen beispielsweise nominal oder ordinal skalierte Meßwerte die Berechnung eines arithmetischen Mittelwertes oder der Standardabweichung nicht zu. Abb. IV. 21 gibt einen Überblick über die statistischen Verfahren, die in Abhängigkeit vom Skalenniveau der Meßwerte für die Datenauswertung angewendet werden können

Die hierarchische Ordnung der Skalentypen bedingt, daß jedes höhere Meßniveau alle untergeordneten Skalen umfaßt und sich auf ein niedrigeres Niveau transformieren läßt. Eine Umkehrung, d. h. die Überführung bereits erhobener Meßwerte in einen höherrangigen Skalentyp ist dagegen nicht möglich. Für die Bestimmung eines Meßverfahrens gilt daher: In Hinblick auf die Aussagekraft und die im Rahmen der Datenauswertung anzuwendenden statistischen Maßzahlen und Verfahren ist ein Meßvorgang auszuwählen, der in bezug auf die abzubildende Variable und den zu messenden Indikator das höchstmögliche Meßniveau erreicht. Für die Variable/den Indikator „Geschlecht" stellt beispielsweise die Nominalskala bereits das maximal zu erreichende Meßniveau dar, während die Variable/der Indikator „Alter" durch die Auswahl der Meßanweisung „Erfassung der Altersangabe in Jahren" das höchste Meßniveau, die Ratioskala, erreichen kann. Die oben aufgeführten Varianten für die Messung des Indikators „Alter" würden nur zu untergeordneten Skalenniveaus führen.

| Meßniveau | Annahme | Beispiele statistischer Maßzahlen | Zusammenhangsmaße | Signifikanztests |
|---|---|---|---|---|
| Nominalskala | $A \neq B$ | Häufigkeiten, Modalwert | Kontingenzkoeffizient (c), Vierfelderkoeffizient (Phi) | $Chi^2$-Test, Cochran: Q-Test, McNemar-Test |
| Ordinalskala | $A < B < C$ | zusätzlich: Median, Quartile, Prozentrangwerte, | zusätzlich: Rangkorr.-Koeffizient (Tau, Gamma) | Vorzeichen-Test, Mann-Whitney-U-Test, Kolmogorow-Smirnow-Test, Rangvarianzanalysen: Friedman, Kruskal & Wallis |
| Intervallskala | Wenn A, B, C, D aufeinanderfolgen, gilt: $B - A = D - C$ | zusätzlich: arithmetisches Mittel, Standardabweichung, Schiefe, Exzeß | zusätzlich: Produkt-Moment-Korrelation (r), Regressionskoeffizient | Parametrische Verfahren: t-Test, F-Test |
| Ratio- oder Verhältnisskala | $A = x \cdot B$ | zusätzlich: geometrisches Mittel, Variabilitätskoeffizient | | |

Abb.IV.21 Meßniveau und statistische Verfahren zur Datenauswertung

Quelle: zusammengestellt nach *K. Heidenreich* 1995, S. 347 und *J. Friedrichs* 1990, S. 99

## 4.2.3 Gütekriterien der Messung

Ziel der Operationalisierung ist es, Meßverfahren zu bestimmen, die für die zu untersuchenden Sachverhalte möglichst exakte und fehlerfreie Meßwerte liefern. Meßfehler entstehen, wenn das verwendete Meßinstrument nicht den zu untersuchenden Sachverhalt abbildet. Diese Gefahr besteht häufig bei der Messung von latenten Variablen: Spiegelt der ausgewählte Indikator tatsächlich den mit der latenten Variable bezeichneten Sachverhalt wider? Das Problem der *Gültigkeit* (Validität) eines Meßinstruments läßt sich an einem einfachen Beispiel demonstrieren: Die Messung von Innovationsintensität ( = latente Variable) erfolgt häufig mittels des Indikators „Zahl der Patentanmeldungen". Die Gültigkeit dieses Indikators ist allerding fragwürdig, da nicht alle technologischen Neuerungen als Patente angemeldet werden – eine Praxis, die insbesondere bei kleinen und mittleren Unternehmen weit verbreitet ist. Zum anderen führt nur ein Bruchteil der Patentanmeldungen tatsächlich zu einer anwendungsorientierten Umsetzung.

Ein zweites Gütekriterium eines Meßvorgangs – neben der Gültigkeit – stellt die *Verläßlichkeit* ( Reliabilität) des Meßinstruments dar: Liefert die wiederholte Messung bei ein und demselben Objekt unterschiedliche Meßwerte, ist das Meßinstrument nicht zuverlässig – vergleichbar einem fehlerhaften Höhenmesser. Die angezeigten Meßwerte sind unbrauchbar, da sie keinen gesicherten Schluß auf die tatsächliche Höhe zulassen. Die Ursache der Fehlmessungen kann aber auch an einem „fehlerhaften Ablesen" des Meßinstruments liegen: Es sei an dieser Stelle nochmals darauf verwiesen, daß bei der Codierung von Primärdaten die Codieranweisungen eindeutig formuliert sein müssen. Ein und derselbe Sachverhalt muß sowohl in allen Untersuchungsfällen von einem Bearbeiter bzw. einer Bearbeiterin zu einer identischen Codierung führen als auch dieselbe Zuordnung durch alle anderen hervorbringen.

Kaum ein Meßvorgang kann absolute Gültigkeit oder Verläßlichkeit gewährleisten. Die Güte einer Messung läßt sich in der Praxis nur schwer einschätzen. Es liegen verschiedene Testverfahren zur Prüfung der Gütekriterien „Gültigkeit" und „Verläßlichkeit" vor.

Um die *Validität* eines Meßvorgangs zu bestimmen, lassen sich u.a. folgende Verfahren anwenden ( vgl. *J. Friedrichs* 1990, S. 101f, *R. Schnell* et al 1993, S. 162ff und *P. Atteslander* 1995, S. 263f):

- expert validity
  Die Prüfung der Gültigkeit der Meßinstrumente erfolgt durch Personen, die in bezug auf den zu untersuchenden Forschungsgegenstand über Expertenwissen verfügen. Hierzu können sowohl die Zielgruppe der Untersuchung (Unternehmen, Haushalte, politische Entscheidungsträger) als auch Forschende zählen. Häufig zielt diese Methode auf eine Überprüfung der logischen Gültigkeit ab, d. h. auf die Fragen, ob erstens alle Aspekte zur Messung einer latenten Variable in die Operationalisierung eingegangen sind und zweitens, ob die gewählten Indikatoren dem zu messenden Sachverhalt entsprechen (siehe obiges Beispiel zur „Innovationsintensität").
- concurrent validity
  Diesem Verfahren liegt ein Vergleich der Meßwerte mit Daten zugrunde, die in einer bekannten Beziehung zu den erhobenen Werten stehen. Besteht beispielsweise eine hohe positive Korrelation zwischen Mobilitätsbereitschaft und Bildung, dann erlangt eine Skala zur Messung von Mobilitätsbereitschaft Gültigkeit, wenn sie bei Personen mit einem hohen Bildungsstand auch eine hohe Mobilitätsbereitschaft anzeigt und umgekehrt. Die Schwierigkeit der concurrent validity-Methode besteht darin, Vergleichskriterien zu finden, die einerseits selbst gültig und verläßlich sind und von denen andererseits gesicherte Erkenntnisse über ihre Beziehung zu dem zu testenden Meßinstrument vorliegen.
- known groups
  Diese Methode setzt voraus, daß die Extremgruppen in bezug auf die zu messende Variable bekannt sind. Soll beispielsweise ein Meßinstrument zur Bestimmung des Entwicklungsstandes von Ländern getestet werden, so läßt sich dieses zunächst bei einer Anzahl von hochindustrialisierten Ländern einerseits und bei einigen der ärmsten Entwicklungsländer andererseits erproben. Unterscheiden sich sowohl die Mittelwerte der Extremgruppen untereinander als auch die Mittelwerte der Extremgruppen vom Mittelwert der Gesamtgruppe signifikant, ist davon auszugehen, daß das Meßinstrument Gültigkeit besitzt.

Für die Überprüfung der *Reliabilität* des Meßvorgangs stehen u. a. zwei Verfahren zur Verfügung, die beide auf der Durchführung von wiederholten Erhebungen basieren (vgl. *K. Heidenreich* 1995, S. 355):

– Retest-Methode
Das zu prüfende Meßinstrument wird denselben Probanden in zeitlichem Abstand wiederholt vorgelegt. Stimmen die Meßergebnisse der ersten Erhebung mit denen des Retests in hohem Maße überein, läßt sich eine große Zuverläßigkeit des Meßinstruments unterstellen. Der Grad der Übereinstimmung beider Untersuchungsergebnisse stellt einen Indikator für das Maß der Reliabilität des Meßinstruments dar. Allerdings können Wiederholungseffekte wie beispielsweise die Erinnerung an die Antworten bei der ersten Erhebung und die Absicht, auch beim Retest nicht davon abzuweichen, einen hohen Grad der Verläßlichkeit vortäuschen.
Umgekehrt kann eine niedrige Übereinstimmung der Untersuchungsergebnisse beispielsweise auch auf eine zwischen den beiden Erhebungszeitpunkten veränderte Einstellung der Probanden zum Untersuchungsgegenstand zurückzuführen sein. Die Reliabilität des Meßinstruments wird in diesen Fällen unterschätzt.
– Paralleltest-Methode
Die Paralleltest-Methode bietet den Vorteil, daß sie das Problem der „Einstellungsänderungen" bei den Probanden ausklammert. Es werden zwei vergleichbare Erhebungen bei denselben Probanden mehr oder weniger zeitgleich – im Abstand von nur wenigen Tagen – durchgeführt. Die Meßinstrumente der parallel durchgeführten Erhebungen dürfen nicht identisch sein, sollen aber die gleichen Variablen in äquivalenter Form erheben. Auch hier spiegelt der Korrelationskoeffizient beider Untersuchungsergebnisse den Grad der Verläßlichkeit der Meßinstrumente wieder.

Eine grundsätzliche Schwierigkeit der Zwei-Test-Methoden besteht darin, die Probanden zur Teilnahme an einer zweiten Erhebung zu motivieren.

## 4.3 Fragen und Antwortvorgaben

Neben den meßtheoretischen Zusammenhängen sind bei der Übersetzung der in den Hypothesen genannten Variablen in ein Erhebungsinstrument besonders bei allen Befragungsformen Grundsätze zur Konstruktion von Fragen und Antwortvorgaben zu beachten. Über die einzelnen Fragen des Erhebungsinstruments erfolgt die Verbindung zwischen dem Bezugsrahmen der Forschenden (Erkenntnisinteresse, Hypothesen) und dem Bezugsrahmen der Probanden (Alltagserfahrung). Es ist daher sicherzustellen, daß die *Formulierung* der Fragen und Antwortvorgaben in einer für die zu befragende Zielgruppe verständlichen und eindeutigen Form erfolgt. Darüber hinaus erfordert der Aufbau eines Fragebogens detaillierte Kenntnisse über die Anwendungsmöglichkeiten unterschiedlicher *Fragentypen* sowie über die *Funktionen* einzelner Fragen und die *Fragenanordnung* innerhalb des Fragebogens.

## 4.3.1 Grundsätze der Fragenformulierung

Um eine Eindeutigkeit der Kommunikation zwischen Forschenden und Probanden herzustellen, sollten bei der Formulierung von Fragen und Antwortvorgaben folgende Aspekte grundsätzlich Berücksichtigung finden:

1. Einfache Formulierungen
   Die Befragung sollte sich aus kurzen, in Wortwahl und Satzbau unkomplizierten Fragen und Antwortvorgaben zusammensetzen. So sind beispielsweise Synonyme, die abwechselnd verwendet werden, oder doppelte Negationen zu vermeiden.
   Bei der Wortwahl ist insbesondere zu beachten, daß keine für die Zielgruppe unbekannten, unklaren oder abstrakten Begriffe Verwendung finden. Im Zweifelsfall muß die Verständlichkeit der entsprechenden Begriffe im Rahmen eines Pretests gezielt überprüft werden.

2. Eindeutige Formulierungen
   Fragen und Antwortvorgaben sind so zu formulieren, daß sie sich eindeutig nur auf *eine* Dimension beziehen. Lassen sie den Bezug auf mehrere Dimensionen zu, ist bei der Auswertung nicht mehr nachvollziehbar, auf welche der Dimensionen die Probanden geantwortet haben.

> *Beispiel für mehrdeutige Frageformulierung*
>
> „Ist der Standort Ihrer Zulieferbetriebe weit entfernt?"
>
> Für die Probanden bleibt unklar:
> - Bezieht sich „Entfernung" auf eine räumliche oder eine zeitliche Distanz?
> - Wie ist „weit" zu operationalisieren? Welcher Schwellenwert soll zugrunde gelegt werden?
> - Handelt es sich um mehrere Zulieferbetriebe in verschiedenen Standorten, auf welche(n) Zulieferbetrieb(e) soll sich die Antwort beziehen? Auf die Mehrzahl der Betriebe? Auf den am weitesten entfernt gelegenen Betrie? Auf den Betrieb, mit dem größten Zuliefervolumen?

Die Befragungsergebnisse können in diesem Fall zu keinem interpretierbaren Resultat führen, da jeder der Probanden sich für seine eigene – den Forschenden nicht bekannte – Antwortdimension entscheidet. Das Fehlen eines einheitlichen Maßstabs verhindert die Vergleichbarkeit der Meßergebnisse.

Um auswertbare Ergebnisse zu erhalten, ist eine exakte Neuformulierung evtl. auch eine Aufsplittung in mehrere Fragen notwendig.

In anderen Fällen entsteht die Mehrdeutigkeit durch die Verwendung mehrdimensionaler Begriffe:

> *Beispiel für mehrdeutige Begriffsverwendung*
>
> „Wieviele Reisen haben Sie im letzten Jahr unternommen?"
>
> Unklar bleibt:
> - Sind tatsächlich alle Reiseformen gemeint, d. h. Urlaubsreisen, Dienstreisen oder auch Verwandtenbesuche?
> - Zählen auch Tages- oder Wochenendausflüge zu den Reisen?

In solchen Fällen verhelfen erläuternde Einführungen oder Einschübe (evtl. in Klammern gesetzt) zur Abgrenzung des Begriffsinhalts den Fragen und damit auch den Antworten zur Eindeutigkeit.

Unklarheit kann auch entstehen, wenn mehrere Frageninhalte in einer einzigen Fragen verknüpft werden.

> *Beispiel für unsachgemäße Verknüpfung von Fragen*
>
> „Haben Sie im vergangenen Jahr von der Kommune, vom Land, vom Bund oder der EU Wirtschaftsfördermittel erhalten?"
>
> In diesem Fall handelt es sich um eine unsachgemäße Verknüpfung von zwei verschiedenen Frageninhalten, nämlich:
> 1. Haben Sie im letzten Jahr Wirtschaftsfördermittel erhalten? (Ja; Nein) und
> 2. Wenn ja, von wem haben Sie die Wirtschaftsfördermittel erhalten? (Kommune; Land; Bund; EU; Sonstiges, bitte nennen)

Die Klassifikation der Antwortvorgaben oder der Erhebungskategorien im Falle einer Beobachtung müssen ebenso den Anforderungen der Eindeutigkeit genügen:
- Jede mögliche Antwort/Beobachtung muß einer Antwortvorgabe bzw. Beobachtungskategorie zuzuordnen sein (Vollständigkeit).
- Die Antwortvorgaben/Kategorien dürfen sich inhaltlich nicht überschneiden (Ausschließlichkeit).
- Die (Antwort-) Kategorien müssen durchgängig über eine Dimension definiert sein (Eindimensionalität).

> *Beispiel für unklare Antwortvorgaben*
>
> Auf die Frage nach der regionalen Herkunft ( = Wohnort vor Studienbeginn) von Studierenden einer Universität sind folgende Antwortmöglichkeiten vorgegeben:
> ○ am Studienort geboren
> ○ aus der näheren Umgebung des Studienortes (bis 50 km)
> ○ aus dem Bundesland des Studienortes
>
> Die Klassifikation der Antwortvorgaben genügt in diesem Fall nicht den Anforderungen der Eindeutigkeit:
> - Es liegt keine Vollständigkeit vor, da für alle Studierenden, die nicht aus dem Bundesland des Studienortes kommen, eine entsprechende Antwortkategorie fehlt.

- Das Kriterium der Ausschließlichkeit ist nicht erfüllt, da sich alle Antwortvorgaben überschneiden.
- Die Antwortskala erlangt keine Eindimensionalität, da die regionale Herkunft sowohl über den Geburtsort, räumliche Distanz als auch administrative Grenzen abgebildet wird.

3. Keine Überforderung der Probanden
Der Informationsstand und das Erinnerungsvermögen der Probanden ist nur begrenzt. Daher schlagen *E. Maccoby, N. Maccoby* (1974, S.47) vor:
- Fragen, die an konkrete Erfahrungen der Probanden anknüpfen, allgemeinen Fragen vorzuziehen;
- Fragen zu unvertrauten Problemen mit einer Erklärung oder einem Beispiel einzuleiten;
- immer genau Zeit, Ort und Zusammenhang, in die sich die Befragten versetzen sollen, zu bezeichnen;
- entweder alle Alternativen, an die die Probanden bei ihrer Antwort denken sollen, klarzustellen oder aber keine.

4. Vermeidung von Suggestivfragen
Mit der Art der Formulierung einer Frage kann das Antwortverhalten in bestimmte Richtungen gelenkt werden. Wenn es beispielsweise darum geht, durch eine Befragung von Anwohnern die Akzeptanz für ein neues Gewerbegebiet abzuklären, würde die „neutrale" Formulierung „Sind Sie dafür, daß am Ortsrand von A ein Gewerbegebiet errichtet wird?" zu einem anderen Ergebnis führen, als die Formulierung „Sind Sie dafür, daß das Wäldchen am Ortsrand von A abgeholzt und an dessen Stelle ein Gewerbegebiet errichtet wird?". In der zweiten Formulierung schwingt der Aspekt Umweltzerstörung mit, der eher eine ablehnende Haltung suggeriert. Eine Formulierung in der Art „Am Ortsrand von A soll ein neues Gewerbegebiet erschlossen werden, das neue Arbeitsplätze bringen wird. Sind Sie für die Errichtung dieses Gewerbegebiets?" würde eine Beeinflussung in der umgekehrten Richtung bedeuten, da die Zusatzinformation „Schaffung von Arbeitsplätzen" mit einer positiven Valenz besetzt ist.
Die Möglichkeit der unbewußten Beeinflussung (oder auch der bewußten Manipulation) von Befragungsergebnissen kann auch durch die Auswahl von Antwortalternativen gegeben sein. Sind etwa auf die Frage „Sind Sie für eine staatliche Subventionierung

der Schiffbauindustrie?" nur die Antwortalternativen Ja oder Nein möglich, werden auch die Befragten zu einer Entscheidung gezwungen, denen dieses Thema gleichgültig ist und die sich darüber noch nie Gedanken gemacht haben. Bei dieser Antwortalternative könnte der theoretisch mögliche Fall, daß die Mehrzahl der Probanden zu diesem Thema keine Meinung hat, nicht aufgedeckt werden.

## 4.3.2. Typen von Fragen und Antwortvorgaben

Nach der Art der Antwortvorgabe lassen sich grundsätzlich offene Fragen und geschlossene Fragen unterscheiden.

Bei *offenen Fragen* werden keine Antwortmöglichkeiten vorgegeben, d. h. die Antwortformulierung erfolgt durch die Probanden. Es ist bei der Gestaltung des Fragebogens darauf zu achten, daß für die Beantwortung der offenen Frage genügend Platz vorgehalten wird.

> *Beispiel für eine offene Frage* (im Kontext einer Untersuchung zur Wohnumfeldverbesserung)
>
> „In der letzten Zeit wurde in Ihrem Wohngebiet einiges verändert. Was gefällt Ihnen daran und was gefällt Ihnen daran nicht?"
>
> _____
> _____
> _____
> _____
> _____
> _____
> _____

Die Verwendung offener Fragen bietet sich an, wenn zum Untersuchungsgegenstand noch wenig Erfahrungen vorliegen. In diesen Fällen können durch offene Fragestellungen neue Erkenntnisse gewonnen sowie auch unerwartete Bezugssysteme aufgedeckt werden. Allerdings stellen offen formulierte Fragen eine hohe Anforderung an die Befragten – sowohl hinsichtlich ihrer Motivation, eine (vollständige) Antwort zu formulieren, als auch in bezug auf ihren Informationsstand und ihre Ausdrucksfähigkeit. Letzteres kann dazu führen, daß unterschiedlich zu wertende Antworten nicht unbedingt auf Einstellungsunterschieden, sondern lediglich auf unterschiedlichen sprachlichen Begabung der Probanden beruhen.

Darüber hinaus erfordert die Auswertung offener Fragen einen erheblichen Zeitaufwand, da für die gegebenen Antworten zunächst sinnvolle Auswertungskategorien gefunden werden müssen.

*Geschlossene* Fragen sehen bereits vorformulierte Antwortmöglichkeiten vor, d. h. die Befragten müssen lediglich „ihre" Antwort ankreuzen. Es lassen sich unterscheiden:
1. Alternativfragen
   Die Befragten können zwischen zwei Antwortmöglichkeiten, üblicherweise zwischen „ja" und „nein" auswählen.

> *Beispiel für Alternativfragen*
>
> „Haben Sie außer Berlin noch andere Studienorte in Betracht gezogen?"
> - ○ Ja
> - ○ Nein

2. Fragen mit Mehrfach-Antwortvorgaben und Rangordnung
   Die Antwortvorgaben bilden eine Rangordnung ab, in die sich die Probanden einordnen müssen. Häufig finden Skalen wie „wichtig / weniger wichtig / unwichtig", „sehr gut / gut / mittelmäßig / schlecht / sehr schlecht" oder „häufig / selten / nie" Verwendung. Die Rangskala sollte sich aus einer ungeraden Zahl von Antwortvorgaben zusammensetzen – beispielsweise drei oder fünf Abstufungen –, um den Befragten die Möglichkeit zu bieten, ein „Unentschieden" unproblematisch mit dem Ankreuzen der mittleren Position auszudrücken. Der bei Skalen mit gerader Anzahl von Antwortmöglichkeiten entstehende Entscheidungszwang bei Unentschiedenheit, tendenziell mehr zum oberen oder mehr zum unteren Extrem der Skala antworten zu müssen, kann dazu führen, daß die Entscheidung durch Antwortverweigerung umgangen wird.

> *Beispiel für Fragen mit Mehrfach-Antwortvorgaben und Rangordnung*
>
> „Wie schätzen Sie das Beratungsangebot der Technologiekontaktstelle A ein?"
> - ○ gut
> - ○ mittelmäßig
> - ○ schlecht

Eine Variation des Fragentyps „Mehrfach-Antwortvorgabe mit Rangordnung" bietet sich an, wenn mit der Einschätzungsfrage gleich mehrere Frageaspekte von den Probanden beurteilt werden sollen. Die Liste der zu bewertenden Inhalte ist hierfür der Bewertungsskala gegenüberzustellen.

> *Beispiel für eine Variation von Fragen mit Mehrfach-Antwortvorgaben und Rangordnung*
>
> „Welche Gründe haben zu einer Entscheidung für den jetzigen Standort geführt? Bitte schätzen Sie die Bedeutung folgender Faktoren ein."
>
> | | sehr groß | groß | mittelmäßig | gering | keine |
> |---|---|---|---|---|---|
> | Verfügbarkeit von qualifizierten Arbeitskräften | O | O | O | O | O |
> | Verfügbarkeit von unqualifizierten/angelernten Arbeitskräften | O | O | O | O | O |
> | Verfügbarkeit von Grundstücken | O | O | O | O | O |
> | Verkehrsanbindung | O | O | O | O | O |
> | Nähe zu wichtigen Kunden | O | O | O | O | O |
> | Nähe zu wichtigen Lieferanten | O | O | O | O | O |
> | Öffentliche Fördermaßnahmen | O | O | O | O | O |
> | Image der Region | O | O | O | O | O |
> | Wohnort des Gründers/ der Gründerin | O | O | O | O | O |

3. Fragen mit Mehrfach-Antwortvorgaben ohne Rangordnung
  Hiezu zählen alle Fragen, die mehrere Antwortvorgaben enthalten, diese aber nicht in einer Rangfolge einordnen. Es ist zu unterscheiden zwischen Skalen, deren Antwortvorgaben sich gegenseitig ausschließen, d. h. nur *eine* Antwort ist zuläßig, und Antwortvorgaben, die Mehrfachnennungen ermöglichen.
  Bei Fragen, die Mehrfachnennungen vorsehen, sollte die Liste der Antwortvorgaben nicht zu umfangreich ausfallen. Mit zunehmender Zahl der Antwortmöglichkeiten sinkt die Motivation der

## 4. Operationalisierung

Befragten, was zu einer Antwortverzerrung führen kann: Die Befragten kreuzen bevorzugt die erst genannten Kategorien an, ohne die nachfolgenden Antwortvorgaben zu berücksichtigen. Die Möglichkeit für Mehrfachnennungen muß für die Probanden deutlich erkennbar sein.

Eine Frage, die Mehrfachnennungen zuläßt, setzt sich genau genommen aus einer Kombination von mehreren Alternativfragen zusammen. Hinter jeder Antwortvorgabe steht implizit die Frage „Trifft die Antwortvorgabe zu?". Durch das Ankreuzen einer vorgegebenen Antwortmöglichkeit antworten die Probanden mit „Ja", während nicht angekreuzte Antwortvorgaben ein „Nein" signalisieren. Dieser Zusammenhang erlangt für die Auswertung von Fragen mit Mehrfachnennungen besondere Bedeutung: Die Antwortvorgaben einer Frage sind *nicht* als Merkmalsausprägungen zu behandeln, denen beispielsweise bei fünf Antwortvorgaben Codewerte von 1 bis 5 zugewiesen werden, sondern jede Antwortvorgabe stellt eine eigene Variable dar, der die Merkmalsausprägungen „Ja" (für trifft zu) und „Nein" (für trifft nicht zu) zuzuordnen sind.

*Beispiel für Fragen mit Mehrfach-Antwortvorgaben ohne Rangordnung (Entscheidung für nur eine Nennung)*

„Wo haben Sie Ihren Hauptwohnsitz?"
- in Berlin
- in Brandenburg
- in einem anderen Bundesland
- im Ausland

*Beispiel für Fragen mit Mehrfach-Antwortvorgaben ohne Rangordnung (Mehrfachnennungen möglich)*

Auf die Frage nach Informationen über die Universität vor Studienbeginn könnte für die Befragten, die mit „Ja" geantwortet haben, die Frage folgen:
„Von wem haben Sie die Informationen zur Universität erhalten?" (Mehrfachnennungen möglich)
- Verwandte, Freunde, Bekannte
- Schule, Lehrer
- Studienführer
- Presseinformationen der Universität
- Informationsveranstaltungen der Universität
- persönliche Anfrage bei der Universität

Geschlossene Fragen eignen sich um bereits bekannte, gut strukturierte Problembereiche für eine bestimmte Zielgruppe zu erfassen. Die einheitliche Antwortvorgabe gewährleistet die Vergleichbarkeit der Antworten und die Standardisierung minimiert den Aufwand für die Datenauswertung.
Allerdings besteht bei geschlossenen Fragen die Gefahr, daß die Palette der Antwortvorgaben nicht vollständig alle Antwortmöglichkeiten erfaßt und damit nicht alle Befragten „ihre" Antwort vorfinden. Dieses Problem kann insbesondere bei Meinungs- und Verhaltensfragen auftreten, aber auch dann, wenn die Probanden über detaillierte Kenntnisse zum Untersuchungsgegenstand verfügen.

Um diese Schwierigkeit zu umgehen, finden in der Praxis häufig „halboffene/halbgeschlossene" Fragen Verwendung. Der von *R. Schnell* et al (1993, S.342) als *Hybridfragen* bezeichnete Fragetyp kombiniert die Charakteristika von geschlossenen Fragen und offenen Fragen: Zusätzlich zu den für die Forschenden notwendigen vorformulierten Antwortvorgaben wird eine Kategorie wie z. B. „Sonstiges, bitte nennen:.." eingeführt, die den Probanden die Möglichkeit eröffnet, bei Bedarf ergänzend eine Antwort frei zu formulieren.

*Beispiel für Hybridfragen*

„Welches sind die wichtigsten Gründe für Ihren Besuch in dieser Einkaufspassage?" (Mehrfachnennungen möglich)
○ große Auswahl
○ gute Qualität des Angebots
○ derzeitige Sonderangebote
○ gute Parkmöglichkeiten
○ Arbeitsplatz liegt in der Nähe
○ Sonstiges, bitte nennen:

## 4.3.3 Funktion von Fragen und Fragenanordnung im Erhebungsinstrument

Nach der strategischen Bedeutung, die Fragen innerhalb eines Erhebungsinstruments übernehmen können, lassen sich als Funktionstypen Einleitungs- und Überleitungsfragen sowie Filter- und Folgefragen unterscheiden.

1. Einleitungs- und Überleitungsfragen
   Einleitungsfragen haben den Sinn, die Probanden in die Befragungssituation einzuführen und sie zur Mitarbeit zu motivieren. Am Anfang sollten daher einfache Fragen stehen, d. h. keine Meinungsfragen. Einleitungsfragen sollten sich bereits auf den abzufragenden Themenbereich beziehen. Fragen zu persönlichen Daten wie Alter, Geschlecht usw. eignen sich nicht, die Motivation (Neugier) der Befragten zu fördern. Sie gehören in der Regel an das Ende des Fragebogens.
   Überleitungsfragen dienen dazu, die Probanden innerhalb der Befragung in einen neuen Themenschwerpunkt einzuführen.

2. Filter- und Folgefragen
   Filterfragen haben die Funktion, bestimmte Untergruppen von Befragten herauszufiltern, denen anschließend spezielle Folgefragen vorgelegt werden. Die übrigen Probanden überspringen den speziellen Fragenblock, wobei eine deutlich gekennzeichnete Filterführung ihnen das Auffinden „ihrer Fortsetzungsfrage" ermöglichen soll.

> *Beispiel für eine Filterfrage mit Filterführung und Folgefragen*
>
> 1. Waren Sie vor Studienbeginn an der Humboldt-Universität zu Berlin (HUB) bereits an einer anderen Hochschule immatrikuliert?
>    ○ Ja
>    ○ Nein (**bitte weiter mit Frage 4**)
> 2. An welcher Hochschule waren Sie vor Studienbeginn an der HUB immatrikuliert?
>    _____
> 3. Was war für Ihren Hochschulwechsel an die HUB ausschlaggebend?
>    _____

Nicht immer muß eine Filterfrage als Ausgangspunkt für Folgefragen dienen. Mit Hilfe von Folgefragen können generell die in den vorherigen Antworten genannten Aspekte genauer erfaßt werden. Bei der Konstruktion von Folgefragen ist darauf zu achten, möglichst nach dem Prinzip der „Trichterung" vorzugehen, d. h. von allgemeinen zu immer spezielleren Fragen überzugehen.

Bei der Anordnung der Fragen innerhalb des Erhebungsinstruments sollten darüber hinaus folgende Aspekte Berücksichtigung finden:
– Der Fragebogen muß sich aus möglichst geschlossenen Themenblöcken zusammensetzen. Ein laufend wechselnder Themenbezug der Fragen kann die Probanden verwirren, ihre Antwortbereitschaft verringern und die Validität der Antworten einschränken.
– Es ist darauf zu achten, daß Prinzip der „Trichterung" sowohl hinsichtlich des Fragebogens – Abfolge der Themenblöcke von allgemeineren zu spezielleren Inhalten – als auch in bezug auf die einzelnen Themenblöcke durchzuhalten.
– Sowohl bei der Reihenfolge der Themenblöcke als auch bei der Fragenanordnung innerhalb der einzelnen Themenkomplexe sind „verzerrende Effekte" auszuschließen. Einzelne Fragen oder auch gesamte Themenkomplexe können die Antworten der nachfolgenden Fragen in eine bestimmte Richtung beeinflußen (Ausstrahlungs- oder Halo-Effekt). Beispielsweise dürften die Antworten zum Themenbereich „Notwendigkeit von Investitionszulagen" mehr Ablehnung hervorrufen, wenn direkt vorher ein Fragenkomplex zu „Mitnahmeeffekten bei öffentlichen Fördermitteln" abgehandelt wurde im Vergleich zu einer Fragebogenkonstruktion, welche die Beantwortung des Themenkomplexes „Mitnahmeeffekte bei öffentlichen Fördermitteln" erst am Ende der Befragung vorsieht. Fragen und Themenkomplexe, die sich in unerwünschter Weise gegenseitig beeinflussen, sollten daher innerhalb des Erhebungsinstruments möglichst weit auseinanderliegen und durch inhaltlich andere Fragen und Themen voneinander abgegrenzt werden.
– Bei der Entwicklung von Fragebogen besteht häufig die Neigung, Fragen aufzunehmen, die über das engere Untersuchungsanliegen hinausgehen, gleichwohl aber im Gesamtkontext theoretisch interessant erscheinen. Erfahrungsgemäß nimmt allerdings die Bereitschaft zur Mitwirkung an einer Befragung und

die Sorgfalt der Bearbeitung der Fragen mit der Länge des Fragebogens ab. Vor diesem Hintergrund sollte die Schlußredaktion eines Instrumentes eher von dem Bemühen geleitet sein, den Fragenkatalog auf wenige zentrale Kernfragen – abgeleitet aus dem Hypothesenkatalog – zu reduzieren, als von dem Streben, durch die Konstruktion zusätzlicher Fragen noch weitere potentiell interessante Bezüge aufzudecken.

Schließlich sollte für das Layout und für die graphische Gestaltung des Fragebogens besondere Sorgfalt aufgewendet werden. Der Eindruck professioneller Gestaltung erhöht in der Wahrnehmung der Befragten die Seriosität des Untersuchungsanliegens und damit die Bereitschaft zur Mitwirkung. Wenn ein Fragebogen auf den ersten Blick unübersichtlich oder „zusammengeschustert" erscheint, wird es den Befragten leichter gemacht, den Fragebogen zur Seite zu legen.

# 5. Bestimmung des Erhebungsumfangs

## 5.1 Grundgesamtheit und Erhebungsarten

Parallel zum Arbeitsschritt „Erstellung des Erhebungsinstruments" ist der Umfang der mit der Primärerhebung zu erfassenden Zielgruppe zu bestimmen. Hierfür ist zunächst die Grundgesamtheit der Untersuchung abzugrenzen. Die Grundgesamtheit stellt eine Menge dar, die sich aus denjenigen Individuen, Fällen oder Ereignissen zusammensetzt, für die die Erhebung Aussagen liefern bzw. für die sie repräsentativ sein soll (vgl. *H. Kromrey* 1994, S. 190). Werden beispielsweise mit einer Umfrage unter Industriebetrieben repräsentative Aussagen für Deutschland angestrebt, setzt sich die Grundgesamtheit der Erhebung aus allen Industriebetrieben in Deutschland zusammen. Umgekehrt folgt aus der Beschränkung der Grundgesamtheit auf z. B. eine Branche eines Bundeslandes, daß die Ergebnisse einer entsprechenden Untersuchung nur Aussagen über die Industriebetriebe dieser Branche in dem betreffenden Bundesland zulassen, somit auch nur für diese Repräsentativität beanspruchen können. In keinen Fall dürfen die Erhebungsergebnisse darüber hinaus auf alle Industriebetriebe des betreffenden Bundeslandes oder auf andere oder alle Bundesländer übertragen bzw. verallgemeinert werden. Die Wahl der Grundgesamtheit grenzt die Aussagekraft der Erhebung ab bzw. umgekehrt, der mit der Untersuchung angestrebte Geltungsbereich bestimmt die Abgrenzung der Grundgesamtheit.

Je nach dem, wieviele Elemente aus der Grundgesamtheit in die Untersuchung direkt eingehen, also tatsächlich befragt oder beobachtet werden, lassen sich drei Erhebungsarten unterscheiden: die Total- oder Vollerhebung, die Teil- oder Stichprobenerhebung und die Einzelfallstudie.

1. Total- oder Vollerhebung
   Alle Elemente der Grundgesamtheit gehen in die Untersuchung ein. Eine Totalerhebung kommt nur dann in Frage, wenn die gewählte Grundgesamtheit eine kleine und überschaubare Anzahl von Elementen umfaßt. Sobald die Grundgesamtheit einen bestimmten Umfang erreicht, sprechen sowohl der Kostenaufwand für die Datenerhebung als auch der Zeitaufwand für die Datenauswertung gegen eine Vollerhebung.

2. Teil- oder Stichprobenerhebung
   Die Untersuchungseinheiten setzen sich lediglich aus einer Teilmenge von Elementen der Grundgesamtheit zusammen. Hierfür ist aus der Gesamtheit aller Elemente eine Auswahl zu treffen, d. h. eine Stichprobe zu ziehen. Die Stichprobe soll ein verkleinertes Abbild der Grundgesamtheit widerspiegeln, um für die Gesamtheit aller Elemente repräsentative Aussagen zu liefern. Die Ziehung einer repräsentativen Stichprobe setzt voraus, daß die Grundgesamtheit definiert und empirisch abgrenzbar, die einzelnen Elemente der Stichprobe bestimmbar und das Auswahlverfahren intersubjektiv nachvollziehbar ist (vgl. *J. Friedrichs* 1990, S. 125).
   Neben einem geringeren Kosten- und Zeitaufwand liefert die Teilerhebung gegenüber der Vollerhebung häufig genauere Untersuchungsergebnisse, da der geringere Untersuchungsumfang bessere Kontrollmöglichkeiten, eine sorgfältigere Datenerhebung und intensivere Datenauswertung ermöglicht.
   Bei Teilerhebungen erfolgt eine Unterteilung in Erhebungs- und in Aussageeinheiten. Mit der Bestimmung der Erhebungseinheiten wird diejenige Elementenebene definiert, aus der die Stichprobenauswahl zu treffen ist. Die Erhebungseinheiten stellen also das Kriterium der Stichprobenbestimmung dar, sie sind

repräsentativ in der Stichprobe vertreten. Die Aussageeinheiten, also die Einheiten, auf die sich die Untersuchung bezieht, über die anschließend Aussagen getroffen werden sollen, stellen das Kriterium der Hypothesenprüfung dar. Aussageeinheiten und Erhebungseinheiten müssen nicht zwangsläufig identisch sein. Wenn über den Umfang und die Struktur der Aussageeinheiten keine vollständigen Informationen vorliegen und wenn der zu erwartende Kosten- und Zeitaufwand zur Komplettierung der Datengrundlage das Budget des Projekts übersteigt, erfolgt häufig eine Zusammenfassung von mehreren Aussageeinheiten zu einer Erhebungseinheit. Beispielsweise können bei einer Befragung von Betrieben (= Aussageeinheiten) in Technologie- und Gründerzentren die einzelnen Zentren, die jeweils mehrere Aussageeinheiten zusammenfassen, als Erhebungseinheiten gelten. Anstatt aus einer Liste aller in Technologie- und Gründerzentren ansässigen Betrieben auszuwählen (Erhebungseinheit = Aussageeinheit), liegt der Auswahl eine Liste der Technologie- und Gründerzentren (= Erhebungseinheit) zugrunde. Nur die Betriebe (= Aussageeinheit) der für die Stichprobe ausgewählten Zentren nehmen an der Befragung teil.

3. Einzelfallstudie
   Die Untersuchung bezieht sich auf nur ein Element der Grundgesamtheit. Die Analyse einer singulären Untersuchungseinheit bezieht sich nicht nur auf einzelne Individuen. Genauso gut können mehrere Individuen zu einer Aussageeinheit zusammmengefaßt werden. So können z. B. Personengruppen, Organisationen oder ganze Gesellschaften den Untersuchungsgegenstand von Einzelfallstudien bilden (vgl. *F. Petermann* 1989, S. 3ff). Typische Untersuchungseinheiten wirtschafts- und sozialgeographischer Einzelfallanalysen sind einzelne Unternehmen (z. B. deren Unternehmens- bzw. Produktionsorganisation), Branchen, Kommunen und Regionen. Schließlich können auch Länder in ihrer Gesamtheit als Einzelfälle behandelt werden.
   Einzelfallstudien, deren Untersuchungsgegenstand sich aus mehr als einem Individuum zusammensetzen, greifen in der Regel bei der Datenerhebung zunächst auf die einzelnen Individuen (wie Haushalte, Unternehmen, Institutionen, raumpolitische Akteure) als Merkmalsträger zurück. Wenngleich die erhobenen Daten zu generalisierenden Aussagen in Hinblick auf die Aussageeinheit zusammengeführt werden, lassen sie doch auch Aussagen über

die einzelnen Individuen zu. Eine solche Studie weist daher sowohl den Charakter einer Einzelfallstudie als auch gleichzeitig den einer „Vielzahl"-Studie auf.
Grundsätzlich weisen Einzelfalluntersuchungen das Problem auf, daß die gewonnenen Forschungsergebnisse in der Regel keine statistisch repräsentativen Aussagen über die Grundgesamtheit zulassen. Aufgrund ihrer in der Regel sehr differenzierten Datenerhebung dienen Einzelfallanalysen im Rahmen quantitativer Konzeptionen daher eher zur tieferen Durchdringung bereits bekannter Forschungsfelder bzw. zur Exploration neuer, noch wenig strukturierter Forschungsbereiche. Im Hinblick auf den Anwendungsbereich „Exploration" kann die Funktion der Einzelfallstudie darin liegen, die gewonnenen Forschungsergebnisse zur Bildung von Hypothesen zu verwenden, deren Gültigkeit anschließend durch „Vielzahl"-Studien getestet werden können. Darüber hinaus kann eine erfolgreich durchgeführte Einzelfallstudie Pilotcharakter für zahlreiche darauf aufbauende Folgestudien erlangen, was – bei hoher Vergleichbarkeit der Studien – das Stigma der Singularität und damit die mangelnde Generalisierungsfähigkeit der Forschungsresultate der einzelnen Fallstudie nach und nach aufheben kann.
Während Einzelfallstudien in quantitativen Forschungsstrategien eher am Anfang oder gegen Ende eines Forschungsprozesses Verwendung finden und überwiegend ergänzende Funktionen übernehmen, erlangen sie in der qualitativen Forschung aufgrund ihrer subjektbezogenen, idiographischen Ausrichtung eine bedeutendere Rolle (vgl. *S. Lamnek* 1993b, *F. Petermann* 1989).

## 5.2 Auswahlverfahren

Alle Teilerhebungen setzen die Ziehung einer Stichprobe, also die Auswahl einzelner Elemente aus der Grundgesamtheit, voraus. Es existieren unterschiedliche Verfahrensweisen zur Auswahl von Stichprobenelementen. Die verschiedenen Auswahlverfahren lassen sich in zwei Gruppen zusammenfassen (vgl. Abb.IV.22):
– nicht zufallsgesteuerte Auswahlverfahren
  Die Auswahl der Stichprobe erfolgt nicht durch einen berechenbaren Zufallsprozeß. Weder besteht für jedes Element der Grundgesamtheit die Möglichkeit, in die Stichprobe zu gelangen, noch kann die Auswahlwahrscheinlichkeit angegeben werden.

## 5. Bestimmung des Erhebungsumfangs

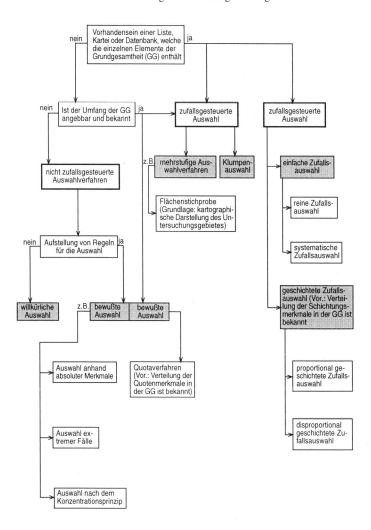

Abb. IV.22 Typen von Auswahlverfahren und notwendige Anwendungsvoraussetzungen

– zufallsgesteuerte bzw. Wahrscheinlichkeitsauswahlverfahren
Jedes Element der Grundgesamtheit erhält prinzipiell die Chance, in die Stichprobe aufgenommen zu werden. Die Auswahlwahrscheinlichkeit läßt sich für jedes Element der Grundgesamtheit berechnen.

### 5.2.1 Nicht zufallsgesteuerte Auswahlverfahren

Nicht zufallsgesteuerte Auswahlverfahren lassen sich unterteilen in „willkürliche" und in „bewußte" Auswahlen.

Häufig findet sich bei der Dokumentation der methodischen Vorgehensweise empirischer Studien fälschlicherweise die Bezeichnung „Zufallsauswahl" für ein Auswahlverfahren, das einer *willkürlichen*, „zufälligen" Auswahl entspricht, nicht aber – wie der Begriff suggeriert – auf einem berechenbaren Zufallsprozeß basiert. Willkürliche Auswahlen zeichnen sich dadurch aus, daß die Aufnahme eines Elementes in die Stichprobe ausschließlich im Ermessen der Interviewerin oder des Beobachters liegen. An einem beliebigen Ort werden zu einem beliebigen Zeitpunkt aufs Geratewohl Personen ausgewählt und z. B. befragt. Diese Vorgehensweise erfüllt die an eine Stichprobenauswahl zu stellenden Anforderungen in keinem Punkt: Weder ist die Grundgesamtheit definiert und empirisch abgegrenzt, noch sind die einzelnen Elemente der Grundgesamtheit bestimmt oder das Auswahlverfahren intersubjektiv nachvollziehbar. Die auf Grundlage von willkürlichen Auswahlverfahren gewonnenen Ergebnisse lassen keinerlei Schluß auf eine – wie auch immer geartete – Grundgesamtheit zu. Willkürliche Auswahlen eignen sich daher nicht für wissenschaftliche Analysen.

*Bewußte Auswahlen* nehmen einzelne Elemente der Grundgesamtheit aufgrund eines vorher festgelegten Auswahlplans gezielt in die Stichprobe auf. Nach der Art der Auswahlkriterien lassen sich folgende Typen von bewußten Auswahlverfahren unterscheiden (vgl. *J. Friedrichs* 1990, S. 131f, *R. Schnell* et al 1993, S. 306ff):
– Auswahl anhand absoluter Merkmale:
  Aus der Grundgesamtheit der Bevölkerung einer Gebietseinheit gehen beispielsweise nur Personen in die Stichprobe ein, für die das Merkmal „berufstätig" zutrifft.
– Auswahl anhand der Verteilung einer Variablen auf die Grundgesamtheit:

Aus der Belegschaft eines Großunternehmens erfolgt z. B. eine Auswahl von Beschäftigten anhand der Variable „Zugehörigkeit zu einer Organisationsstufe", so daß sich die Stichprobe aus Personen aller Hierarchieebenen zusammensetzt.
- Auswahl anhand der Struktur eines Merkmals:
Eine Stichprobe aus der Grundgesamtheit von Einzelhandelsbetrieben einer Gebietseinheit setzt sich beispielsweise nur aus Filialisten zusammen.
- Auswahl anhand der Zugehörigkeit der Untersuchungsobjekte zu einer Organisation:
Aus der Grundgesamtheit aller Staaten finden z. B. nur die Länder, die der EU angehören, Eingang in die Stichprobe.
- Auswahl extremer Fälle:
Die Stichprobe umfaßt lediglich die Fälle, die hinsichtlich eines bestimmten Merkmals eine „extreme" Ausprägung aufweisen, wie z. B. die Analyse der am stärksten staatlich geförderten Industriebetriebe einer Gebietseinheit.
- Auswahl nach dem Konzentrationsprinzip:
Dieses Verfahren eignet sich immer dann, wenn ein interessierendes Merkmal sich in einem extremen Ausmaß auf nur wenige Fälle konzentriert, so daß diese Elemente die gesamte Verteilung innerhalb der Grundgesamtheit bestimmen. Beispielsweise könnte sich die Auswahl auf nur wenige Großunternehmen einer Gebietseinheit beschränken, wenn diese einen erheblichen Umsatz- und Beschäftigtenanteil der Gebietseinheit auf sich vereinen.
- Auswahl nach dem Quotaverfahren:
Bei der Auswahl der Untersuchungsobjekte zielt das Quotaverfahren darauf ab, in der Stichprobe relevante Merkmale mit derselben Häufigkeit wie in der Grundgesamtheit abzubilden. Als Quotenmerkmale bei Haushaltsbefragungen bieten sich beispielsweise Geschlecht, Alter, Nationalität, Berufstätigkeit und Familiengröße an. Die Häufigkeitsverteilung der einzelnen Merkmale innerhalb der Grundgesamtheit wird auf die Stichprobe übertragen, so daß jedes Merkmal mit einer entsprechenden Quote in der Auswahl vertreten ist (vgl. Abb. IV. 23). In der Regel liegen für die Stichprobenbestimmung keine Listen der einzelnen Merkmalsträger vor. Zur Erfüllung der Quoten bleibt es daher den Interviewern/Interviewerinnen vor Ort überlassen, Zielpersonen mit entsprechenden Merkmalskombinationen willkürlich auszuwählen. Das Quotaverfahren stellt daher eine

# IV. Erstellung eines Untersuchungsplans

| Quotenmerkmale | Grund-gesamtheit in % | Quota-stichprobe n = 1000 | Interviewerplan ||||| Σ der n = 1000 |
|---|---|---|---|---|---|---|---|
| | | | Quote für Interv. $x_1$ n = 10 | Quote für Interv. $x_2$ n = 10 | ... | Quote für Interv. $x_{100}$ n = 10 | |
| Geschlecht | | | | | | | |
| männlich | 47 | 470 | 2 | 6 | | 4 | 470 |
| weiblich | 53 | 530 | 8 | 4 | | 6 | 530 |
| Alter | | | | | | | |
| 15 bis 19 Jahre | 6 | 60 | 1 | 0 | | 0 | 60 |
| 20 bis 44 Jahre | 48 | 480 | 3 | 6 | | 5 | 480 |
| 45 bis 64 Jahre | 30 | 300 | 4 | 2 | | 3 | 300 |
| 65 und mehr Jahre | 16 | 160 | 2 | 2 | | 2 | 160 |
| Stellung im Beruf | | | | | | | |
| Selbständige und mithelfende Familien-angehörige | 1 | 10 | 0 | 1 | | 0 | 10 |
| Beamte und Angestellte | 41 | 410 | 4 | 6 | | 3 | 410 |
| Arbeiter | 19 | 190 | 2 | 1 | | 3 | 190 |
| Nicht-Erwerbspersonen | 39 | 390 | 4 | 2 | | 4 | 390 |

Abb.IV.23 Verteilung von Quotenmerkmalen in der Grundgesamtheit (Berlin 1993) und in der Quota-Stichprobe sowie darauf aufbauender Interviewerplan

Kombination aus bewußter Auswahl (Quotenfestlegung) und willkürlicher Auswahl (Bestimmung der Zielpersonen) dar. Aufgrund der im Vergleich zu Wahrscheinlichkeitsauswahlen geringeren Durchführungskosten arbeiten kommerzielle Markt- und Meinungsforschungsinstitute überwiegend mit Quotenauswahlen, auch wenn die Repräsentativität der Umfrageergebnisse gegenüber Befragungen, die auf reinen Zufallsauswahlen beruhen, stark eingeschränkt ist.

Da bei bewußten Auswahlen nicht alle Elemente der Grundgesamtheit die Chance erhalten, in die Stichprobe einzugehen, häufig auch die Auswahlwahrscheinlichkeit der einzelnen Elemente nicht angebbar ist, können Rückschlüsse von der Auswahl auf die Grundgesamtheit nicht als gesichert gelten. Die Stichprobe stellt lediglich in bezug auf die Auswahlkriterien ein verkleinertes Abbild der Grundgesamtheit dar, d. h. sie erlangt auch nur hinsichtlich der Auswahlkriterien Repräsentativität. Damit Aussagen über die Hypothesenvariablen als repräsentativ gelten können, müßten diese mit den Auswahlkriterien identisch sein oder zumindest mit diesen eine hohe Korrelation aufweisen.

*5.2.2 Zufallsgesteuerte Auswahlverfahren (Wahrscheinlichkeitsauswahl)*

Wahrscheinlichkeitsauswahlen ersetzen die willkürliche oder bewußte Stichprobenbestimmung bei den nicht zufallsgesteuerten Auswahlverfahren durch einen *kontrollierten Zufallsprozeß*. Die Entscheidung, ob ein Element der Grundgesamtheit in die Stichprobe eingeht, wird dem Beobachter oder der Interviewerin entzogen. Jedes Element der Grundgesamtheit erhält die gleiche – in der Regel berechenbare – Chance, in die Auswahl zu gelangen. Daraus folgt, daß zufallsgesteuerte Auswahlverfahren im Rahmen angebbarer Fehlergrenzen und -wahrscheinlichkeiten repräsentative Aussagen in bezug auf sämtliche Merkmale und Merkmalskombinationen der Erhebungseinheiten liefern. Wahrscheinlichkeitsauswahlen bieten daher die besten Voraussetzungen für die Überprüfung von Hypothesen bzw. für die Generalisierung der Stichprobenergebnisse in bezug auf die Grundgesamtheit.

*5.2.2.1 Schätzungen der Parameter in der Grundgesamtheit auf der Grundlage von Stichprobenergebnissen*

Da bei Zufallsauswahlen alle Elemente der Grundgesamtheit mit der gleichen Wahrscheinlichkeit in die Stichprobe gelangen können, ist es möglich, exakt anzugeben, mit welcher *statistischen Sicherheit* der Schluß von einem Stichprobenwert (z. B. einem Prozentwert oder einem Mittelwert) auf die Grundgesamtheit gerechtfertigt ist.

– *Berechnungsbeispiel des Vertrauensintervall für einen Prozentwert (bei Variablen mit dichotomer Ausprägung)*
Die Stichprobenbefragung von 600 Arbeitnehmern und Arbeitnehmerinnen einer Gebietseinheit ergibt beispielsweise, daß 60 % der Befragten über einen Arbeitsplatz innerhalb der Gebietseinheit verfügen, während 40 % der Beschäftigten zu ihrem Arbeitsort außerhalb der Gebietseinheit pendeln. Welchen Rückschluß läßt dieses Ergebnis auf die entsprechenden Verteilungswerte in der Grundgesamtheit (N = 2000) zu?
Aus der Standardabweichung leitet sich die Formel zur Berechnung der Abweichung eines auf Grundlage einer Stichprobe ermittelten Prozentsatzes von dem entsprechenden Wert in der Grundgesamtheit ab.
Für Grundgesamtheiten, die mehr als 10 000 Elemente umfassen, gilt:

$$\sigma_p = p \pm t \cdot = \sqrt{\frac{p \cdot q}{n}}$$

p = Prozentsatz in der Stichprobe
q = 1 – p
n = Stichprobenumfang
t = Wert, der sich aus der vorgegebenen Sicherheitswahrscheinlichkeit und dem Stichprobenumfang ( = Freiheitsgraden) ergibt (siehe Tabelle der STUDENTISCHEN t-Verteilung beispielsweise bei *G. Bahrenberg, E. Giese, J. Nipper* 1990, S. 229)

Für Grundgesamtheiten, die sich aus weniger als 10 000 Elementen zusammensetzen, ist die Berechnungsformel um einen Korrekturfaktor zu ergänzen:

$$\sigma_p = p \pm t \cdot = \sqrt{\frac{p \cdot q}{n}} \sqrt{\frac{N-n}{N-1}}$$

N = Umfang der Grundgesamtheit

## 5. Bestimmung des Erhebungsumfangs

Für eine vorgegebene Sicherheit von 95 % (t = 1,96) liegt in dem Beispiel der Anteil der Beschäftigten mit einem Arbeitsplatz in der Gebietseinheit bei:

$$\sigma_p = 0{,}6 \pm 1{,}96 \cdot \sqrt{\frac{0{,}6 \cdot 0{,}4}{600} \cdot \frac{2000 - 600}{2000 - 1}}$$
$$\sigma_p = 0{,}6 \pm 1{,}96 \cdot 0{,}017$$
$$\sigma_p = 0{,}6 \pm 0{,}03$$

Für das oben genannte Beispiel bedeutet dies:
Mit 95%iger Sicherheit liegt der Anteil der Beschäftigten mit einem Arbeitsplatz innerhalb der Gebietseinheit in der Grundgesamtheit zwischen 57 % und 63 %.

– *Berechnungsbeispiel des Vertrauensintervalls für einen Mittelwert*
 Eine Befragung von 100 Haushalten in einer Gebietseinheit (N = 1000) führt z. B. zu dem Ergebnis, daß die Entfernung zwischen Wohnung und nächstgelegenem Supermarkt im Durchschnitt 150 Meter beträgt. Die Varianz liegt bei $s^2 = 6400$.
 Wenn die Grundgesamtheit mehr als 10 000 Elemente umfaßt, basiert die Berechnung der Abweichung eines Stichprobenmittelwertes von dem der Grundgesamtheit auf folgender Formel,:

$$\sigma_M = M \pm t \cdot \sqrt{\frac{s^2}{n}}$$

M = Stichprobenmittelwert    $s^2$ = Stichprobenvarianz

Bei einer Grundgesamtheit, die aus weniger als 10 000 Elementen besteht, ist ein Korrekturfaktor zu berücksichtigen. Die Formel lautet dann:

$$\sigma_M = M \pm t \cdot \sqrt{\frac{s^2}{n} \cdot \frac{N - n}{N - 1}}$$

N = Umfang der Grundgesamtheit

Wird eine Sicherheitswahrscheinlichkeit von 95 % (t = 1,98) vorausgesetzt – d. h. nur in 5 % der Fälle liegt der Mittelwert der Grundgesamtheit außerhalb des auf Grundlage der Stichprobe berechneten Vertrauensbereichs – so errechnet sich für das o. g. Beispiel folgendes Vertrauensintervall:

$$\sigma_M = 150 \pm 1{,}98 \cdot \sqrt{\frac{6400}{100} \cdot \frac{1000 - 100}{1000 - 1}}$$
$$\sigma_M = 150 \pm 1{,}98 \cdot 7{,}59$$
$$\sigma_M = 150 \pm 15{,}0$$

Daraus folgt: Mit 95%iger Sicherheit liegt die mittlere Distanz zwischen Wohnung und nächstgelegenem Supermarkt in der untersuchten Gebietseinheit zwischen 135 Metern und 165 Metern.

### 5.2.2.2 Typen von zufallsgesteuerten Auswahlverfahren

Zufallsgesteuerte Auswahlverfahren lassen sich unterscheiden in einfache, geschichtete, in Klumpen- und in mehrstufige Wahrscheinlichkeitsauswahlen (vgl. Abb. IV.23).

Die Ziehung einer *einfachen Zufallsstichprobe* (simple random sample) setzt voraus, daß jedes Element der Grundgesamtheit bekannt ist. Es muß eine Liste, eine Kartei oder auch eine Datenbank vorliegen, die alle Elemente umfaßt. Jedes der Elemente erhält eine Identifikationsnummer. Anhand der Bestimmung der Stichprobenelemente untergliedern sich die einfachen Wahrscheinlichkeitswahlen in reine und in systematische Zufallsauswahlen. Bei der *reinen Wahrscheinlichkeitsauswahl* werden mit Hilfe einer Zufallszahlentabelle – in der Regel finden sich Auszüge entsprechender Tabellen in Statistiklehrbüchern (vgl. z. B. *G. Bahrenberg, E. Giese, J. Nipper* 1990, S. 222) – beginnend an einem beliebigen oder an einem ausgewürfelten Startpunkt, die folgenden n Zahlen (n = Stichprobenumfang) ausgewählt und die entsrechend numerierten Elemente der Grundgesamtheit in die Auswahl einbezogen.

---

*Beispiel für die Durchführung einer reinen Zufallsauswahl*

Die Grundgesamtheit umfaßt 4000 Elemente.
Zur Identifikation erfolgt eine fortlaufende Numerierung der Elemente von 0001 bis 4000.
Die Stichprobe soll 500 Elemente beinhalten.
In einer Tabelle mit fünfstelligen Zufallszahlen wird ein beliebiger Startpunkt festgesetzt: z. B. 03868.
Das Element mit der Identifikationsnummer 3868 geht als erstes in die Stichprobe ein.
Die in der Zufallszahlentabelle dem Wert 03868 folgenden Werte wie z. B. 01133, 00591, 03535 ... bestimmen weitere Elemente, die in die Stichprobe gelangen. Alle Folgezahlen, deren Wert über 4000 liegt, bleiben unberücksichtigt; sie sind zu überspringen. Der Auswahlvorgang ist abgeschlossen, wenn die Stichprobe 500 Elemente umfaßt.

Die *systematische Wahrscheinlichkeitsauswahl* (systematic sampling) sieht vor, daß nur die Bestimmung des ersten Elements, das in die Stichprobe eingeht, nach einem Zufallsverfahren erfolgt – etwa durch würfeln, durch beliebiges Herausgreifen einer Karte aus einer Kartei oder durch Ziehung einer Zufallszahl aus einer entsprechenden Tabelle. Die Festlegung aller weiteren Stichprobenelemente basiert – ausgehend vom Startelement – auf einem systematischen Auswahlverfahren, beispielsweise „Ziehung jeder x-ten Karte". Bei diesem Auswahlverfahren muß allerdings die Voraussetzung erfüllt sein, daß die der Liste oder der Kartei zugrunde liegenden Sortierkriterien in keinem Zusammenhang mit den Untersuchungsvariablen stehen, da sonst die Gefahr besteht, daß bestimmte Elementegruppen der Grundgesamtheit in die Stichprobe unverhältnismäßig – entweder unter- oder überproportional – eingehen. Um Verzerrungen, die möglicherweise durch die gewählte Systematik entstehen können, zu verringern, kann der Startpunkt des Abzählens während eines Auswahlvorgangs auch mehrfach wechseln (vgl. *C. J. Dixon, B. Leach* 1978, S.15).

*Beispiel für die Durchführung einer systematischen Zufallsauswahl*

Die Grundgesamtheit besteht aus einer Kartei, die 8000 Elemente umfaßt. Der Vorteil der systematischen Zufallsauswahl gegenüber der reinen Wahrscheinlichkeitsauswahl besteht darin, daß es nicht erforderlich ist, die einzelnen Elemente mit einer Identifikationsnummer zu kennzeichnen.
Die Stichprobe soll aus 1000 Elementen bestehen, d. h. es ist lediglich jede 8. Karte für die Ziehung der Stichprobe notwendig. Die Festlegung des Startpunkts erfolgt durch die Bestimmung einer beliebigen Karte. Den Auswahlvorgang beginnend mit der ausgewählten Karte geht dann jede 8. Karte in die Stichprobe ein.
Der Auswahlplan kann vorsehen, daß nach jeweils der Bestimmung von 200 Elementen ein neuer Startpunkt durch das Ziehen einer beliebigen Karte festzulegen ist und erneut – ausgehend von einer „zufällig" bestimmten Karte – jeweils jedes 8. Element in die Auswahl eingeht.

Soll sichergestellt sein, daß die Stichprobe bestimmte Untersuchungsmerkmale – wie z. B. Einkommen, Alter, Betriebsgröße oder

Gemeindegrößen – mit dem vollständigen, in der Grundgesamtheit enthaltenen Ausprägungsspektrum widergibt, empfiehlt sich die Anwendung einer *geschichteten Wahrscheinlichkeitsauswahl* (stratified sampling). Zielt eine Betriebsbefragung beispielsweise darauf ab, branchenspezifische Aussagen zu treffen, bietet es sich an, die Branchenzugehörigkeit bei der Bestimmung der Stichprobe als Schichtungsmerkmal zu verwenden. Anhand des Schichtungsmerkmals erfolgt eine Unterteilung der Grundgesamtheit in homogene Teilgesamtheiten ( = Schichten). Im gewählten Beispiel stellen die einzelnen Branchen die Schichten dar.

In einem nächsten Schritt wird aus jeder dieser Schichten eine einfache Zufallsstichprobe (reine oder systematische Auswahl) gezogen. Entsprechen die Anteile der Schichten in der Auswahl denen in der Grundgesamtheit liegt eine *proportional geschichtete Stichprobe* vor. Unter bestimmten Umständen kann es sinnvoll sein, Schichten mit einem nur geringen Anteil an der Grundgesamtheit überproportional in der Stichprobe zu besetzen. Die Verwendung einer *disproportional geschichteten Auswahl* bietet sich beispielsweise an, um die für die Berechnung statistischer Kennwerte notwendige Mindestanzahl von Fällen pro Schicht zu erhalten.

*Beispiel einer proportional geschichteten Auswahl*

Schichtungsmerkmal: „Stellung im Beruf"

| Schichten | Grundgesamtheit (N=4000) $N_x$ | Anteil | Stichprobe (n=500) $n_x$ | Anteil |
|---|---|---|---|---|
| Selbständige | 40 | 1 % | 5 | 1 % |
| Beamte und Angestellte | 1160 | 29 % | 145 | 29 % |
| Arbeiter | 1210 | 30 % | 150 | 30 % |
| Nicht-Erwerbspersonen | 1590 | 40 % | 200 | 40 % |

Nicht für jede Fragestellung kann auf eine Liste, Kartei oder Datenbank, welche die einzelnen Elemente der Grundgesamtheit enthält, zurückgegriffen werden. Häufig erfordert die Generierung entsprechender Aufstellungen einen erheblichen Zeit- und Kostenaufwand. Um in diesen Fällen trotzdem mit einer Zufallsstichprobe arbeiten zu können, empfiehlt es sich – je nach Fragestellung – eine Klumpen-Auswahl oder ein mehrstufiges Auswahlverfahren zu verwenden.

## 5. Bestimmung des Erhebungsumfangs

Die Anwendung der *Klumpen-Auswahl* (cluster sampling) bietet sich an, wenn die einzelnen Aussageeinheiten aufgrund ihres sozialen oder räumlichen Kontext zu Gruppen („Klumpen" oder „cluster") zusammengefaßt werden können – wie beispielsweise Betriebe (Aussageeinheiten) in Industrieparks (cluster) oder Bewohner und Bewohnerinnen (Aussageeinheiten) in Stadtteilen (cluster). Die Stichprobenziehung (einfache Zufallsauswahl) muß sich dann nicht auf die einzelnen Aussageeinheiten beziehen, sondern greift auf die aggregierten Einheiten – die cluster – zu. Die cluster-Auswahl setzt allerdings voraus, daß eine für den Untersuchungszweck vollständige Auflistung der cluster vorliegt.

In die Stichprobe gehen alle Aussageeinheiten der ausgewählten cluster ein (vgl. *H. Kromrey* 1994, S. 220). Liegt z. B. eine „cluster-Auswahl" der Industrieparks „D", „F", „J" und „Y" vor, so müßte eine beabsichtigte Betriebsbefragung jeden Betrieb (Aussageeinheiten) der genannten Industrieparks einbeziehen.

Cluster-Auswahlen bieten den Vorteil einer erheblichen Zeit- und Kostenersparnis (vgl. *J. Friedrichs* 1990, S. 142):
– Die Notwendigkeit der Auflistung aller Elemente der Grundgesamtheit entfällt. Erst für die ausgewählten cluster ist es erforderlich, jedes Element zu erfassen.
– Selbst bei räumlich dispers lokalisierten Elementen – wie z. B. bei allen Betrieben eines Landes, die in Industrieparks angesiedelt sind – kann sich die Erhebung auf wenige Raumpunkte (Industrieparks) konzentrieren.

*R. Schnell* et al. weisen allerdings darauf hin, daß die Ungenauigkeit der Untersuchungsergebnisse bei einer cluster-Auswahl gegenüber einer Zufallsauswahl, die direkt auf die Elemente der Grundgesamtheit zugreift, zunimmt, wenn sich die Elemente innerhalb der cluster sehr ähnlich sind und wenn gleichzeitig die cluster untereinander große Unterschiede aufweisen (1993, S. 297f).

Eine *mehrstufige Auswahl* (multi-stage sample) setzt voraus, daß der Umfang der Grundgesamtheit abgrenzbar und bekannt ist. In der ersten „Stufe" erfolgt die Unterteilung der Grundgesamtheit in Gruppen von Elementen, den sogenannten Primäreinheiten (*R. Schnell* et al 1993, S.299). Auf Grundlage der Primäreinheiten erfolgt eine erste Zufallsauswahl, die Auswahl der 1. Stufe. Jede der Primäreinheiten läßt sich in weitere Gruppen von Elementen gliedern, den sogenannten Sekundäreinheiten. Aus den bei der „Auswahl der 1. Stufe" bestimmten Primäreinheiten erfolgt anschließend eine weitere Zufallsauswahl, die Auswahl der 2. Stufe, die einzelne Sekundäreinheiten enthält. Diese können bereits die Untersuchungseinheiten repräsentieren. Trifft dies nicht zu, ist das Auswahlverfahren über weitere Stufen (3. bis n-te Stufe) fortzusetzen bis die Auswahleinheiten mit den Untersuchungs- bzw. Aussageeinheiten zusammenfallen (vgl. Abb. IV. 24). Beispielsweise könnte eine Untersuchung, die sich auf die Bevölkerung Deutschlands bezieht, mit einer mehrstufigen Auswahl arbeiten, deren Stufen sich weitgehend an den administrativen Gebietseinheiten orientieren: Bundesländer ( = 1. Stufe), Regierungsbezirke ( = 2. Stufe), Kreise ( = 3. Stufe), Gemeinden ( = 4. Stufe), Straßenzüge ( = 5. Stufe), Wohnhäuser ( = 6. Stufe) und Personen ( = 7. Stufe), die mit den Aussageeinheiten gleichzusetzen ist (vgl. *J. Friedrichs* 1990, S. 141f).

Die *Flächenstichprobe* oder *Gebietsauswahl* stellt eine Sonderform der mehrstufigen Auswahl dar. Die Grundlage der Stichprobenziehung bildet eine kartographische Darstellung des Untersuchungsgebiets. Das Ziel des Auswahlverfahrens besteht darin, in einer ersten Stufe einzelne Flächeneinheiten oder Raumpunkte innerhalb des Untersuchungsgebietes mittels einer einfachen Zufallsauswahl zu bestimmen. Aus den ausgewählten Standorten (z. B. Wohnhäuser) erfolgt in einer 2. Auswahlstufe die Bestimmung der Aussageeinheiten, wie z. B. Haushalte. Im Rahmen wirtschafts- und sozialgeographischer Untersuchungen bietet sich diese Form des Auswahlverfahrens beispielsweise bei kleinräumigen Haushaltsbefragungen an.

*R. Hantschel, E. Tharun* (1980, S. 67ff) beschreiben eine gängige Methode zur Auswahl von Flächeneinheiten oder Raumpunkten. Sie besteht darin, zunächst ein Gitternetz, bestehend aus gleichgroßen Quadraten, flächendeckend über das Untersuchungsgebiet zu legen (vgl. Abb. IV. 25a). Die Quadrate werden z. B. von links oben bis rechts unten durchlaufend numeriert. Mittels einer Zufallszahlentabelle erfolgt die Bestimmung der Quadrate, die in die Stichprobe eingehen sollen (reine systematische Auswahl). Dabei sollten Zufallszahlen, die doppelt auftreten und solche, die Quadrate außerhalb des Untersuchungsgebietes repräsentieren, unberücksichtigt bleiben.

Erfordert die Untersuchungskonzeption die Auswahl von Raumpunkten anstelle von Flächeneinheiten, kann der Mittelpunkt der per Zufallszahlen ausgewählten Quadrate in die Stichprobe eingehen. Trifft der für die Stichprobe bestimmte Raumpunkt nicht mit

5. Bestimmung des Erhebungsumfangs 195

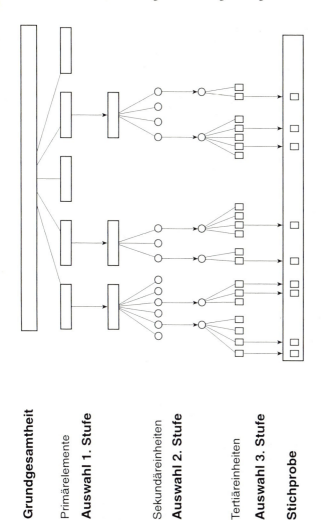

Abb. IV 24: Mehrstufige Auswahlverfahren: Beispiel einer Auswahl über 3 Stufen

## IV. Erstellung eines Untersuchungsplans

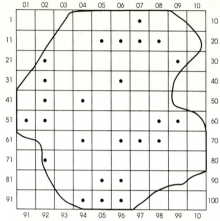

Abb. IV 25a: Flächenstichprobe: Beispiel einer zufallsgesteuerten Auswahl

Quelle: *R. Hantschel, E. Tharun* (1980, S. 71)

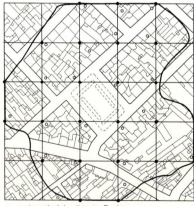

• systematisch bestimmter Punkt
○ Verschiebung auf das nächstgelegene Wohnhaus

Abb. IV 25b: Flächenstichprobe: Beispiel einer gleichmäßig verteilten Auswahl

Quelle: *R. Hantschel, E. Tharun* (1980, S. 70)

einer Untersuchungseinheit zusammen – beispielsweise könnte im Rahmen einer Auswahl von Wohnhäusern für eine Haushaltsbefragung ein ausgewählter Quadratmittelpunkt innerhalb eines Straßenbereichs liegen – so kann ersatzweise die vom Auswahlpunkt in Luftlinienentfernung nächstgelegene Untersuchungseinheit (Wohnhaus) in die Stichprobe aufgenommen werden (vgl. Abb. IV. 25b).

Ergebnis der beschriebenen Flächenauswahl stellt eine über das Untersuchungsgebiet ungleichmäßig verteilte Auswahl von Flächeneinheiten oder Raumpunkten dar, d. h. in einigen Gebietsteilen konzentrieren sich die Auswahlpunkte, während andere Gebietsausschnitte in der Stichprobe nicht vertreten sind. (vgl. Abb. IV. 25a). Unter bestimmten Umständen – wenn z. B. das Untersuchungsgebiet hinsichtlich der Untersuchungsmerkmale eine heterogene Struktur aufweist – kann es von Interesse sein, daß alle Gebietsteile gleichermaßen mit einem Raumpunkt in die Auswahl eingehen. In diesem Fall schlagen *R. Hantschel, E. Tharun* (1980, S.69) vor, die auszuwählenden Raumpunkte mit den Schnittpunkten des quadratischen Gitternetzes gleichzusetzen und die Rastergröße des Gitternetzes so lange zu variieren, bis die Zahl der Schnittpunkte innerhalb des Untersuchungsgebietes dem notwendigen Stichprobenumfang entspricht (vgl. Abb. IV. 25b). Auch hier erfolgt eine Korrektur, wenn der Auswahlpunkt nicht direkt auf eine Untersuchungseinheit trifft, in dem die dem Schnittpunkt in Luftlinienentfernung nächstgelegene Untersuchungseinheit in die Stichprobe gelangt.

## 5.3 Repräsentativität

Empirische Untersuchungen verwenden vielfach die Bezeichnung „repräsentativ", um die Güte der gezogenen Stichprobe hervorzuheben. Allerdings bleibt dabei oft unklar, wie der Begriff „Repräsentativität" definiert ist.

Die mit den meisten Restriktionen verbundene Definition sieht vor, daß lediglich zufallsgesteuerte Auswahlverfahren repräsentative Stichproben ermöglichen. Nur Wahrscheinlichkeitsauswahlen garantieren, daß von den Untersuchungsergebnissen „in bezug auf die Verteilung aller Merkmale (innerhalb bestimmter statistischer Fehlergrenzen) auf die Verteilung dieser Merkmale in der Grundgesamtheit geschlossen werden kann" (*R. Schnell* et al 1993, S. 314).

Eine abgeschwächte Begriffsdefinition verwenden *J. Friedrichs* (1990, S. 125) und *H. Kromrey* (1994, S. 197), die Repräsentativität bereits dann gewährleistet sehen, wenn die Stichprobe ein verkleinertes Abbild einer angebbaren Grundgesamtheit widerspiegelt. Damit können – neben allen Wahrscheinlichkeitsauswahlverfahren – auch die Quotaverfahren, die zu den nichtzufallsgesteuerten Auswahlen zählen (vgl. Abb. IV. 22), zur Bildung einer repräsentativen Stichprobe führen. Allerdings bleibt zu beachten, daß Quota – Stichproben nur in bezug auf die Quotenmerkmale Repräsentativität aufweisen, denn nur diese stimmen mit den entsprechenden Verteilungen in der Grundgesamtheit überein. Alle anderen, für die Untersuchung interessierenden Merkmale sind in der Regel nicht in der korrekten Häufigkeit vertreten, d. h. ihre Anteile in der Stichprobe können mehr oder weniger von den Werten in der Grundgesamtheit abweichen.

In bezug auf Auswahlverfahren, bei denen die Grundgesamtheit, auf die sie zugreifen, nicht angebbar oder nicht bekannt ist – was auf die meisten nichtzufallsgesteuerten Auswahlen zutrifft –, läßt sich die Repräsantativität der gezogenen Stichprobe nicht beurteilen. Ohne Orientierungswerte aus der Grundgesamtheit fehlt der Maßstab zur Bewertung der Stichprobe.

## 5.4 Stichprobenumfang

Die Entscheidung für eine Teilerhebung zieht nicht nur die Überlegung nach sich, welches Auswahlverfahren eingesetzt werden kann, sondern auch die Frage nach dem notwendigen Stichprobenumfang. Entscheidenden Einfluß auf die erforderliche Größe der Stichprobe geht von der Differenziertheit der zu untersuchenden Hypothesen aus. Je mehr Variablen eine Hypothese kombiniert und je größer die Zahl der Ausprägungen jeder einzelnen Variable ist, desto höher fällt der notwendige Stichprobenumfang aus. Die Berechnung der Stichprobengröße sollte sich daher an dem jeweiligen Hypothesenkatalog einer Untersuchung ausrichten. Die von *J. Friedrichs* (1990, S. 146f) vorgestellte Berechnungsmethode zur Bestimmung des Mindeststichprobenumfangs genügt dieser Voraussetzung:

$n = 10 \cdot K_{V1} \cdot K_{V2} \cdot ... \cdot K_{vn}$
mit:
n         = Mindeststichprobenumfang
$K_{V1}$ = Zahl der Merkmalsausprägungen der ersten Variable (V1)
10        = Mindestbesetzung pro Zelle

> *Beispiel: Ableitung eines Mindeststichprobenumfangs aus einem Hypothesenkatalog*
>
> 1. Hypothese: 2 Ausprägungen (V1) · 2 Ausprägungen (V2) · 4 Ausprägungen (V3) = 16 Zellen.
> $n_1 = 16 \cdot 10 = 160$.
> 2. Hypothese: 3 Ausprägungen (V4) · 21 Ausprägungen (V5) · 2 Ausprägungen (V6) = 126 Zellen.
> $n_2 = 126 \cdot 10 = 1260$.
> 3. Hypothese: 2 Ausprägungen (V1) · 4 Ausprägungen (V7) · 4 Ausprägungen (V3) = 32 Zellen.
> $n_3 = 32 \cdot 10 = 320$.
>
> Die notwendige Stichprobengröße errechnet sich aus der 2. Hypothese mit n = 1260.
>
> Angenommen der Etat der Untersuchung ließe eine Erhebung in diesem Umfang nicht zu, und die Zusammenfassung der 21 Ausprägungen von V5 zu 4 Obergruppen würde die Aussage nicht zu stark reduzieren, so verringert sich $n_2$ auf 240. Damit spannt die 3. Hypothese die größte Matrix auf; der Mindeststichprobenumfang beträgt nach der Hypothesenmodifikation: **n = 320**.

Jede Hypothese spannt eine Matrix auf, deren Größe sich aus der Zahl der verwendeten Variablen und der dazugehörigen Merkmalsausprägungen ableitet. Beispielsweise setzt sich die Hypothese „Die Mehrzahl der Industriebetriebe mit neuen Produkten haben ihren Standort im Zentrum" aus zwei Variablen (Produktart und Standort) zusammen, denen z. B. jeweils zwei Ausprägungen zugeordnet werden können (alte und neue Produkte; Zentrum und Peripherie). Bei einer Verknüpfung ergibt sich für die Hypothese eine Matrix, die 2 · 2 = 4 Zellen umfaßt. Da aus statistischen Gründen eine Zellenbesetzung von mindestens 10 Fällen anzustreben ist, errechnet sich für die Überprüfung der Beispielhypothese ein Mindeststichprobenumfang von n = 10 · 4 = 40 Betrieben.

In der Regel zielt eine empirische Untersuchung nicht darauf ab, nur *eine* Hypothese zu testen. Daher ist es notwendig, für alle Hypothesen der Untersuchung die jeweilige Matrixgröße zu berechnen. Der Mindeststichprobenumfang bestimmt sich dann nach der Hypothese, welche die größte Matrix aufspannt. Läßt sich die ermittelte Stichprobengröße mit dem Zeit- und Kostenrahmen der Untersuchung nicht vereinbaren, kann durch Reduktion der Variablenzahl oder der Merkmalsausprägungen (Zusammenfassung einzelner Ausprägungen zu Gruppen) in der Hypothese mit der größten Matrix der notwendige Stichprobenumfang verringert werden. Gleichzeitig nimmt damit allerdings auch der Differenzierungsgrad der Aussage ab.

Ist beabsichtigt, Stichprobenergebnisse mit einer vorgegebenen Genauigkeit zu erhalten – beispielsweise soll eine Umfrage mit einer vorgegebenen Sicherheitswahrscheinlichkeit Ergebnisse liefern, die innerhalb eines Vertrauensintervalls von ± 1 % den tatsächlichen Werten in der Grundgesamtheit entsprechen – bietet sich die statistische Berechnung des Stichprobenumfangs an. Genauso wie auf der Grundlage des Stichprobenumfangs auf die Exaktheit der Stichprobenergebnisse hinsichtlich ihrer Verteilung in der Grundgesamtheit geschlossen werden kann, ist es auch umgekehrt möglich, ausgehend von einer beabsichtigten Genauigkeit der Stichprobenergebnisse in bezug auf die Grundgesamtheit den dafür notwendigen Stichprobenumfang zu berechnen.

Durch Umformung der Standardabweichung ergibt sich:

$$n = \left(\frac{t \cdot \sqrt{p \cdot q}}{e}\right)^2$$

mit:
n = Stichprobenumfang
t = Wert, der sich aus der vorgegebenen Sicherheitswahrscheinlichkeit und den Freiheitsgraden, die in diesem Fall gleich „unendlich" gesetzt werden, ergibt
p = Wahrscheinlichkeit einer bestimmten Ausprägung einer Variable
q = 1 – p
e = absoluter Betrag des Vertrauensintervalls

*Beispiel für die statistische Berechnung des Stichprobenumfangs*
Ausgehend von einem Merkmal dichotomer Ausprägung (p'; q') sollte für die Eintrittswahrscheinlichkeit der Merkmalsausprägungen (p;q) der schlechteste, d. h. die größte Standardabweichung bewirkende Fall angenommen werden:

p = 50% ⇒ p = q = 0,5

Angenommen das Stichprobenergebnis p soll mit 95%iger Sicherheit (t = 1,96) innerhalb eines Vertauensintervalls von ± 2% (e = 0,02) den tatsächlichen Werten in der Grundgesamtheit entsprechen, so errechnet sich der Stichprobenumfang wie folgt:

$$n = (\frac{1,96 \cdot = 0,5 \cdot 0,5}{0,02})^2$$

$$n = 2401$$

Die Mindeststichprobengröße gibt die für die Untersuchung unbedingt erforderliche Anzahl von *auswertbaren* Fällen an. Da bei Erhebungen in der Regel ein gewisser Anteil an *Ausfällen* auftritt, muß die Zahl der in die Erhebung einzubeziehenden Elemente höher als der errechnete Mindeststichprobenumfang angelegt sein, um nach Abzug der Ausfälle über einen der Untersuchung angemessenen Pool von auswertbaren Fällen zu verfügen. Abb. IV. 26 gibt den Zusammenhang zwischen Ausgangs- oder Auswahlstichprobe und Mindest- oder Nettostichprobe wider.

Entscheidenden Einfluß auf die Höhe der *Ausfallquote* nehmen die verwendete Erhebungsmethode, die Art der Durchführung der Erhebung und die Struktur der zu untersuchenden Zielgruppe. Nicht selten liegen die Ausfallquoten zwischen 25 % und 55 % (vgl. auch *R. Schnell* et al 1993, S. 317ff).

Um die für eine Untersuchung zu erwartende Ausfallquote abschätzen zu können, empfiehlt es sich, auf die Erfahrungen des Pretests sowie ähnlich konzipierter Erhebungen zurückzugreifen.

Ist die Mindeststichprobengröße berechnet und die zu erwartende Ausfallquote geschätzt, ergibt sich der Umfang der Auswahlstichprobe aus folgender Berechnungsformel:

$$A_n = \frac{100 \cdot n}{100 - AQ}$$

mit:
$A_n$ = Auswahlstichprobenumfang
$n$ = Mindeststichprobengröße
$AQ$ = Ausfallquote in %

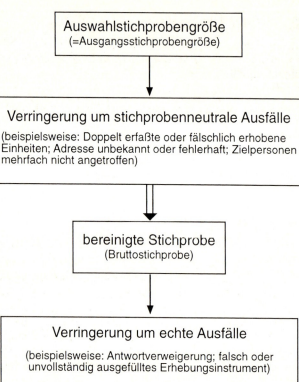

Abb. IV 26: Beziehung zwischen Auswahlstichprobengröße und Mindeststichprobenumfang

Quelle: verändert nach *K. Wessel* (1987, S.71)

*Beispiel: Berechnung der Auswahlstichprobengröße*

Zurückgreifend auf das *Beispiel zur Ableitung des Mindeststichprobenumfangs aus einem Hypothesenkatalog* sei die Mindeststichprobengröße:
n = 320

Angenommen, die zu erwartende Ausfallquote wird geschätzt mit
AQ = 35%

Aus den gegebenen Voraussetzungen errechnet sich ein notwendiger Auswahlstichprobenumfang in Höhe von:

$$A_n = \frac{100 \cdot 320}{100 - 35}$$

**$A_n = 492$**

492 Elemente der Grundgesamtheit sind für die Stichprobe auszuwählen.

Auch hier gilt: Sollte der ermittelte Umfang der Auswahlstichprobe mit dem Zeit- und Kostenrahmen der Untersuchung nicht zu vereinbaren sein, läßt sich über eine Verringerung der Merkmalsausprägungen oder auch der Variablen in der Hypothese, die die größte Matrix aufspannt, der Mindeststichprobenumfang und damit die Auswahlstichprobengröße verkleinern. Allerdings nimmt damit auch der Differenzierungsgrad der Untersuchungsergebnisse ab.

# Literaturverzeichnis

*Aigner, B., Miosga, M.*, 1994: Stadtregionale Kooperationsstrategien. Neue Herausforderungen und Initiativen deutscher Großstadtregionen. Münchner Geographische Hefte. Nr. 71. Kallmünz, Regensburg.

*Allegrezza, S.*, 1990: Das Betriebspanel in Luxemburg. In: *Ertel, R., Gerlach, K., Wagner, J.* (Hrsg): Betriebsbefragungen. Bedeutung für wirtschaftswissenschaftliche Forschung und Politikberatung. Niedersächsisches Institut für Wirtschaftsforschung (NIW)-Vortragsreihe. Bd. 5. Hannover. S.9-21.

*Anders, M.*, 1985: Sinkende Ausschöpfungsrate – und was man dagegen tun kann. In: Kaase, M., Küchler, M. (Hrsg.): Herausforderungen der empirischen Sozialforschung. Beiträge aus Anlaß des zehnjährigen Bestehens des Zentrums für Umfragen, Methoden und Analysen. Mannheim. S. 75-80.

*Aring, J., Butzin, B., Danielzyk, R., Helbrecht, I.*, 1989: Krisenregion Ruhrgebiet? Alltag, Strukturwandel und Planung. Wahrnehmungsgeographische Studien zur Regionalentwicklung. Heft 8. Oldenburg.

*Atteslander, P., Kopp, M.*, 1995: Befragung. In: *E. Roth, Heidenreich, K.* (Hrsg.): Sozialwissenschaftliche Methoden. Lehr- und Handbuch für Forschung und Praxis. 4. durchgesehene Auflage. München, Wien. S. 146-174.

*Atteslander, P.*, 1995: Methoden der empirischen Sozialforschung. 8. bearb. Auflage. Berlin.

*Aufenanger, S.* 1991: Qualitative Analyse semi-struktureller Interviews – Ein Werkstattbericht. In: *Garz, D., Kraimer, K.* (Hrsg.): Qualitativ-Empirische Sozialforschung. Konzepte, Methoden, Analysen. Opladen. S.35-59.

*Aust, B.*, 1970: Stadtgeographie ausgewählter Sekundärzentren in Berlin (West). Abhandlungen des 1. Geographischen Instituts der Freien Universität Berlin. Bd. 16. Berlin.

*Bader, F. J. W.* 1975: Einführung in die Geländebeobachtung. Darmstadt.

*Bänsch, A.*, 1993: Wissenschaftliches Arbeiten: Seminar- und Diplomarbeiten. 2. Auflage. München.

*Bahrenberg, G., Giese, E., Nipper, J.*, 1990: Statistische Methoden in der Geographie. Bd. 1. Univariate und bivariate Statistik. 3. überarb. Auflage. Stuttgart.

– 1992: Statistische Methoden in der Geographie. Bd. 2. Multivariate Statistik. 2. Auflage. Stuttgart.

*Baldermann, J.*, 1976: Wanderungsmotive und Stadtstruktur. Empirische Fallstudie zum Wanderungsverhalten im Großraum Stuttgart. Stuttgart.

*Bartels, D.*, 1968: Zur wissenschaftstheoretischen Grundlegung einer Geographie des Menschen. Geographische Zeitschrift. Beihefte. H.19.
– 1970: Zwischen Theorie und Metatheorie. In: Geographische Rundschau. S.451-457.
– 1978: Raumwissenschaftliche Aspekte sozialer Disparitäten. In: Mitteilungen der Österreichischen Geographischen Gesellschaft. H.2. S.227-242.
– 1982: Wirtschafts- und Sozialgeographie. In: *Albers, W.* (Hrsg.): Handwörterbuch der Wirtschaftswissenschaft. Bd. 9. Stuttgart. S.44-55.
*Becker, J.*, 1990: Postmoderne Modernisierung der Sozialgeographie? In: Geographische Zeitschrift. H.1. S. 15-23.
*Billion, F., Flückiger, B.*, 1978: Bedarfsanalyse Naherholung und Kurzzeittourismus. Bremen.
*Bird, J.*, 1993: The Changing World of Geography. A Critical Guide to Concepts and Methods. Second Edition. Oxford.
*Blotevogel, H.H., Heineberg, H.*, 1992a: Kommentierte Bibliographie zur Geographie. Teil 2. Wirtschafts- und Sozialgeographie, Anthropogeographie, Kulturgeographie. 2. völlig neu bearb. Auflage. Paderborn.
– 1992b: Kommentierte Bibliographie zur Geographie. Teil 3. Raumplanung, Entwicklungsforschung und Entwicklungspolitik. 2. völlig neu bearb. Auflage. Paderborn.
– 1995: Kommentierte Bibliographie zur Geographie. Teil 1. Konzeption und Methodik der Geographie, Didaktik der Geographie, Lehrbücher und Nachschlagewerke, Arbeitsmethoden, Physische Geographie, Geoökologie. 2. völlig neu bearb. Auflage. Paderborn.
*Brückner, E.*, 1985: Telefonische Befragungen – Methodischer Fortschritt oder erhebungsökonomische Ersatzstrategie? In: Kaase, M., Küchler, M. (Hrsg.): Herausforderungen der empirischen Sozialforschung. Beiträge aus Anlaß des zehnjährigen Bestehens des Zentrums für Umfragen, Methoden und Analysen. Mannheim. S. 66-70.
*Bühl, W. L.*, 1980: Strukturalismus. In: *Speck, J.* (Hrsg.): Handbuch wissenschaftstheoretischer Begriffe. Bd. 3. Göttingen. S. 609-615.
*Burian, R. M.*, 1980: Empirismus. In: *Speck, J.* (Hrsg.): Handbuch wissenschaftstheoretischer Begriffe. Bd. 1. S. 150-158. Göttingen.

*Chlumsky, J., Wiegert, R.* (Hrsg.), 1993: Qualität statistischer Daten. Schriftenreihe „Forum der Bundesstatistik" herausgegeben vom Statistischen Bundesamt. Bd. 25. Stuttgart.
*Christaller, W.*, 1933: Die zentralen Orte in Süddeutschland. Eine ökonomisch-geographische Untersuchung über die Gesetzmäßigkeit der Verbreitung und Entwicklung der Siedlungen mit städtischen Funktionen. Jena. (Reprographischer Nachdruck, Darmstadt 1968).
*Cook, I., Crang, M.*, 1995: Doing Ethnographies. Concepts and Techniques in Modern Geography (CATMOG). No. 58. Norwich.

*Dixon, C. J., Leach, B.*, 1978: Sampling Methods for Geographical Research. Concepts and Techniques in Modern Geography (CATMOG). No. 17. Norwich.
- 1979: Questionaires and Interviews in Geographical Research. Concepts and Techniques in Modern Geography (CATMOG). No. 18. Norwich.

*Dürr, H.*, 1992: Wirtschaftsgeographie heute. In: geographie heute. 100. S. 21-29.
- 1995: Geographie: international, postmodern, vielfältig – zum Diskussionsbeitrag von Karl Mannsfeld. In: Die Erde. H.2. S. 178-180.

*Eco, U.*, 1993: Wie man eine wissenschaftliche Arbeit schreibt. Doktor-, Diplom- und Magisterarbeiten in den Geistes- und Sozialwissenschaften. 6. Auflage. Heidelberg.

*Fowler, F. J.*, 1984: Survey Research Methods. Beverly Hills.
*Frey, J. H.*, 1989: Survey Research by Telephon. Beverly Hills.
*Friedrichs, J.*, 1990: Methoden empirischer Sozialforschung. 14.Auflage. Opladen.
*Friedrich, W.*, 1971: Methoden der marxistisch-leninistischen Sozialforschung. Berlin.

*Garz, D., Kraimer, K.*, 1991: Qualitativ-empirische Sozialforschung im Aufbruch. In: *Garz, D., Kraimer, K.* (Hrsg.): Qualitativ-Empirische Sozialforschung. Konzepte, Methoden, Analysen. Opladen. S. 1-33.
*Gatzweiler, H. P.*, 1984: Laufende Raumbeobachtung. Stand und Entwicklungsperspektiven des numerischen Informationssystems „Raum und Stadtentwicklung". In: Informationen zur Raumentwicklung. S. 285-310.
- 1986: Informationsangebot und Datenbedarf der Laufenden Raumbeobachtung auf Bundesebene. In: Raumforschung und Raumordnung. H. 44. S. 151-160.

*Gehrke, B.*, 1990: Betriebsbefragungen des NIW im Rahmen von Regionalgutachten. In: *Ertel, R., Gerlach, K., Wagner, J.* (Hrsg): Betriebsbefragungen. Bedeutung für wirtschaftswissenschaftliche Forschung und Politikberatung. Niedersächsisches Institut für Wirtschaftsforschung (NIW)-Vortragsreihe. Bd. 5. Hannover. S.85-94.
*Girtler, R.*, 1984: Methoden der qualitativen Sozialforschung. Anleitung zur Feldarbeit. Wien.
*Götz, W.*, 1882: Die Aufgabe der „wirtschaftlichen Geographie" (Handelsgeographie). In: Zeitschrift der Gesellschaft für Erdkunde zu Berlin. Berlin 17. S.354-388.
*Gregory, D.*, 1994a: Structuralism. In: *Johnston, J.* et al (Hrsg.): Human Geography. Third Edition. Oxford. S. 599-600.
- 1994b: Realism. In: *Johnston, J.* et al (Hrsg.): Human Geography. Third Edition. Oxford. S. 499-503.

– 1989: Areal Differentiation and Post-Modern Human Geography. In: *Gregory, D., Walford, R.* (Hrsg.): Horizons in Human Geography. London. S. 67-96.

*Haggett, P.*, 1973: Einführung in die wirtschafts- und sozialgeographische Regionalanalyse. Berlin.

*Hampe, J.*, 1988: Langfristiger Strukturwandel und Regionale Arbeitsmärkte. In: Akademie für Raumforschung und Landesplanung (Hrsg): Analyse regionaler Arbeitsmarktprobleme. Forschungs- und Sitzungsberichte. Bd. 168. Hannover. S. 181-238.

*Hantschel, R., Tharun, E.*, 1980: Anthropogeographische Arbeitsweisen. Das Geographische Seminar. Braunschweig.

*Hard, G.*, 1973: Die Geographie. Eine wissenschaftstheoretische Einführung. Berlin, NewYork.

– 1989: Geographie als Spurenlese. Eine Möglichkeit, den Sinn und die Grenzen der Geographie zu formulieren. In: Zeitschrift für Wirtschaftsgeographie. H. 1/2. S. 2-11.

– 1990: „Was ist Geographie?" Re-Analyse einer Frage und ihrer möglichen Antworten. In: Geographische Zeitschrift. H.1. S. 1-14.

*Hasse, J.*, 1989: Sozialgeographie an der Schwelle zur Postmoderne. Für eine ganzheitliche Sicht jenseits wissenschaftstheoretischer Fixierung. In: Zeitschrift für Wirtschaftsgeographie. H. 1/2. S. 20-29.

*Heidenreich, K. 1995:* Grundbegriffe der Meß- und Testtheorie. *In: Roth, E., Heidenreich, K.* (Hrsg.): Sozialwissenschaftliche Methoden. Lehr- und Handbuch für Forschung und Praxis. 4. durchgesehene Auflage. München, Wien. S. 342-374.

*Heineberg, H., Tappe, H.-U.*, 1994: Jüngere Tendenzen der Standortentwicklung des tertiären und quartären Sektors in der Innenstadt des Oberzentrums Münster. Arbeitsmethoden und ausgewählte empirische Ergebnisse des Projekts „Nutzungsanalyse Münster-Innenstadt 1990". In: *Felix-Henningsen, P., Heineberg, H., Mayr, A.* (Hrsg.): Untersuchungen zur Landschaftsökologie und Kulturgeographie der Stadt Münster. Münstersche Geographische Arbeiten. Heft 36. Münster. S. 191-224.

*Hölder, E.*, 1989: Wege zu einer umweltökonomischen Gesamtrechnung. Schriftenreihe „Forum der Bundesstatistik" herausgegeben vom Statistischen Bundesamt. Bd. 16. Stuttgart.

*Hoffmann-Riem, C.*, 1980: Die Sozialforschung einer interpretativen Soziologie – Der Datengewinn. In: Kölner Zeitschrift für Soziologie und Sozialpsychologie. H. 2. S. 339-372.

*Imhoff-Daniel, A.*, 1994: Organisation und Instrumente kommunaler Wirtschaftsförderung in Niedersachsen – Empirische Untersuchung der Arbeitsteilung und Zusammenarbeit zwischen Landkreisen und kreisangehörigen Gemeinden. Hannoversche Geographische Arbeiten. Bd. 49. Hannover.

*Internationales Landkartenhaus. GeoCenter* (Hrsg.) 1995: GeoKatalog. Verzeichnis aller lieferbaren Karten. Stuttgart.

*Jahoda, M., Deutsch, M., Cook, S. W.,* 1972: Beobachtungsverfahren. In: *König, R.* (Hrsg.): Beobachtung und Experiment in der Sozialforschung. 8. ergänzte Auflage. Köln. S. 77-96.

*Johnston, J.* et al (Hrsg.), 1994: Human Geography. Third Edition. Oxford.
– 1994a: Human Geography. In: *Johnston, J.* et al (Hrsg.): Human Geography. Third Edition. Oxford. S. 259-263.
– 1994b: Hypothesis. In: *Johnston, J.* et al (Hrsg.): Human Geography. Third Edition. Oxford. S. 267-268.

*Jung, U.,* 1981: Regionales Wachstum und räumliche Verteilung von Bevölkerung und wirtschaftlichen Aktivitäten. Eine Untersuchung räumlicher Ungleichgewichte in Hessen für den Zeitraum 1960 bis 1980. Jahrbuch der Geographischen Gesellschaft zu Hannover. Hannover.

*Kistner, K. P., Südfeld, E.,* 1988: Statistische Erfassung von Unternehmensgründungen. Umfang, Ursachen, Wirkungen. Schriftenreihe „Forum der Bundesstatistik" herausgegeben vom Statistischen Bundesamt. Bd. 8. Stuttgart, Mainz.

*Koch, P.M., Gretsch, K.,* 1994: Qualitative Methodik in der Sozialgeographie. Der Mensch im Raum – der Raum für den Menschen. In: Standort. Zeitschrift für Angewandte Geographie. H. 2. S. 26-32.

*König, R.,* 1973: Die Beobachtung. In: *König, R.* (Hrsg.): Handbuch der empirischen Sozialforschung. Bd. 2: Grundlegende Methoden und Techniken. Teil 1. Stuttgart. S. 1-65.

*Körner, S.,* 1980: Wissenschaft. In: *Speck, J.* (Hrsg.): Handbuch wissenschaftstheoretischer Begriffe. Bd. 3. Göttingen. S. 726-737.

*Koschatzky, K.,* 1987: Trendwende im sozioökonomischen Entwicklungsprozeß West Malaysias? Theorie und Realität. Sonderheft der Geographischen Gesellschaft zu Hannover. Bd. 12. Hannover.

*Krämer, S., Strambach, S.,* 1991: Die standardisierte Unternehmensbefragung im Methoden-Mix. Ein Weg zu Repräsentativität? In: Geographische Zeitschrift. H. 2. S.113-128.

*Krämer, W.,* 1994: Wie schreibe ich eine Seminar-, Examens- und Diplomarbeit. Eine Anleitung zum wissenschaftlichen Arbeiten für Studierende aller Fächer an Universitäten, Fachhochschulen und Berufsakademien. 3. Auflage. Stuttgart.

*Kriz, J.,* 1981: Methodenkritik empirischer Sozialforschung. Eine Problemanalyse sozialwissenschaftlicher Forschungspraxis. Stuttgart.

*Kröber, G.,* 1980: Dialektik. In: *Speck, J.* (Hrsg.): Handbuch wissenschaftstheoretischer Begriffe. Bd. 1. Göttingen. S. 140-144.

*Kromrey, H.,* 1994: Empirische Sozialforschung. 6. rev. Auflage. Opladen.

*Kulke, E.*, 1992a: Empirische Ergebnisse zur regionalen Produktlebenszyklushypothese – Untersuchung in Niedersachsen. In: Die Erde. 123. S.49-61.
- 1992b: Bestandserhebung großflächiger Einzelhandelsbetriebe. Hannover und Nachbargemeinden. Landeshauptstadt Hannover (Hrsg.). Grundlagen zum Flächennutzungsplan. Heft 2. Hannover.
- 1992c: Veränderungen in der Standortstruktur des Einzelhandels. Untersucht am Beispiel Niedersachsen. Wirtschaftsgeographie. Bd. 3. Münster, Hamburg.
- 1992d: Nutzungsstrukturen im Gewerbegebiet Südbahnhof. Geographische Arbeitsmaterialien. Hannover.
- 1993: Versorgungssituation und Entwicklungsperspektiven im Einzelhandel des Fleckens Diepenau. Geographische Arbeitsmaterialien. Bd. 15. Hannover.

*Lamnek, S.*, 1993a: Qualitative Sozialforschung. Bd. 1. Methodologie. 2. überarb. Auflage. Weinheim.
- 1993b: Qualitative Sozialforschung. Bd.2. Methoden und Techniken. 2. überarb. Auflage. Weinheim.

*Landesamt für Datenverarbeitung und Statistik Nordrhein-Westfalen* (Hrsg.), 1995: Gesamtverzeichnis Statistischer Berichte der Statistischen Landesämter. Düsseldorf.

*Ley, D.*, 1994: Postmodernism. In: *Johnston, J.* et al (Hrsg.): Human Geography. Third Edition. Oxford. S. 466-468.

*Löbbe, K.*, 1993: Qualitätsansprüche der angewandten Wirtschaftsforschung. In: Chlumsky, J., Wiegert, R. (Hrsg.): Qualität statistischer Daten. Forum der Bundesstatistik. Bd. 25. Stuttgart. S. 46-54.

*Maccoby, E., Maccoby, N.*, 1974: Das Interview. Ein Werkzeug der Sozialforschung. In: König, R. (Hrsg.): Praktische Sozialforschung I. Das Interview. Formen, Technik, Auswertung. Köln, Berlin.

*Mannsfeld, K.*, 1995: Reform der Geographieausbildung ohne theoretisches Konzept? In: Die Erde. H.2. S. 173-177.

*Meuser, M., Nagel, U.*, 1991: ExpertInneninterviews – vielfach erprobt, wenig beachtet. Ein Beitrag zur qualitativen Methodendiskussion. In: *Garz, D., Kraimer, K.* (Hrsg.): Qualitativ-Empirische Sozialforschung. Konzepte, Methoden, Analysen. Opladen. S.441-471.

*Penck, A.*, 1906: Beobachtung als Grundlage der Geographie. Berlin.

*Petermann, F.*, 1989: Einzelfallanalyse – Definitionen, Ziele und Entwicklungslinien. In: *Petermann, F.* (Hrsg.): Einzelfallanalyse. 2. Auflage. München. S. 1-11.

*Peyke, G.*, 1994: Soziodemographische Gliederung München – kleinräumige Analyse mittels multivariater Verfahren. In: Münchener Statistik, H. 3., S. 85-96.

*Pfander, M,* 1995: Der Verkehr im Berner Fußgängerbereich. Situationsanalyse und Vorschläge zur Verringerung der Verkehrsbelastung. Geographica Bernensia. P31. Bern 1995.
*Popper, K. R.,* 1966: Logik der Forschung. Tübingen.

*Radermacher, W.* 1992: Neue Wege raumbezogener Statistik. Schriftenreihe „Forum der Bundesstatistik" herausgegeben vom Statistischen Bundesamt. Bd. 20. Stuttgart.
*Richardson, H.W.,* 1977: City Size and National Spatial Strategies in Developing Countries. World Bank Staff WP 252. Washington.
- 1980: Polarization Reversal in Developing Countries. In: Papers of the Regional Science Association. 45. S. 67-85.
*Richter, H. J.,* 1970: Die Strategie schriftlicher Massenbefragungen. Bad Harzburg.
*Rogers, T. F.,* 1976: Interviews by Telephone and in Person: Quality of Responses and Field Performance. In: The Public Opinion Quarterly. Vol. 40. S.51-65.
*v. Rohr, H. G.,* 1993: Angewandte Geographie. Das Geographische Seminar. Braunschweig.
*Roth, E., Heidenreich, K.* (Hrsg.): Sozialwissenschaftliche Methoden. Lehr- und Handbuch für Forschung und Praxis. 4. durchgesehene Auflage. München, Wien.
*Ruppert, K., Schaffer, F.,* 1969: Zur Konzeption der Sozialgeographie. In: Geographische Rundschau. H.6. S.205-214.

*Sedlacek, P.,* 1988: Wirtschaftsgeographie. Eine Einführung. Darmstadt.
*Schaber, G.,* 1990: Zur interregionalen und internationalen Vergleichbarkeit von Firmenpanel-Studien. In: *Ertel, R., Gerlach, K., Wagner, J.* (Hrsg): Betriebsbefragungen. Bedeutung für wirtschaftswissenschaftliche Forschung und Politikberatung. Niedersächsisches Institut für Wirtschaftsforschung (NIW)-Vortragsreihe. Bd. 5. Hannover. S.1-9.
*Schätzl, L.,* 1991: Wirtschaftsgeographie 3. Politik. 2. überarb. und erw. Auflage. Paderborn.
– 1992: Wirtschaftsgeographie 1. Theorie. 4. überarb. und erw. Auflage. Paderborn.
– 1994: Wirtschaftsgeographie 2. Empirie. 2. überarb. und erw. Auflage. Paderborn.
*Schamp, E.W.,* 1983: Grundansätze der zeitgenössischen Wirtschaftsgeographie. In: Geographische Rundschau. H.2. S.74-80.
*Scheuch, E. K.,* 1973: Das Interview in der Sozialforschung. In: König, R. (Hrsg.): Handbuch der empirischen Sozialforschung. Bd. 2. Grundlegende Methoden und Techniken. Teil 1. Stuttgart. S. 66-190.
*Schnell, R., Hill, P.B., Esser, E.,* 1993: Methoden der empirischen Sozialforschung. 4. überarb. Auflage. München.

*Schöller, P.*, 1977: Rückblick auf Ziele und Konzeptionen der Geographie. In: Geographische Rundschau. H.2. S.34-38.
*Schröder, P.*, 1985: Diagramm – Darstellung in Stichworten. Unterägeri.
*Schrettenbrunner, H.*, 1974: Methoden und Konzepte einer verhaltenswissenschaftlich orientierten Geographie. Der Erdkundeunterricht. 19. S. 64-86.
*Seibt Verlag* (Hrsg.), 1995: Industriekatalog. Produkte, Lieferanten, Dienstleister. 42. Ausgabe. München.
*Smith, S.*, 1994: Qualitative Methods. In: *Johnston, J.* et al (Hrsg.): Human Geography. Third Edition. Oxford. S. 491-493.
*Speck, J.*, 1980: Handbuch wissenschaftstheoretischer Begriffe. Bd. 1 – 3. Göttingen.
*Statistisches Bundesamt* (Hrsg.), 1988: Das Arbeitsgebiet der Bundesstatistik. Mainz.
– 1990: Statistik im Übergang zur Marktwirtschaft. Probleme und Lösungsansätze. Schriftenreihe „Forum der Bundesstatistik" herausgegeben vom Statistischen Bundesamt. Bd. 18. Stuttgart.
– 1995a: Veröffentlichungsverzeichnis des Statitischen Bundesamtes. Mainz.
– 1995b: Statistisches Jahrbuch der Bundesrepublik Deutschland. Wiesbaden.
*Stäglin, R., Südfeld, E.* 1988: Informations- und Kommunikationstechnologien in Wirtschaft und Gesellschaft. Konzepte ihrer statistischen Erfassung. Schriftenreihe „Forum der Bundesstatistik" herausgegeben vom Statistischen Bundesamt. Bd. 10. Stuttgart.
*Stegmüller, W.*, 1969: Probleme und Resultate der Wissenschaftstheorie und Analytischen Philosophie. Bd. 1. Berlin.
*Sternberg, R., Kramer, J.*, 1990: Ökonomische Effekte der Weltausstellung 2000 in Hannover. Geographische Arbeitsmaterialien. Bd. 10. Hannover.
*Sternberg, R., Kramer, J., Brandtner, A.*, 1990: Regionalökonomische Wirkungen der Messen in Hannover. Geographische Arbeitsmaterialien. Bd. 12. Hannover.

*Tesdorpf, J. C.*, 1974: Die Mikroanalyse. Eine Anleitung für stadtgeographische Praktika und Schüler-Arbeitsgemeinschaften. In: Freiburger Geographische Mitteilungen. S.34-96.
*Tzschaschel, S.*, 1986: Geographische Forschung auf der Individualebene. Darstellung und Kritik der Mikrogeographie. Münchener Geographische Hefte 53. Kallmünz.

*Verband Deutscher Maschinen- und Anlagenbauer e. V. (VDMA)* (Hrsg.), 1991: Wer baut Maschinen und Anlagen. Einkaufsführer des Deutschen Maschinen- und Anlagenbaus. 53. Ausgabe. Frankfurt.
*Verlag Hoppenstedt* (Hrsg.), 1995: Verbände, Behörden, Organisationen der Wirtschaft. 45. Ausgabe. Darmstadt.

*Weichhard, P.*, 1980: Individuum und Raum: ein vernachlässigter Erkenntnisbereich der Sozialgeographie. In: Mitteilungen der Geographischen Gesellschaft in München. 65. S.63-92.
*Wer liefert was? GmbH* (Hrsg.), 1994: Wer liefert was? Band 1-3. 46. Ausgabe. Hamburg.
*Wessel, K.*, 1987: Methodik empirischer Untersuchungen. Schwerpunkt Wirtschaftsgeographie. Geographische Arbeitsmaterialien. Bd. 4. Hannover.
– 1991: Raumstrukturelle Veränderungen im Entwicklungsprozeß Südkoreas. Eine Analyse zur Regionalentwicklung und Dezentralisierungspolitik. Hannoversche Geographische Arbeiten. Bd. 46. Hannover.
*Wilson, T. P.*, 1982: Qualitative „oder" quantitative Methoden in der Sozialforschung. In: Kölner Zeitschrift für Soziologie und Sozialpsychologie. S. 487-508.
*Wirth, E.*, 1984: Geographie als moderne theorieorientierte Sozialwissenschaft? In: Erdkunde. Bd. 38. H. 2. S.73-79.

*Zentralverband Elektrotechnik- und Elektroindustrie e. V. (ZVEI)* (Hrsg.), 1994: Elektronikführer. Die Deutsche Elektroindustrie und Elektronikindustrie. Bezugsquellen und Firmenprofile. Frankfurt.
*Zetterberg, H.L.*, 1973: Theorie, Forschung und Praxis in der Soziologie. In: *König, R.* (Hrsg.): Handbuch der empirischen Sozialforschung. Bd. 1. Geschichte und Grundprobleme der empirischen Sozialforschung. 3. umgearb. und erweit. Auflage. Stuttgart. S. 103-160.

# Namenregister

Aigner, B.  43, 136
Adorno, T. W.  26
Allegrezza, S.  156
Anders, M.  126
Aring, J.  43
Aristoteles  17
Atteslander, P.  124f., 129, 165
Aufenanger, S.  135
Aust, B.  146

Bader, F. J. W.  138
Bänsch, A.  60
Bahrenberg, G.  159, 188, 190
Baldermann, J.  114
Bartels, D.  32f., 35
Becker, J.  38
Berkeley, G.  17
Billion, F.  51
Bird, J.  19, 27, 29, 36
Brandtner, A.  81
Brückner, E.  130
Bühl, W. L.  28
Burian, R. M.  18f.
Butzin, B.  34

Chlumsky, J.  93
Christaller, W.  33, 50
Cook, I.  46
Cook, S. W.  138
Crang, M.  46

Danielzyk, R.  34
Descartes, R.  17
Deutsch, M.  138
Dixon, C. J.  114, 191
Dürr, H.  37

Eco, U.  60
Esser, E.  70

Flückiger, B.  51
Fowler, F. J.  121
Frey, J. H.  129f.
Friedrichs, J.  13f., 24, 57, 59, 70, 85, 104, 117, 119, 121, 124, 130, 138, 156, 162, 164f., 180, 184, 193, 196f., 198
Friedrich, W.  13, 39

Garz, D.  45
Gatzweiler, P.  99
Gehrke, B.  133, 135
Giese, E.  159, 188, 190
Girtler, R.  42, 46, 135
Götz, W.  32
Gregory, D.  28f., 30, 37
Gretsch, K.  40

Habermas, J.  26
Haggett, P.  143
Hampe, J.  50
Hantschel, R.  92, 102, 142, 196f.
Hard, G.  35, 37, 80
Hasse, J.  38
Heidenreich, K.  160, 164, 166
Heineberg, H.  148f., 150
Hölder, E.  93
Horkheimer, M.  26
Hill, P. B.  70
Hoffmann-Riem, C.  42
Hume, D.  17

Imhoff-Daniel, A.  132

Jahoda, M.  138
Johnston, J.  36, 38, 85
Jung, U.  76

Kistner, K. P.  93
Koch, P. M.  40

# Namensregister

König, R. 23
Kopp, M. 125, 129
Körner, S. 13
Koschatzky, K. 50
Kramer, J. 51, 81
Krämer, S. 129, 131
Krämer, W. 60
Kraimer, K. 45
Kröber, G. 27
Kromrey, H. 23, 39, 44, 70, 72, 75, 179, 193, 196
Kulke, E. 51, 78, 109, 150, 153

Lamnek, S. 41f., 44, 46, 135, 182
Leach, B. 114, 191
Leibniz, G. W. 17
Ley, D. 30
Locke, J. 17
Löbbe, K. 98

Maccoby, E. 124f., 171
Maccoby, N. 124f., 171
Mannsfeld, K. 37
Meuser, M. 135
Miosga, M. 43, 136

Nagel, U. 135
Nipper, J. 159, 188, 190

Penck, A. 138
Petermann, F. 181f.
Peyke, G. 79
Pfander, M. 143
Platon 16f.
Popper, K. R. 19f.

Radermacher, W. 93
Richardson, H.W. 50, 61f.
Richter, H. J. 104, 117
Rogers, T. F. 130

Rohr, H. G. von 99
Ruppert, K. 35

Sedlacek, P. 35
Schaber, G. 156
Schätzl, L. 16, 32, 35f., 77
Schaffer, F. 35
Schamp, E.W. 35
Scheuch, E. K. 121
Schlick, M. 18
Schnell, R. 42, 44, 70, 95, 121, 124, 130, 136, 138f., 154, 162, 165, 176, 184, 193, 197, 201
Schöller, P. 32
Schröder, P. 77
Schrettenbrunner, H. 35
Smith, D. M. 16
Smith, S. 44
Spinoza, B. 17
Stäglin, R. 93
Stegmüller, W. 15
Sternberg, R. 51, 81
Strambach, S. 129, 131
Südfeld, E. 93

Tappe, H. U. 148f., 150
Tesdorpf, J. C. 144, 151
Tharun, E. 92, 102, 142, 196f.
Thünen, v., J. H. 16
Tzschaschel, S. 35

Weichhard, P. 35
Weber, A. 16
Wessel, K. 22, 48, 50, 61, 74, 91, 105, 123, 202
Wiegert, R. 93
Wilson, T. P. 44f.
Wirth, E. 36

Zetterberg, H.L. 54, 70

# Sachregister

**A**bbildung
- Homomorph 161
- Isomorph 161

Adressen 112ff.
Anonymität 59, 110, 112
Antwortvorgaben 172ff.
Ausfälle 117, 201
Ausfallquote 201
Ausstrahlungseffekt 178
Auswahlstichprobe 200ff.
Auswahlverfahren 182–198

**B**efragung
- schriftlich 103–116
- mündlich 116–137
- Außerhaus-Befragung 126f.
- Haushaltsbefragungen 126
- Betriebsbefragungen 131f., 135, 154

Begleitschreiben 108–111
Begründungszusammenhang 53ff.
Beobachtung
- Definition 137ff.
- Anwendungsbereiche 138ff.
- Formen 139

Bewußte Auswahl 184ff.
Branchenbücher 113f.
Bruttostichprobe 202

**C**omputer Assisted Telephone Interview-System (CATI) 128f.
Concurrent validity 166

**D**atenbankrecherche 93, 113
Datenschutz 95f., 111
Deduktiver Ansatz 16, 43f., 87f.
Definiendum 82
Definiens 82
Diagrammdarstellung 74f.
Dimensionsanalyse 54, 70ff.

**E**infache Zufallsauswahl 190
Einzelfallstudie 181f.
Empirie
- Definition 15
- in der Wissenschaftstheorie 15–31
- in der Wirtschafts- und Sozialgeographie 38f.

empirische Verfahrensweisen
- qualitativ 37ff., 42ff., 116, 130f., 135, 137
- quantitativ 37ff., 42ff.

empirischer Forschungsprozeß 47–67
Empirismus 17
Entdeckungszusammenhang 49ff.
Erhebungsinstrument
- Fragebogen 103ff.
- Interviewfragebogen 106ff.
- Gesprächsleitfaden 132ff.
- Themenkatalog 136f.
- Kategorieschema 142ff., 147ff.

Existenzaussagen 89
Expert validity 166
Extension 83

**F**alsifikation 20ff., 89
Firmen-Informations-System (F/S) 113
Flächenauswahl 196ff.
Forschungsbericht 58–60
Fragenanordnung 171, 178
Fragentypen
- Alternativfragen 173
- Einleitungs- und Überleitungsfragen 177

Einstellungsfragen 106
- Filter- und Folgefragen 106, 117, 177f.
- geschlossene Fragen 107, 173
- Hybridfragen 176

# Sachregister

- Meinungsfragen 106, 117
- offene Fragen 107, 116, 172f.
- Suggestivfragen 171
- Verhaltensfragen 106, 117

Gebietsauswahl s. Flächenauswahl
Geschichtete Zufallsauswahl 192
Grundgesamtheit 179f.

Halo-Effekt 178
Hypothesen
- Definition 85
- Formen 24f., 43f.
- Formulierung 55, 86ff.
- Informationsgehalt 85ff.

Idiographisches Vorgehen 43f.
Indikatoren 157ff.
Indexbildung 159
Induktiver Ansatz 16, 43f., 87f.
Intention 83
Interview
- Experteninterview 136
- standardisiert 116–132
- teilstandardisiert 132–136
- nichtstandardisiert 136f.
- Organisation 125f., 131f., 136
- Telefoninterview 128–132
Interviewerschulung 121ff., 135
Interviewsituation 124f.

Kartierung 142ff.
Kartierschlüssel
- Nutzungsgruppen 146f.
- Dienstleistungsbedarfsgruppen 147f.
- Einzelhandelsbedarfsgruppen 147, 149
- Angebotsstrukturen im Einzelhandel 150–152
Klumpen-Auswahl 193
Known groups 166
Konzeptspezifikation s. Problemstrukturierung
Kritischer Rationalismus 19–25

Kritische Theorie 25–28

Längsschnittanalysen 94, 155ff.
Layout 107, 179
Logischer Positivismus 18f.

Mehrfachantwortvorgaben 173ff.
Mehrstufige Auswahlen 193f., 196
Meßskalen 161ff.
Meßvorgang
- numerisches Relativ 160–162
- empirisches Relativ 160f.
Methodenstreit 45
Methodenmix 152ff.
Mindeststichprobe 198ff.

Nettostichprobe 198ff.
Nicht zufallsgesteuerte Auswahl 182, 184–187
Nominaldefinition
- Begriff 82f.
- Eigenschaften 83f.
Nomothetisches Vorgehen 43

Ökologischer Fehlschluß 96ff.

Panel-Studien 155ff.
Paralleltest-Methode 167
Positivismus s. Logischer Positivismus
Postmoderne 30f., 37f.
Pragmatismus 29f.
Pretest 115f., 126, 136
Problemstrukturierung 54f., 69ff.

Qualitative Strategien
- Kommunikation 42
- Offenheit 40, 42
Quotaverfahren 185–187
Querschnittanalysen 94, 155ff.

Radikale Geographie 37
Rationalismus 17
Realismus 29
Reine Zufallsauswahl 190

# Sachregister

Reliabilität 166f.
Repräsentativität 197f.
Retest-Methode 167
Rücklaufquote 106, 110

Sekundärstatistiken 93ff.
Semantische Analyse 72
Stichprobe
- Definition 180f.
- Umfang 198–203
Strukturalismus 28f.
Systematische Zufallsauswahl 191

Tautologien 89
Teilerhebung 180f.
Totalerhebung 180
Trichterung 178

Validität 131f., 165f.
Variablen
- Begriff 157
- Arten (latent, manifest) 157–159
Verifikation 20ff.
Verkehrszählung 142ff.
Versand von Fragebögen
- Organisation 111f.
- Versandart 112–114
Verwertungszusammenhang 57–60

Wahrscheinlichkeitsauswahlen 187–197
Wiener Kreis 18
Willkürliche Auswahl 184
Wissenschaft
- Definition 13ff.
Wissenschaftstheorie
- in der Wirtschafts- und Sozialgeographie 31–40

Zufallsgesteuerte Auswahl 187–197
Zufallszahlen 190
Zwei-Stufen-Fragetechnik 130

# UTB FÜR WISSENSCHAFT

Fachbereich Geographie/
Geowissenschaften

Ahnert: Einführung in die
Geomorphologie
UTB-GROSSE REIHE
(Ulmer). 1996.
ca. DM 78.–, öS 577.–, sFr. 74.–

Haggett: Geographie
UTB-GROSSE REIHE
(Ulmer). 2. Aufl. 1991.
DM 88.–, öS 651.–, sFr. 79.–

Spitzer: Raumnutzungslehre
UTB-GROSSE REIHE
(Ulmer). 1991.
DM 98.–, öS 725.–, sFr. 88.–

Spitzer: Einführung in die
räumliche Planung
UTB-GROSSE REIHE
(Ulmer). 1995.
DM 58.–, öS 429.–, sFr. 55.–

521 Leser: Landschaftsökologie
(Ulmer). 3. Aufl. 1991.
DM 39.80, öS 295.–, sFr. 39.80

777 Hesemann: Geologie
(Schöningh). 1978.
DM 19.80, öS 147.–, sFr. 19.80

782 Schätzl: Wirtschafts-
geographie 1. Theorie
(Schöningh). 5. Aufl. 1993.
DM 26.80, öS 198.–, sFr. 26.80

1052 Schätzl: Wirtschafts-
geographie 2. Empirie
(Schöningh). 2. Aufl. 1994.
DM 28.80, öS 213.–, sFr. 28.80

1230 Wagner/Kaiser: Ökonomie der
Entwicklungsländer
(Gustav Fischer). 3. Aufl. 1995.
DM 36.80, öS 272.–, sFr. 36.80

1249 Bähr: Bevölkerungsgeographie
(Ulmer). 2. Aufl. 1992.
DM 39.80, öS 295.–, sFr. 39.80

1338 Häckel: Meteorologie
(Ulmer). 3. Aufl. 1993.
DM 39.80, öS 295.–, sFr. 39.80

1383 Schätzl: Wirtschafts-
geographie 3. Politik
(Schöningh). 4. Aufl. 1994.
DM 27.80, öS 206.–, sFr. 27.80

1479 Klötzli: Ökosysteme
(Gustav Fischer). 3. Aufl. 1993.
DM 44.80, öS 332.–, sFr. 43.–

1676/1677 Blotevogel//Heineberg:
Kommentierte Bibliographie zur
Geographie 2/3
(Schöningh). 2. Aufl. 1992.
DM 39.80, öS 295.–, sFr. 39.80
DM 19.80, öS 147.–, sFr. 19.80

1686 Blotevogel/Heineberg:
Kommentierte Bibliographie
zur Geographie 1
(Schöningh). 2. Aufl. 1994.
DM 39.80, öS 295.–, sFr. 39.80

1767 Schätzl (Hrsg.):
Wirtschaftsgeographie der EG
(Schöningh). 1993.
DM 26.80, öS 198.–, sFr. 26.80

1793 Schönwiese:
Klimatologie
(Ulmer). 1994.
DM 36.80, öS 272.–, sFr. 36.80

1802 Mikus: Wirtschaftsgeographie
der Entwicklungsländer
(Gustav Fischer). 1994.
DM 39.80, öS 295.–, sFr. 39.80

Preisänderungen vorbehalten.

# UTB FÜR WISSENSCHAFT

Auswahl Fachbereich
Literaturwissenschaft

1508 Strelka: Einführung
in die literarische Textanalyse
(Francke). 1989.
DM 22.80, öS 169.–, sFr. 22.80

1519 Durzak:
Die Kunst der Kurzgeschichte
(W. Fink). 2. Aufl. 1994.
DM 29.80, öS 221.–, sFr. 29.80

1564 Lubich: Max Frisch:
„Stiller", „Homo faber" und
„Mein Name sei Gantenbein"
(W. Fink). 3. Aufl. 1996.
DM 18.80, öS 139.–, sFr. 18.80

1565/1566 Fischer-Lichte:
Geschichte des Dramas 1/2
(Francke). 1990.
Je DM 36.80, öS 272.–, sFr. 36.80

1582 Meyer-Krentler: Arbeits-
techniken Literaturwissenschaft
(W. Fink). 5. Aufl. 1995.
DM 18.80, öS 139.–, sFr. 18.80

1583 Freund:
Deutsche Lyrik
(W. Fink). 2. Aufl. 1994.
DM 24.80, öS 184.–, sFr. 24.80

1590 Zima:
Literarische Ästhetik
(Francke). 2. Aufl. 1995.
DM 36.80, öS 272.–, sFr. 36.80

1599 Göttert:
Einführung in die Rhetorik
(W. Fink). 2. Aufl. 1994.
DM 26.80, öS 198.–, sFr. 26.80

1616 Fricke/Zymner:
Einübung in die Literatur-
wissenschaft
(Schöningh). 2. Aufl. 1993.
DM 29.80, öS 221.–, sFr. 29.80

1630 Elm:
Die moderne Parabel
(W. Fink). 2. Aufl. 1991.
DM 32.80, öS 243.–, sFr. 32.80

1639 Frank:
Wie interpretiere ich ein Gedicht
(Francke). 3. Aufl. 1995.
DM 16.80, öS 124.–, sFr. 16.80

1640 Griesheimer/Prinz (Hrsg.):
Wozu Literaturwissenschaft?
(Francke). 1991.
DM 39.80, öS 295.–, sFr. 39.80

1662 Lorenz:
Kleines Lexikon literarischer
Grundbegriffe
(W. Fink). 1992.
DM 18.80, öS 139.–, sFr. 18.80

1665 Greiner:
Die Komödie
(Francke). 1992.
DM 39.80, öS 295.–, sFr. 39.80

1666 Seiffert:
Einführung in die Hermeneutik
(Francke). 1992.
DM 32.80, öS 243.–, sFr. 32.80

Preisänderungen vorbehalten.

Das UTB-Gesamtverzeichnis erhalten Sie bei Ihrem Buchhändler oder
direkt von UTB, Postfach 80 11 24,
70511 Stuttgart.